震旦博雅书系之四

认识夏鼐

胡文怡 著

北京大学震旦古代文明研究中心 编

上海古籍出版社

图书在版编目(CIP)数据

认识夏鼐：以《夏鼐日记》为中心／胡文怡著.—
上海：上海古籍出版社，2016.12
　（博雅书系）
　ISBN 978-7-5325-8268-6

Ⅰ.①认… Ⅱ.①胡… Ⅲ.①夏鼐(1910-1985)—
传记 Ⅳ.①K825.81

中国版本图书馆 CIP 数据核字(2016)第 249262 号

博雅书系

认识夏鼐：以《夏鼐日记》为中心

胡文怡　著

上海世纪出版股份有限公司
上 海 古 籍 出 版 社　出版

（上海瑞金二路 272 号　邮政编码 200020）

(1) 网址：www.guji.com.cn

(2) E-mail：guji1@guji.com.cn

(3) 易文网网址：www.ewen.co

上海世纪出版股份有限公司发行中心发行经销

常熟新骅印刷有限公司印刷

开本 635×965　1/16　印张 18　插页 5　字数 242,000
2016 年 12 月第 1 版　2016 年 12 月第 1 次印刷
印数：1—3,100
ISBN 978-7-5325-8268-6

K·2260　定价：58.00 元

如有质量问题，请与承印公司联系

目　　录

序

王世民

北京大学考古文博学院在读博士生胡文怡所著《认识夏鼐》即将出版,约请我写一序言,这使我感到十分荣幸。

夏鼐先生是我最崇敬、最爱戴的老师。作为亲沐先生教泽多年的学子,从1953年初在北京大学历史系考古专业聆听夏先生讲授考古学通论课程,到1956年进入考古研究所后,在他身边从事秘书性工作、陆续参与多种大型编撰项目,30余年常在先生左右,耳提面命,感情至深。夏鼐先生去世以后,特别是我于1995年退休以后,以绝大部分精力投入《夏鼐文集》《夏鼐日记》《夏鼐先生纪念文集》《考古学家夏鼐影像辑》等书以及其他相关资料的整理与汇编工作中。其中尤以《夏鼐日记》的整理,历时10年,费力最多。

夏鼐先生日记的整理工作,是20世纪90年代末开始酝酿的。此前,华东师范大学出版社的陈丽菲女士,为编辑"《往事与沉思》丛书",曾邀我撰写夏鼐先生的传记。当时我一则忙于编辑《夏鼐文集》(2000年版),无暇他顾;再则感到必须从整理日记入手,才有可能写好传记。因长期在夏鼐先生身边工作的关系,我过去不时出入夏先生家,又曾于1970年代比邻而居,因而同他的子女都很熟稔。经过一段时间的洽商,在考古所领导的支持下,我们决定共同进行日记的整理工作,这一工作于2000年末正式启动。经过10年的艰苦努力,终于在2011年8月由华东师范大学出版社出版。

夏鼐先生的日记,时间跨度50余年,总计400万字,内容十分丰富。这既是他毕生的治学经历的真实记录,又是中国现代学术史的重要资料，无论其涉及面之广、史料价值之高，还是某些生动具体、可读性强的记载，都极为难得，因而备受广大读者关注。该书出版时正值 2011 年上海书展开幕，被新闻媒体誉为书展中最受读者欢迎的十种书之首，出版后不到半年就重印了。

我原本计划《夏鼐日记》出版之后，立即以主要精力投入撰写夏鼐先生的传记，用了两年时间，写到新中国成立前夕，计有七八万字。这时，曾于 2000 年出版过《夏鼐文集》的社会科学文献出版社找到我，要求重印《夏鼐文集》，考虑到该书存在许多失误需要订正补充，于是我暂时中断了夏鼐传记的写作，先集中精力进行《夏鼐文集》的增订重编（现新编《夏鼐文集》即将出版，字数从 150 万增至 200 万）。其间，曾应邀为中国老教授协会主编的《大师风范》一书（高等教育出版社 2014 年出版），撰写长篇论文《为中国考古学发展引航掌舵——考古学家夏鼐的学术人生》，内容包括七个章节，即：自幼养成读书成瘾的性格；史学领域崭露头脚的清华才子；成长为中国第一位埃及学专家；初步确立其在中国学术界中的地位；推进全国考古工作全面的健康发展；致力于建立中国考古学的学科体系；高风亮节，为人楷模。全文共计 3 万字。这实际上是为撰写夏鼐传记拟定了详细的提纲。

《夏鼐日记》出版之前和之后一段时间，我曾应邀在上海博物馆、上海图书馆、温州图书馆、徐州博物馆以及北京大学考古文博学院等单位，先后作过关于《夏鼐日记》与夏鼐学术人生的专题讲座。其中在北大考古文博学院讲演时，看到不少同学手持该书、认真笔记，使我深切地感到，年轻一代的考古学者正在通过阅读《夏鼐日记》，如饥似渴地探求夏鼐的治学之路。记得孙庆伟老师曾经对我说，《夏鼐日记》应该成为考古系同学必读的书。2015 年暑假前夕，我高兴地获知孙庆伟老师指导的北大考古系应届硕士生胡文怡，撰写了题为《认识夏鼐——以〈夏鼐日记〉为中心》的学位论文，并且被聘请为该论文的评阅人。一年以后进一步获知，胡文怡的这部文稿已被上海古籍出版社接受出版，进而看到更完善的全书清样，感到更加欣慰。

胡文怡的书稿，有别于一般的著名专家传记。她不是按照历史顺序纵向地评述夏鼐先生的学术人生，而是以《夏鼐日记》为核心史料，辅以《夏鼐文集》及有关忆述资料，交相互证，融会贯通，横向地分析研究夏鼐其人的方方面面，探讨夏先生喜好厌恶的性格、待人处事的方式，以及他的远大赋命和宏伟事功。她以生动的笔触复原了一代考古大师的形象，不仅使没有机会领略夏先生风彩的后辈学生读后如见其人，即便像我这样曾经常在先生左右者读后也感到宛若昨日。

我觉得，夏鼐先生作为新中国考古工作的主要指导者和组织者，主持国家考古研究中心机构 30 余年，为推进中国考古学的全面健康发展引航掌舵，致力于建立中国考古学的学科体系，作出了卓越的贡献；而他本人在学术研究上，则具有学识渊博、视野广阔、治学谨严的特点，在中国史前时期和历史时期考古研究的许多方面，取得了开拓性的杰出成就，在国内外学术界享有崇高的声誉。而这两个方面是相辅相成、互为表里的，共同构成夏鼐先生深邃的学术思想和完整的学术体系。因而我们学习和认识夏鼐先生的学术体系，便不能局限于他本人的一系列论著，评论他的学术体系如何，而必须与他直接指导下进行的全部工作统一起来认识。

胡文怡撰写的《认识夏鼐》一书就要出版了，这是一部值得推荐的好书。我衷心希望，这部书的出版有助于读者更好地认识夏鼐先生其人，深刻理解夏鼐的治学之路及其学术思想。当此中华民族伟大复兴的时代，我们一定要继承和发扬老一辈考古学家所坚持的优良学风，使中国的考古学科以新的优异成果，跻身于世界学术之林。

2016 年 11 月 15 日

引 用 说 明

1. 文中上标"[N]M",均表示参考文献第 N 种第 M 页。

2. 脚注中,参考文献均放在引用内容之后,如"一"[N]M"五"[H]L,即"一"引自参考文献第 N 种第 M 页,"五"引自参考文献第 H 种第 L 页。

3. 尾注中的参考文献,若为多卷本,为了方便标注,将每卷单列为一种参考文献,特此说明。

4. 文中人名,除正文中以字称呼者,在第一次出现该人名时标注其字外,其余皆不标注。

5. 第 24 种参考文献为本文附录,故不再赘标页码。

第一章
绪言

如果文字不能被用来讲述故事的话，那必然是一种遗憾。

而这些关于夏鼐的文字，起码是一个关于"碾压"的故事。

一般我们讲一个人的一生，会从他的出生讲起，但笔者却想从夏鼐出生之前讲起，从他虽然爱听但又不信的齐东野语讲起。

假使有造物者造人，她会将夏鼐形状的泥人，以聪慧之水浸润九九八十一天，将天地正气分九次注入心脏，又用浩然之风鼓振其胸怀，再吟安魂曲围而起舞，接着由最明亮的光芒彻夜照耀，最后，向他的头顶吹去一口由太古流向未来的气息，在他的耳边轻轻寄语："请向知识致敬，永不断绝前行，以不灭的生命力，证明你是我杰出的作品。"

于是，一百多年前的一个冬天，夏鼐降生于世。只三天便两岁①，首先在年龄上便瞬间碾压了同年出生的众人——请允许笔者先开个玩笑。坐拥睿智开明的父亲②③和细腻用心的母亲④，哪怕生在富庶的商人之家，上有一兄一姐，下又有一小妹，夏鼐仍得到了那个年代非皇亲贵胄的孩子所能得到的最好的知识启蒙。

"碾压"，其实就意味着实力远远高于被比较的对象。随着夏鼐

---

① "生后三日即为二岁。"[1]4

② "（笔者按：6 岁）余随大姊上学，据云以过于幼少，塾师抱于膝上教书。"[1]4 "父亲不赞成，以为教会小学为救济失学穷苦小孩之慈善机构，虽费用较节省而教法不良，故决定改入瓦市殿巷模范小学（即后来之康乐小学）。"[1]5

③ "公公是一个性情和蔼的人，很重视对子女的教育。最初，族中在六房的楼上设了一个家塾，夏鼐 4 岁（1914 年）（笔者按：虚岁 6 岁）即随大姐在家塾念书。"[35]378

④ "夏鼐幼年时又白又胖，他母亲是不让抱他到门外去的，怕别人看见夸奖说他胖，那样对他不好。"[35]378

考入小学,他对旁人的智力碾压便拉开了序幕。这种现象随着他的长大,逐渐横扫全国。

小学。"我进附小时是初小三年级插班,那一学期的成绩便考第一。当时每级级长由考试成绩第一的担任,原来的级长叶君向荣,看见级长被夺了,便急得哭起来"[3]97。作为一个自幼便接受教育,三年级就能读懂《三国演义》原文[1]6的孩子,考第一并不是什么稀奇的事,因此,夏鼐多次考试"辄冠其曹"[1]6,似尚属理所应当。同时,他便一直担当级长,轻松碾压小学诸同学。

小升初。按说上中学了,强手渐显,尤其夏鼐考初中时(图1.1),

图1.1　报考初中时的夏鼐[16]12

"小学尚缺半年"[1]7,是借堂兄的文凭去考的。按常理,他只要能考上录取率为一比八甚至一比九[1]7的温州十中,就已对得起幼年所受的教育了,但碾压的人生岂能轻易被碾压?夏鼐居然考了第二名①。对比第一名的教育经历,"第一名为郑翔鹏君,乐清人,去年小学毕业,曾在蚕桑读过一年"[1]7,作为一个只读了五年半小学的14周岁少年,夏鼐无疑真刀真枪地碾压了所有参加这次小升初的考生们。

初中。他初一便担任级代表,初三即担任初中部学生会会长[1]8,又以"毕业成绩优良保送升入高中部"[1]8,成功碾压初中诸同学。

高中。他因家乡的战事②而投考上海光华附中高中部,碾压之芒

---

① "当时投考者达八九百人,仅录取百名,余居然居第二名。"[1]7
② "夏间毕业于十中,适逢党起事,校长蔡梦生潜逃,新校长周迟明(岵)未来就职……"[1]8

更长。文理分科于现代来看,可谓决定学生命运之重要分水岭,夏鼐却因家事延搁,被友人随意报入文科,事先并不知情。不过碾压的人生何惧学科之分,他便听之任之读文科,并抱着一颗刚经历红白喜事震荡①、又对工科忽生向往的心②,连续两学期夺取全年级第一[1]9。毕业时,他又以成绩优良,免试升入光华大学本科[1]11,用同样的战术再次碾压高中同仁。

"高考"。若仅是顺从唾手可得之物,还怎能称得上碾压?夏鼐"以不满意光华大学,故不作此考虑"[1]11为由,先在上海投考了燕京大学(简称燕大,下同),又去南京投考了国立中央大学(现南京大学,在民国时期当属第一学府),两场"高考"仅相隔4天,每场考三天[1]11。结果,自然是两处都录取了他。这两所学校之于民国,如清华、北

图 1.2　夏鼐在光华大学附中学习期间所获的英文翻译和"国文"作文竞赛的银质奖章[16]15

大之于今日中国,今日若同时被"清北"录取亦为新闻,而其时又不比今日,大学生凤毛麟角。于是,夏鼐无疑是凤毛麟角中的骄子,扎扎实实碾压了绝大多数同龄学子。

大学。夏鼐先在燕大读了一年,考了个全班第一,惯性碾压了全班同学之后(虽然一班也就六个人)[1]59,又因不满燕大社会学系,跑去考清华历史系二年级的插班生,顺利考上,成绩惯性优异,无甚阻碍地碾压了同为天之骄子的燕大、清华同学们。

"考研"。夏鼐考清华研究院近代史门再次夺魁[1]260就不提了,值得一提的是公费留美生考试。当时,公费留美生的名单连《大公报》

---

　　①　"是年冬(笔者按,公历1928年冬)返籍结婚"[1]8;"余以岳父丧事留家至开祭后,故请假迟到数星期。"[1]9

　　②　"余是时(笔者按,指高一暑假)忽欣羡工学。"[1]9

都会登载[1]298,非全国综合成绩最优者不能入选,乃是没有年龄限制的强强之争。而夏鼐秉持着碾压者的基本素养,嘴上说着"觉成绩尚过得去,然不见得十分优异"[1]255,再次不小心考了个第一名,以平均分领先第二名15.62分之多的方式[1]265,来了一次漂亮的全国性大碾压。至此,可以说夏鼐起码已在智力上碾压了全国绝大多数同龄人乃至一些较年长的高级知识分子①。

图1.3　夏鼐的"公费留学生证书"(第544号)[16]34

但成绩只是智力碾压的第一步,学识思想的比拼才是智力的高级较量。而其最明显亦直接的体现,便是学术论文了。夏鼐的高级智力碾压之路,在国内就已初见锋芒。

———————————

① "听说河南大学历史系主任杨鸿烈也在这里应试考古学,这确是一个劲敌。"[1]258

他在清华念大四时,曾上陈寅恪"晋南北朝隋史"一课。他在这门课上得了一个全班仅有的最高分S+也就罢了,成绩毕竟是他的强项,可试卷上陈寅恪的评语却更值得一提。评语曰:"所论甚是,足征读心①细心,敬佩!敬佩!"[1]218(图1.4)陈寅恪出题以怪、难出名,给分更不客气,对夏鼐的论文连用两个"敬佩",哪怕是掺杂了鼓励之情,一介学生能让其如此,亦属难得。由此可见,夏鼐在大学时期,起码中国古史方面的论文,已写得相当好,展示了一场令人心服口服的碾压。

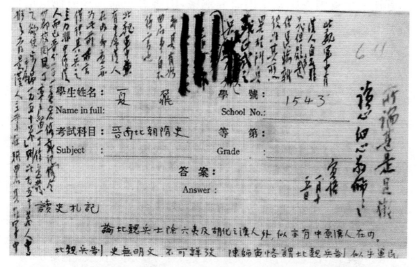

图1.4 夏鼐"晋南北朝隋史"的课程试卷,上有陈寅恪的亲笔评语[16]22

而到了英国之后,夏鼐简直大杀四方,其碾压战绩之彰著,到今日竟仍未消退。

在英留学的第一年,他遇到了叶兹教授,随之学习中国考古学。然而,用他的话说,"一个将近60岁的老头儿,还是很努力苦干,他的精神自然很可佩服,但是一个不懂中文,又不懂考古学的人,做起中国考古学教授,却有点滑稽"[2]84。

---

① 引者按:据上下文,"心"应是"书"字的笔误。

　　之前师从叶兹教授的几位中国留学生，都在汉学方面对其助力颇大①②，而第二届公费留美生的状元夏鼐，在中国文史方面自然能毫不留情地碾压叶兹教授③。然而，如此学到的东西颇少，碾压的人生又岂能就此满足。于是一年后，夏鼐转投更好的伦敦大学埃及考古学系，师从系主任格兰维尔教授。

　　按说他对埃及考古学一无所知，总没那么容易进行碾压了吧？夏鼐显然也是这么想的，结果发力过猛，碾压伴着博士论文轰隆而至。

　　夏鼐的博士毕业论文做的是埃及考古学的精专题目——串珠，这好比一个英国人跑来中国研究铜镜，困难可想而知。但他从前期准备开始，就得到了格兰维尔教授的大力支持，以致欧战爆发后，为了能让他继续研究，格兰维尔教授四处找地找钱，硬把夏鼐送到了开罗继续工作④。那时，夏鼐的博士论文才写了两章不到⑤，足可见其人品之佳，以及所表现出的学识素养之高。

　　而他的论文写得如何，从埃及考古学泰斗皮特里爵士⑥⑦的复信中可见一斑："诸如此类的问题，我们的讨论以面谈为好……你会发现这里的夏天比开罗凉爽。"[2]306 当时，夏鼐仅写信提了问题，并未寄送已写好的论文，竟得到了皮特里的邀请。作为皮特里这样成名已久的大家，倘若夏鼐的问题提得不好或平淡，他就可能连回信都不

---

　　① "曾君说，叶兹教授的书不久便要出版了，关于考释文字方面，受她的助力不少。"[2]12

　　② "他（笔者按，吴金鼎）又提起叶兹教授的事，说在他未来之前，有一位念神学的山东人李涌泉，在伦敦大学读文学硕士，帮他（笔者按，叶兹教授）的忙（作《獯氏集古录》时，便是李涌泉帮忙），后来吴君来了，便辞退李君。"[2]109

　　③ "傍晚至艺术研究所，应叶兹教授之召，名为讨论前星期交去的论文，实则不过修改英文句子，询问我关于他所不知道的东西而已。"[2]48

　　④ "因为欧洲战争的爆发，伦敦大学将考古学系停办，自己本来预备即行返国，后来因为格兰维尔教授代向学校设法，将自己所得而未领的道格拉斯·默里奖学金的42镑，代为要求照常颁发，但以在开罗做些研究工作为条件。又关于学位问题，本是尚缺少一学期，亦承代为设法向校中要求，以在开罗工作一学期代替之，亦得校中许可（10月4日信件）。"[2]263

　　⑤ "下午在家中（笔者按，已到开罗）将旧稿打字（在英时仅写毕 Scope of Study［研究范围］一章4页，至于 Archaeological Value of Breads［珠子的考古价值］，仅写了四五页）。"[2]269

　　⑥ "写信给皮里特，这事久已有在心中，但是为他的大名所震……"[2]300

　　⑦ "今日收到 Sir Flinders Petrie 的复信……居然收到这位埃及考古学泰斗的复信，很是高兴。"[2]304

写,更别说卧病在床还约见面谈了。

后来,夏鼐的论文终于写好寄回了英国,更被特许免于答辩即授予博士学位。那么,他到底写得如何呢?这里有两个版本,请诸位感受一下。

道听途说版:1980 年,夏鼐"至建外宿舍访孙毓棠同志,孙同志谈起 1945—1947 在英国牛津时,听 Prof. Gadd(加德教授)谈起我的博士论文,Ancient Egiptian Beads(《古代埃及的串珠》),至少有 60 年的命运,为研究此道者必须参考之书"[2]387。

正儿八经版:2014 年,伦敦大学埃及学讲座教授斯蒂芬·夸克评价道:"夏鼐的博士论文如此出色,以至于在伦敦竟无人敢于再做这种对于其他人来说可能会花费一生时间的工作……这部核心论著及其基础性资料汇编的出版,可能正是使这个关键性的研究领域进入极端重要境界的必要却又缺少的条件。"[40]104

夏鼐写作这部论文断断续续花费了约五年的时间(1938—1943),期间经历了欧战、温州失陷等战争,更辗转多地,这是他一生中写得最久的一篇成品论文。但用时久便能阻止他碾压的脚步吗?不,至今竟尚未有人"敢"再去从事这项研究。这场碾压,可说是具有全球性和世纪性的,至此,说夏鼐对世人的智力碾压"名副其实",应不算过誉了。

但若仅是智力的碾压,钱锺书、傅斯年和胡适等就要笑而不语了。夏鼐绝非头脑发达、四肢简单之人,在他的青年时期,他对旁人的体力碾压虽不如智力碾压那般出众,但也在慢慢显现出来,最终十分惊人。

在英国留学的第三年,夏鼐参加了为期四个月的埃及考察团,进行田野发掘的实习。在发掘间隙,他得到了游览埃及遗址和博物馆的机会。埃及的遗址举世闻名,夏鼐立刻就被那丰富的文化盛宴迷住了,遂踏上了徒步达人的养成之路。那段时间,他游览的地方实在太多,在此仅拣突出者略述一二:

参观埃及显贵墓。"10 时许抵其处,4 时半离开"[2]156,刨去吃午饭,约六小时的时间,夏鼐就跑了 24 座墓,虽自谓"几类走马观花"[2]158,该日日记却近 2 000 字,几无废话,全用于描述所观之墓,并相当仔细。如参观 96B 墓,"拾级下降,极为黑暗,燃灯始见阶级,墓壁绘画粗陋,天花板为葡萄纹,利用低凸不平之石灰岩,颇具巧思……"[2]158。登高爬低,兴趣盎然,毫不觉倦。

途中若没有交通工具,驴和自行车又有什么不可以。"到此间虽已五星期,卡尔纳克却只逗留过半小时,今日预备以整天的工夫专逛卡尔纳克。上午雇驴……下午借到照相机,租了一部脚踏车,又向卡尔纳克而来。……时已日落,明月上升,一弯新月……驾自行车返卢克索。"[2]165骑过马便知,骑动物以颠簸之故比坐交通工具累许多。而夏鼐在骑了一上午驴之后,竟还有体力背着照相机骑一下午自行车,直到天晚方恋恋不舍而归。在此,他日后碾压众人的田野考古体力,实已渐露。

图 1.5　夏鼐骑着骆驼在埃及胡夫金字塔前[16]043

而他在埃及的这四个月间,体力消耗的强度究竟高到什么地步呢?当他回到学校时,"朱庆永君来,说我的身体比去冬强健得多了"[2]211，又"谒见格兰维尔教授，他也说我比去冬身体好得多了"[2]211。身体的变化如此明显，以至于人人能看出来，可见这四个月间，夏鼐确实跑出了一身好体力。而体力上来之后，夏鼐除了生病之外，身体一直很好。回国以后，他对别人的体力碾压就开始了。

首先尝到被碾压滋味的，是夏鼐在英国就结识的向达（字觉明），后来中国著名的敦煌学家和中西交通史学家。向、夏二人于 1944 年一同去兰州敦煌一带进行田野工作，在某日的野外调查中，两人花费大半天却毫无所获，此时，"向君谓腿已发软，余则尚有余勇，再至曹家嘴一寻索，仍无所得乃下山"[3]172。

向达中途还休息了一阵，夏鼐则是半刻也没歇着，"与向君一同至技专，已 3 时半，校长曾济宽邀向达讲演……余乃利用此机会，赴附近之土门后山寻觅彩陶"[3]172。晚上回到住地时，"向君已筋疲力尽，余晚间将陶片洗净，记上出土地"[3]173。虽然夏鼐在这里什么别的也没有多说，仅陈述事实而已，但不知出于有意或无意，两相一对比，向达精疲力竭瘫软在床，而夏鼐脸不红气不喘，尚有余力地洗起了陶片的画面，跃然纸上。此时，若说向达被夏鼐的体力彻底碾压，他怕是心有不服也无力反驳了。

夏鼐的体力碾压不仅体现在野外调查上，更淋漓尽致地体现在田野发掘中。并且，他对人如对己，自己还能干就让旁人也干下去，堪称"魔鬼领队"。仍是 1944 年与向达同行的西北考察，他们先在敦煌的老爷庙和佛爷庙进行发掘。夏鼐在夏季的沙漠中也不停止工作，"睡眠不佳，或由于连日在沙漠中工作过劳。现下室内温度日间 90 度，戈壁上中午当在 120 度以上"[3]208。120 华氏度约等于 49 摄氏度，人光是走出去就感觉要融化了。就算夏鼐的估算有误，但只要气温超过 45 度，就会令人极度不适，容易中暑，夏鼐却坚守工地还不生病，仅仅是睡不好。

在该次发掘的三个多月间，除休息日和大雨天外，夏鼐每天都亲守在工地上，不是绘图就是亲自发掘，不生病，不觉得苦，干劲十足。比起一会儿就进城了，一会儿就生病了的向达、阎文儒师徒，夏鼐的体力真是令人咋舌。

　　而下小雨当然更无法阻止他进行田野工作。1951年，42岁的夏鼐率领一队年轻人去湖南进行发掘，多次冒雨工作。结果，他因鞋子老浸在水中，脚趾都磨破了，工人和其他队员也受不了了①②③。在对这种不顾健康、只顾工作的行为表示不满的同时，我们也不得不承认中年夏鼐的体力，仍碾压着一众年轻人和身强力壮的工人们。

　　但是，看到夏鼐智力和体力碾压旁人的同时，诸位也须明确一件事情：如果只有过人的智力和体力，而无努力的心思，碾压根本不会发生那么多次。在实力碾压的背后，其实是夏鼐比任何人都更为勤奋的心情。

　　在英国留学时，夏鼐多次胃病发作。一次病中，他写道："事业的成败，谁也没有把握，纵使失败，我要做到可以自己安慰自己，我是努力过的。不论是由于环境的关系，或身体的关系，将来跑到中途，不得不躺下来，我也不愿人家说我是不努力，由于偷巧或偷懒而失败。"[2]89又一次发病时，他说："本来想在家读书，陈（凤书）说我们忙了一个星期，难道休息一天也不能吗？我不相信休息。我以为在工作中可以得到快乐，用不着休息。"[2]78

　　不知这是夏鼐在病中给颇觉前途迷茫的自己打气的话语，还是他的心血来潮，也不知后来的夏鼐是否记得自己年少时的决心，但从夏鼐几十年如一日辛勤的工作来看，他也许真是这么想的。爱与恨的力量是强大的，夏鼐一方面害怕别人认为他不努力，一方面又热爱努力工作中的快乐，因此他努力的心情有多么猛烈汹涌便可想而知，那狠狠碾压着他作为人类固有的惰性。

　　在智力、体力和勤奋全面碾压的基础上，夏鼐壮晚年的人生，成就了一场终极大碾压。

---

　　①　"10月21日 星期日 长沙多此种微雨天，故余主张冒雨工作，仅有一组工人答应。"[4]430

　　②　"11月22日 星期四 今日天气更冷，上午微雨……伍家岭开工，工人仅12名，以天寒风大，有点受不了，下午也停工了。"[4]440

　　③　"1月1日 星期二 右足因连日冒雨穿皮鞋及长筒胶鞋，脚趾磨破，希望能早些痊愈。"[4]458

　　略微夸张一点说，新中国建国至夏鼐去世这段时间的考古学，简直可以称作夏鼐的考古学。因为他干的活实在是太多了，他的精神意志和思维方式渗透和贯穿了整个新中国考古学的前三十年，作品广涉中国人文学科的方方面面，影响深远。据不完全统计，他已知的公开发表的文章就有150余篇，更别说还未出版和发表的。

　　首先，在夏鼐的有生之年，全中国所有重要的考古学相关文献，从《中国大百科全书》考古学卷和《辞海》考古条目，到社科院考古所①编辑的《考古学报》和《考古》(图1.6)等杂志中的绝大多数文章，从《长沙马王堆一号汉墓》到《殷周金文集成》，几乎都曾经他之手校对、审阅和修改，而且"大至文章论点，引文出处，小及标点符号，都不放过"[28]136；而几乎全中国所有重要的遗址，从马王堆汉墓到明定陵，从偃师商城到琉璃河西周墓地，他都曾亲临发掘或进行指导[25]6-8。

图1.6 历年出版的部分《考古学报》和《考古》[16]97

①　此处的"社科院考古所"即指1977年以前属于中科院，而1977年以后属于社科院的考古所，下文中的"考古所"，如无其他前缀与说明等，即指此。

其次,他会多国语言,其中英文是碾压性地好。由于考古所当时整体的英文水平并不见佳,中译英总是闹笑话①,夏鼐又忙得实在没时间亲自翻译,他干脆写好文章,标注好难翻之处的英文再交去翻译②,简直与英语老师无异。也因此,他一生多次代表国家率团出国进行学术外交,哪怕在他生命的最后五年,仍保持着平均每年进行两次出国访问的频率③④。

再者,后期夏鼐经手的工作极其庞杂,试举 1981 年,即夏鼐 71 岁那一年他曾参与的工作,以作一窥[9]1-98。

国际:

* 中国学术外交代表团团长
* 联合国《人类科学文化史》第二卷副主编
* 中日合作之《中国石窟》的中方编委

国内:

* 国务院学位委员会人文学科委员
* 全国人大代表
* 《中国大百科全书》考古学卷分编委会主任委员,同时天文学卷等亦常来请教

社科院:

* 政治学习
* 推动田野考古发掘条例和《文物保护法》等制定与修改
* 研究生导师政策的制定

----

① "赴所,将《考古学报》本年第 3 期英文提要校样交给编辑部,查对中文撮要,才知道 Jade Pearl 是'玉珠'的对译,'玉珠'是'五铢'之误,几乎闹一笑话。"[9]44

② "将《汉代丝绸和丝绸之路》一文打印稿校对一过,将难译的地方都注出英文。"[9]16

③ [9]98:时 1981 年,72 岁,"今年出国的任务加以控制,只出国两次"。[9]204:时 1982 年,73 岁,出国一次。[9]311:时 1983 年,74 岁,出国三次。[9]424:时 1984 年,75 岁,出国两次。

④ 时 1985 年,76 岁,出国两次。[11]481 – 482

　　• 兼顾历史所的书籍编写

考古所及考古学界：

　　• 中国考古学会理事长
　　•《考古》《考古学报》《文物》等刊物主编或编委
　　•《新中国的考古发现和研究》编写事宜
　　• 所中派遣至各地的考古队相关事宜
　　• C^{14} 实验室相关事宜
　　• 全国各地文物考古相关事宜
　　• 所内编制问题
　　• 所内留学生问题
　　• 接待各国学者与学术代表团
　　• 与国外机构合作的相关事宜
　　• 党务与所中事务
　　• 古代外国钱币、中国古建筑、天文、冶金等相关领域
的问题，时常有人来请教

个人：

　　• 友人来谈
　　• 家事
　　• 写各方约稿，更婉拒不少
　　• 撰写自己的《真腊风土记校注》

　　需要说明的是，以上这些都不是虚职，而是夏鼐认真做了实质性内容的工作。这么多工作一件件地去做，如果没有充足的时间，哪怕夏鼐智力、体力和勤奋皆过人，也是无法完成的。但此时的夏鼐早已去除胃病，熬过文革，浑身轻松，以 72 岁高龄天天工作，连星期日、除夕和大年初一都不放过[9]8，简直是工作狂中的工作狂，以年龄的加分在精力上重磅碾压众人。当时社科院的名誉院长胡乔木也说："他比我大两岁，但是精力比我充沛。"[26]16

　　如此一时并不难，可夏鼐却把碾压进行到了生命的尽头。

1985 年,夏鼐 76 岁。对于最后那一天,他的妻子李秀君记载如下:

> 到 6 月 17 日那天,和平常一样,他上午照旧去所里,那天有日本考古学者来访,并安排了学术讲演。……中午下班,我给他做了面条……然后,(笔者按,夏鼐)躺下来休息了一个来小时,起来后,便坐在书桌旁审阅文稿,这是一篇有关世界考古学史年表的译稿……到 3 点钟左右,他突然起身提出要去胡同口走走,我感觉他是太累了,那儿又不舒服……果然,一会儿工夫他就回来了……他对我默默地笑了笑,转身又去看稿子……快到 5 点时,我问他什么时候来车接,这时,我突然看见他坐在沙发上,头歪向一边,手垂在下方,稿子已经掉在地上,我连忙问他怎么了,他却还不太知觉,这时他说话已不清楚,嘴也歪斜了……马上送他到北京医院急诊室,又转入病房抢救。但病势发展很快,人很快昏迷不醒……于 6 月 19 日下午 4 时,停止了呼吸,永远地离开了我们。[9]476

什么叫"生命不止,战斗不息"? 在没有战争的太平盛世里,这就是。夏鼐一点儿也不掺水分地工作到了他还能工作的最后一秒,然后瞬间陷入昏迷,接着在昏迷中永辞人世,完全无缝衔接。在令亲朋遭遇了巨大悲痛的同时,他碾压的一生也得到了最后的升华。

笔者想,夏鼐才可以真正无愧地说:"我为我所热爱的东西献出了我的一生。"

他真正用一生,毫无作假地做到了我们这个时代所叫嚣着的梦想,这种巨大无言的碾压,方促使笔者欲尽十二分心力来写作此书。"碾压"只是一个噱头用语,夏鼐的过人之处和缺点不足都有很多,他只是曾真实降生于世的一个生命,而笔者希望能理解他、分辨他和感受他,以写出一个最像他的他,来真实地讲述和解读他生命中悲欢离合的故事,更企望通过他的角度,最大限度地还原他眼中的世界。那样,笔者就问心无愧了。

最后，回到开头。假设人世走一遭的夏鼐回到了造物主身边，最终能够看清造物主的脸庞，他会"意料之中情理之外"地发现，他的造物者，竟是书。

第二章
材料
——世人可以信任《夏鼐日记》

由于本书以翔实的史料为基础进行研究，因此史料的可信度和完整度几乎决定了本书的成败。故在真正的正文前，特辟一章专谈此事。本文所依据的核心史料是《夏鼐日记》（后简称《日记》），这十卷本《日记》是研究夏鼐的第一手宝贵材料。但由于其为整理夏鼐的日记手稿而得，因此会有一些问题值得注意。

首先，应留意作者在记日记之时，是否会出于某种目的（如隐瞒事实和美化己身形象等）而别有用心地去写。其次应考虑到，作者事后会否出于某些原因而修改或增删日记。最后，应注意《日记》的编者会否出于特定目的而对《日记》进行删改，或者，因不可抗力而使出版物与原件存在一定差异等。

上述问题都会对《日记》的可信度和真实完整性产生影响，从而导致根据史料得出的结论有误。为了探清这些问题，笔者除了对《日记》本身多加留意之外，更对《日记》的主编，中国社会科学院（以下简称社科院）考古研究所的王世民——夏鼐三十余载的学生与同事，进行了一次当面采访（见附录一）。而结合种种迹象与证据，笔者认为，只要多加留意，运用得当，《夏鼐日记》作为史料的可信度还是比较高的，其真实完整性亦是比较好的。

第一节　何苦粉饰备忘录

日记这种相对私密的文字载体，人们若不如实地写作，不外乎是想通过隐瞒和编造来粉饰自己的形象。比起歪曲他人亦曾参与的事实来，粉饰自己的心理活动更为容易，这样一来，记录自己的心情便会成为日记中必不可少的内容，甚至成为记日记的目的。

那么，夏鼐记日记的目的是什么呢？若说义正词严地写在卷首的题记无法服人①，那么，便从相对随意的日常记录里寻找些蛛丝马迹。

> 　　运动又好久不高兴做了，连乒乓球都值得写入日记中去，可见吾近来运动的稀少。[1]68
>
> 　　（引者注：前接一个看破红尘的遗嘱）这便可以算是我的遗嘱，当时以铅笔写下来，出院后转录入这日记中，以供自己将来翻阅时发笑。[1]107
>
> 　　此后每日如有特别事故则记，否则从缺。[2]275

第一句为夏鼐在清华时，第二句为夏鼐在英国留学生病住院时，第三句为夏鼐在埃及作博士论文时。三句话虽未直言写日记的目的，却在不经意间透露出，他记日记是为了"记事"，然后供自己查看

---

　　①　"题记：鲁迅说：'我本来每天写日记，是写给自己看的，大约天地间写着这样日记的人很不少。'（《华盖集续编·马上日记》）我这日记也是如此，不仅不打算给别人看，并且在生前还要禁止别人看，以免自己脸红也。"[1]19

消遣。而能记进日记的事，得是特别的、值得记的，或者好玩的事。

那么夏鼐真的是这样做的吗？《日记》证明，他不仅是这样做的，而且把该功能发挥得淋漓尽致，基本无法再和"粉饰"沾边。

首先，日记具备通讯录的功能：

> 谁知道一到那儿，店屋正在撤造中，不知道他的铺子是关闭了呢，还是迁移了呢……不知道去年的日记中，写错了门牌号数，7号没有领事署，问了几个人，才有人领我到8号去……[2]267

其次，日记具备账本的功能：

> 此行颇为满意，所费不过2磅而已，所住旅馆房租每日连早饭7先令，晚饭3先令半，午餐则或带三明治，或在当地用2先令半的午膳，下午茶则平均每天1先令半。[2]42

再者，日记具备病历的功能。

1954年初，夏鼐因胃病入院。

> 2月21日 星期日 ……今日下午大便，已显黄色，仅稍灰暗。……[6]71
>
> 2月22日 星期一 ……傍晚大便。……[6]71
>
> 2月23日 星期二 ……晚间大便拉稀，但已作黄色。……[6]71
>
> 2月24日 星期三 ……大便带淡黄色。……[6]72
>
> 2月25日 星期四 ……大便一次……[6]72
>
> 2月26日 星期五 ……上午大便一次。……[6]72
>
> 2月27日 星期六 ……今日未大便。……[6]72

详尽地记录了治疗中的大便情况。

同时，日记还具备年终总结报告的功能，而做总结所依据的，当然是之前的日记：

> 但就自己而言，今年都是不幸的一年，溃疡病越来越厉

害,自从去年 12 月 29 日呕吐之后,今年一共呕吐了 21 次之多(Ⅰ/3,Ⅱ/5、9、13、17、28,Ⅲ/8,Ⅳ/18,Ⅵ/8、16,Ⅶ/15、17、23、24,Ⅷ/7、11,Ⅸ/12、19,Ⅹ/23,Ⅻ/17 起休息,18)。住了两次医院(Ⅵ/25—Ⅶ/10,Ⅶ/24—Ⅸ/3),又在疗养院住了两个半月(Ⅸ/4—Ⅺ/19),仍没有治好。[5]421-422

此外,日记还具备各种类型的记事功能,如游记、工作记录和趣闻轶事等。只要夏鼐觉得有必要和想记的事,他都会写在日记中,方便自己查阅总结,或者逗自己一乐。而重要的记事信息一旦出错,会给夏鼐的行动带来许多麻烦,他没必要特地和自己过不去,因此,对记事的隐瞒和编造根本无从谈起。而且,可以看到,在夏鼐的胃病得到根治前的那几年,他心焦于病况,关于大便的记录竟随处可见,一个想粉饰自己形象的人,大抵是不会在日记中如此详尽地记录大便情况的吧。

因此,夏鼐的日记主要就是一本与他相关的全能备忘录,他有生之年得以听闻的趣闻轶事丛编。而他的心理活动并非没有,但年少时尚算丰富,留学时锐减,愈年长则愈稀少。说夏鼐完全未曾粉饰心情或许太过武断,但就像复旦大学的周振鹤所说:

> 那些写的时候就存心要给后人看的,如曾国藩日记、蒋介石日记,在读的时候就要多加点心眼,未可全部信以为真。至于只是为了自己记事备忘用的,不大段描述自己情感的,读起来有时感觉有点乏味的,则往往可作信史看。[42]

笔者认为颇有道理。

因此,夏鼐在写作日记时,精心粉饰日记的可能性还是比较小的。

第二节　"祸兮福所伏"的改动

夏鼐对日记并非全无改动,而改动基本可分为两种。一种是正常改动,如修正和补全信息,这种改动对《日记》的真实性和完整度是有益无害的。

第二种则是因政治环境的剧变而进行的改动。

以夏鼐的不惑之年为分界,前为中国国民党(后简称国民党)掌权时期,后为中国共产党(后简称共产党)执政时期。夏鼐虽不喜谈政①,但因其始终在直属国家政府的学术机构里工作,又关心国家大事,日记中便免不了提及政治事件。在政权转换后,夏鼐曾对之前的日记中涉及两党的用语进行过改动,而对《日记》的可信度造成影响的主要就是这些改动。无论这些修改的动机和目的是什么,读者在明确了这一点后,读《日记》中的相关内容时就应多加留意,小心分辨。下文将举一些改动的典型例子。

一、涂改

① 对"以马列主义为主导思想"的评价,从"幼稚"到"颇多新见解"

夏鼐"阅尹达(刘燿)之《中国原始社会》"[4]135,认为"以刘君主攻考古学,故对于考古学上之材料,认识较真切,对于龙山文化尤多新材料,以马列主义为□□,故有时不免陷入幼稚"[4]135。《日记》编者脚注:"此处后改为'以马列主义为主导思想,故有时颇多新见解'。"[4]135

② 从"土共"到"解放军"

> 王世民:还有,他对于某些称呼,比如解放前夕提到"土共"(应指游击队),解放后改成了"解放军"。
>
> 笔者:这个他有涂掉是吗?
>
> 王世民:有涂改。[24]

③ 解放后不久,夏鼐真的觉得去台湾史语所是条"死路"吗?

> 笔者:那您觉得他,虽然当时史语所迁去台湾的时候,他回温州留在家里嘛,那您觉得他,其实一开始傅斯年想让他押运古物去台湾,他就拒绝了,您觉得他是为什么拒绝?

---

① "18岁……始阅《三民主义》,渐对政治发生兴味。翌年清党事起,中国复乱,对国民党感觉失望,始决定不谈政治。"[1]8

他就觉得去台湾就是死路①②一条吗？

王世民：日记那一段有"死路一条"这句话，是原来写的，还是后来有改动，这就弄不清了。

笔者：为什么？这个日记他重新抄过吗？

王世民：日记没有重新抄过，但看起来他这个日记中间有个别字的改动。[24]

二、补记

① （补记：1931 年是惊动世界的"九一八"事变的一年，全国蓬勃兴起救亡运动。然而我仍沉迷于读书生活中，可见我当时民族观念的淡薄，有点醉生梦死！今日翻阅，不禁汗流颜赤！）[1]87

② 蒋总统元旦讲演词，有一身进退，在所不计，如共方有诚意，未尝不可谈和。小民厌乱久矣，但希望今年能和谈成功云云（补记：此元旦文告，为蒋美的阴谋计划，毛主席曾有精辟的分析及严正的斥责，见《毛泽东选集》第四卷《评战犯求和》。）[4]224

综上，日记虽然有改动之处，但引起改动的关键因素很单一也很明确，即执政党的转换所导致的政治环境剧变。并且，夏鼐改动过的日记范围很有限，基本集中在解放前和解放后不久。而他改动的痕迹又很明显，原件中，涂改处看得出涂改，补记处亦保留了原文。因此，他这种改动的影响是可控的，留心后甚至是可以消除的。同时，正因夏鼐未把改动做得天衣无缝，也未销毁令他"汗流颜赤"[1]87的日记，这些痕迹反而增添了阅读《日记》的乐趣，更为研究夏鼐解放前后的心理活动提供了间接的线索。

综上，虽然夏鼐曾对自己的日记进行过改动，但这些改动是"祸

---

① "看样子，大概不能去了，何苦跟他走死路？"[4]232
② "昨日接到台湾方面来信，今日赴王则诚君处，转达傅先生邀之赴台之意，时局已如此，谁还再走死路。"[4]238

兮福所伏"的,不仅没有对可信度造成实质性的伤害,还提供了更多关于他本人心理活动的史料。

第三节　用心良苦的编者

如果没有好的编者,夏鼐写日记再老实,改动痕迹再明显,广大读者也无缘得见。王世民作为《日记》的编者,着实用心良苦,尽力确保了《日记》的真实完整性。

一、追求真实

首先,本章第二节中所提到的涂改痕迹,都是多亏了编者标注于书中,或在采访中告诉笔者,我们方得以察觉和知晓。《涂改》中的②与③为王世民原话,而对于①,王世民也说:

> 那一段,幸亏他涂改得还能看出原先的字迹,所以我把原来的话和改动的话都注出来。[24]

其次,夏鼐做了胃切除手术之后,得知胃病被根治,曾一度因太过兴奋而导致精神出现较大波动,转入精神病医院治疗。王世民将这一段历史在脚注中标出后,还曾因未事先告知夏鼐的女儿夏素琴而感到欠妥,又将之删去。

> 王世民:他那个日记啊,再就是节略了 1963 年大概有十多天半个月的日记,没有整理。有意把他省略掉。就是他做胃切除手术以后,过度兴奋,导致精神不正常半个月。
>
> 笔者:理解倒是可以理解,已经删掉了吗?
>
> 王世民:删掉了。那几天日记很乱,确实很乱,前言不搭后语。但半个多月以后,很快就恢复了,那一段有所交代。
>
> 笔者:我看到这个了,您在日记的脚注里是说,"由于字迹混乱,难以辨认,所以没有收录"。但我后来稍微想了一下,再难辨认也能看出来。
>
> 王世民:《夏鼐日记》曾两次印刷,第一次印本的脚注里

讲过夏先生曾"精神失控"这句话，因为我事先没有跟夏素琴打招呼，出书以后她感到不舒服，所以第二次印本对脚注作了改动，你说的是第二次印本的脚注。[24]

在《日记》的第一次印本中，此事的脚注原文为：

> 编者按：作者于 3 月 6 日深夜突发胃穿孔，及时成功地施行手术，使困扰数十年的病痛得以彻底解除。由于过度兴奋，以致一度精神失控，经转至安定医院治疗，十余日后恢复，其间日记思维与语言混乱，故从略①。

而第二次印本的《夏鼐日记·卷六》中，脚注则改为了：

> 编者按：作者于 3 月 6 日深夜突发胃穿孔，经北京医院及时成功地施行手术，使困扰数十年的病痛得以彻底解除。当时因过度兴奋，曾转往其他医院治疗，十余日后康复。由于其间日记字迹不清，难以准确辨认，故从略。[6]329

应是为了照顾夏素琴的感受，再次印刷时，该处改写得更为隐晦了。但至少王世民愿意告诉笔者，不曾有意隐瞒，且改写之后，该段事实并未被抹去，因为夏鼐自己"文革"期间的日记里也写了"写出补充材料之九（由写黑诗到住精神病院）"[7]239。

再者，王世民还使用了编辑技巧，将放在正文中有难处的话在正文中节略之，以影印日记原件的方式放在卷首，留给有心人去发现。

《日记》卷九中，夏鼐谈华罗庚去世，正文铅字写的是"华罗公数学天才，但热衷于名，鞠躬尽瘁，苦于奔波之劳"[9]475。卷首影印件则显示夏鼐手写的原文是"罗公数学天才，但热中②于名，而我党领导亦投其所好，使之鞠躬尽瘁，苦于奔波之劳"[9]（图 2.1）。

另外，王世民作为史料编辑者，对真实性的执着，从三卷本《夏鼐文集》的编辑过程中亦可见一斑。他表示 2000 年版的《夏鼐文集》中，

---

① 来自豆瓣阅读上的《夏鼐日记·卷六》电子版，与王世民先生所说的一致，当为原注。

② 原文即为"热中"而非"热衷"，下文的引用内容中如有错字，皆为原文。

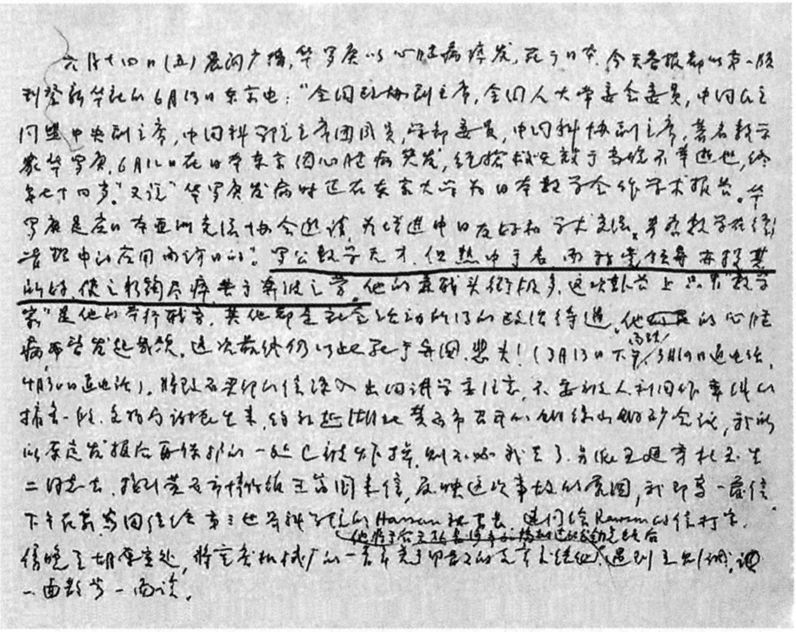
六月十四日（五）晨间广播，华罗庚以心脏病猝发，死于日本。今天各报都以第一版刊登新华社的6月13日东京电：“全国政协副主席、全国人大常委会委员、中国民主同盟中央副主席、中国科学院主席团成员、学部委员、中国科协副主席、著名数学家华罗庚，6月12日在日本东京因心脏病突发，经抢救无效，于当晚不幸逝世，终年七十四岁。”又说“华罗庚当时正在东京大学为日本数学会作学术报告。”……

图 2.1　夏鼐 1985 年 6 月 14 日的日记原件影印件[9]

全部都是夏鼐亲笔写的文章，连夏鼐亲口讲而旁人笔录的记录稿都没有收。

王世民：……听（他①讲课）的时候他声音又低，年纪比较轻的同学呢，都是抢比较靠前面几排坐，坐在中间就已经听不大清楚了，坐后面就更听不清楚了。所以那个时候考古教研室就给他派一位青年教师（现在早已去世了）。

笔者：在旁边翻译啊？

王世民：在那儿记录。整理以后，经过夏先生本人又看过，然后油印了发给大家。

笔者：啊，这样啊！

王世民：这样好一些。这个讲义呢，三卷本的《夏鼐文集》里边儿没有收。那三本的纪念文集里面收的文章，每篇

① 笔者按，“他”指夏鼐。

都是他自己亲自写的,记录稿一篇没收。[24]

可以看到,虽然妨碍《日记》真实性的因素很多,但编者还是在有限的条件下,尽力以各种方法维持了《日记》的真实性。否则,他不说,经手夏鼐的日记原件的人也几乎只有夏鼐的子女们了,广大读者谁能知道日记的本来面貌?

二、追求完整

除了真实性之外,编者对完整性也有着自己的见解。

王世民表示:

> 现在(《日记》)里面真正删掉的文字很少,那纯属个人隐私。比如他讲到读书的时候,同学之间讲燕京大学某位先生的绯闻,我们就把那个人的名字变换成×××。再比如他自己家里面和哥哥分家的具体财产情况、他和夫人之间小的摩擦。再比如"三反"和"文革"当中,某些未落实的似是而非的问题,也把人名隐去。这种删节,对日记的真实性并没有影响。[24]

而《日记》中确实出现过不少"(……)"的省略标记,脚注中往往还会写上删去的内容大意①,基本都是家务事。而某一天的日记若原缺,亦会注明,以免误会为删去。

此外,《日记》的原件是经夏鼐的子女誊抄后,交给编者统一整理的。誊抄时,负责卷一的子女误以为关于学术的讨论等无须誊抄,便未将之抄入。等发现有此缺漏时,《日记》已定版,再行添加内容会影响人名索引,并且时间也来不及了。于是,编者便将那些讨论内容以"前注后附"的形式添于卷末,使这些重要的史料不致遗失[24]。

同时,由于种种原因,在卷四中,1949 年 10 月以前,夏鼐所写的为共产党筹军粮等事被删减不少,且脚注中语焉不详。但是,在 2013 年出版的《夏鼐日记·温州篇》中,解放前后夏鼐在温州时的日记又

---

① "编者注:省略内容为处理岳母李家事。""编者注:省略内容为处理自家事。"[4]320

得到了较完整的复原。

如《夏鼐日记·卷四》中，1949 年 6 月 23 日—30 日仅"为缴纳军粮，连日奔波，设法购买"[4]247寥寥数语，且并无注释标明此处曾经删改。

而《夏鼐日记·温州篇》中，这一周的日记被复原了出来，可以看到夏鼐说"这一星期来，为了筹粮事，心神交瘁"[11]300等语。这不仅解答了笔者关于"夏鼐对筹军粮毫无怨言吗"的疑问，亦复原了许多宝贵史料，如夏鼐在解放初期对于共产党的想法、富户地主在刚解放时的生存状况、解放前后温州的民生物价等。因此，笔者在文中引用1949 年 3 月至 10 月的日记时，将会参考《夏鼐日记·温州篇》，以求史料的完整与准确。

可见，编者在条件允许的情况下，不断弥补着前作的缺憾，对史料的完整性有着较高的追求。最后，可参照王世民编辑《夏鼐文集》的态度，来印证这一点。

> 王世民：……大概 1962 年，他为母校温州中学六十周年校庆，写了一篇纪念文章，题目是《春草池边的旧梦》。
>
> 笔者：对对对，特别文艺的一个标题。
>
> 王世民：这篇文章呢，他给我看过，我记得大概总共有三千多字，回忆中学时代的往事，"五卅"惨案以后上街宣传什么的，富有浓郁的乡情，可惜这篇文章我没有抄下来。前些年编《夏鼐文集》的时候，想收这篇文章，未能从夏先生家里找到，去温州时曾去温州中学的档案室查找，年轻的教师不知道。当时经办六十周年校庆一位副校长人还在世，我没有想到与他联系到，后来我再去温州时这位副校长已经去世，最终未能找到。夏先生家里面，他积存的有一些笔记、手稿，发现有学术价值的已增订到文集当中，但这一篇仍未找到。[24]

为了一篇小文章跑去温州多方寻找，虽然未果，但编者的努力仍可以感受到。

至此，可以说，托福于编者对真实完整性的追求，《日记》的原貌才得以被较好地保存下来并出版，才能进入到读者的视野之中。十卷本的《日记》在编撰过程中,虽不乏小瑕疵,如对夏鼐所写的英文日记翻译有误(将 December 误翻成 11 月①)、有些"(……)"处脚注不全等,但总体上,还是在有限的条件下维持了《日记》的原真性和完整性。在向编者提出意见、与编者共同进步的同时,也应体察到编者的用心良苦与为难之处,带着清醒的头脑和善于发现的眼睛去阅读《日记》,方能更好地解读和利用史料。

综上所述,笔者认为,只要注意到存在着的问题,在利用史料前多加分辨,《夏鼐日记》作为研究夏鼐的第一手史料,无疑是可信据的。

---

① ［2］323 的中文为"决定 11 月初启程(10 日以前)",而［2］331 的英文原文为 "deciding to start our journey at the beginning of December (before the 10th)."

第三章
喜恶

人的喜恶是他对世界的态度最直观也最深刻的表达方式。本着对所有了解和不了解夏鼐的读者负责的心情,本文将夏鼐的喜恶放在首位进行论述,期待用最准确最直接的方式,带各位叩响夏鼐世界的大门。

第一节　天地万物唯书大爱

在《序言》中，笔者卖尽关子，甩出"书"是夏鼐的造物者，倒并不算夸大其词。自 1930 年，21 岁的少年夏鼐发下雄心壮志要"每日读书百页"[1]10 始，他就一直坚持努力，并且在不知不觉中，用一生实践了诺言。

在所有读物中，书籍是夏鼐最主要的阅读对象，因此，本节的论述主要围绕书籍展开。据不完全统计，自夏鼐开始写完整日记的 1931 年始，除去"文革"六年的"不可抗力"，他每年看书达 80 余本，起码看了 50 年，一生最少看了 4 000 本书。

图 3.1　夏鼐藏书的一角[16]183

50 年,4 000 本书,是什么概念?这意味着夏鼐至少每五天就要看掉一本书。诸位,夏鼐可并非生活在如当今一般的和平盛世,他的前半生简直是被战争追着屁股跑。他刚到英国不久,中国的八年抗战就开始了。英国尚歌舞升平之际,第二次世界大战又在欧洲爆发了。夏鼐运气好,躲到了埃及,战火竟又蔓延至开罗。而他历经千辛万苦回到中国,终于迎来了抗战胜利的曙光,还没过上几天好日子,内战又爆发了……可谓走到哪战火烧到哪,连柯南见到夏鼐都要叫声"祖师爷"①。而他的后半生虽然摆脱了战争的阴影,却浸泡在无休止的政治运动中。就是在这样的 50 年中,夏鼐至少完整地看了 4 000本书,这首先得益于他的勤奋。可是,坚持不懈的勤奋若没有深刻的动机和浓厚的情感作为支撑,又如何得以实现呢?夏鼐看书的动机无法确知,但情感从一开始肯定就是喜欢②③。不过,喜欢也分深浅,夏鼐并不是从一开始就把阅读作为今生挚爱和不可或缺的日常需求的,起码在刚进大学的时候,他也只是停留在"爱看"的阶段。

夏鼐大学时爱看书,有自小感兴趣的原因,也有明白读书有益学业的原因,还有想无负于年华、希望自己努力的原因④,但笔者估计,还有一个重要的现实原因就是,在漫长的大学生活中,他觉得除了阅读以外,大部分的事情都太无聊了。

逛街很无聊:

> 下午偕同乡 4 人,本想骑驴赴大钟寺看热闹,但雇驴不

---

① 柯南为日本漫画《名侦探柯南》中的主角,因剧情需要,走到何处,何处就会发生凶杀案,故观众戏称其拥有"走到哪哪就会死人"的超能力。

② "9 岁……时欧战正酣,英国人印有《诚报》,为画报性质,加中文说明。余常在广发源店中见及,对于文字说明虽不懂,但颇喜其中之图片。"[1]5

③ "记得自己初次购书,便是买他的《呐喊》。大概是 1925 年的春天(笔者按,17 岁)吧!……托父亲在上海购买。……父亲回来时,带了许多糖果之类的东西回来。但最使我喜欢的,却是这一本红色封面的书,我一有空暇便拿起来读,从头到尾读了一遍,很觉得舒服。"[2]79

④ "昨天接到家中寄款……我真感谢双亲的爱我之心,替我想得这样周到。我要替自己庆幸,庆幸自己有这样的好家庭。我又暗中替自己焦急,怕自己将来要辜负了家庭中对我的期望。"[1]162"自己的法文真令人失望,寥寥 36 页的小说,竟费了四五天才读完,如果不自努力,未免辜负自己。"[1]220

成功,只好到燕京及海甸街绕一圈走回来。这样便消磨了一个下午,自思真有点无聊。[1]97

坐船很无聊:

> 虽在内港避风,船不簸摆,但是无聊之至,阅《西线无战事》,倦时抛卷,闭目休息……[1]342

开班会很无聊:

> 晚间赴 1934 年社会学系班会,又是那一套讲笑话,游戏,吃茶点,真是无聊。[1]34

上课很无聊:

> 我觉得上了这半年每周二小时的经济学课,得益实不如这几天读这书所得的多。……我更惋惜自己的错过,空废了许多有用的辰光去听无聊教员的无聊教讲。[1]14

连考试也很无聊:

> 星期三要考经济学了,课外书只好暂停阅读,考试这种事真是无聊的事。《当代社会学学说》这本书正读得起劲,硬生生地被打断掉兴趣。[1]43

比起这些"无聊"的事情来,看书真是太有劲了。于是,好歹在看书方面已经小有心得的夏鼐同学,岂能满足于如此没有技术含量地看看就算了。他决心要锻炼自己的阅读速度,还要拓展多语阅读。于是,像别人训练田径一样的"夏氏读速训练"就开始了。

首先是看中文书,他表示自己每天竟然只能看 75 页,实在是太慢了,要"训练速览的能力才好"[1]57;专读一本大规模的千页书虽好①,但"小规模的多看"[1]22却"也有好处"[1]22;小说的阅读训练颇见成

---

① "此书仅 900 余页,我竟费了 12 天的工夫才读完它……"[1]57

效①[1]28，历史著作边做札记边看，却慢得令人发指，"当改换方法，以求阅读速率之增加"[1]57。

其次是英文书，不是母语毕竟看得慢些，"一点钟常只能看 10 页余"[1]21。但是，他认为"与其读快而不入脑筋，宁可慢读而领会每一句每一字的意义"[1]21，虽然这样做有点"呆"[1]21，但他明白"读书没有一蹴便到捷径的"[1]21，"不能太取巧以贻后悔"[1]21。如此坚持一段时间后，他的英文阅读速度有所提高，"每小时可读 20 页"[1]200，但"但未作札记，不求甚解"[1]200，仍嫌太慢。在中国时，夏鼐的英文阅读速度始终没有质的飞跃。而到英国后，大量接触英文书籍的他却很快就实现了愿望。环境所限而已，上天始终不曾辜负勤奋聪明的人，这是后话了。

还有法文书。法文是夏鼐进入大学才开始学习的新语言，他第一次读法文课外书时，"满页都是生字，一小时只能读二三页"[1]141。经过一段时间的挣扎努力，他"靠着英译本之助，居然在一天中读了22 页"[1]201，真是功夫不负有心人，夏鼐对这个"新纪录"[1]202表示非常开心。

还有日文书和俄文书，不过那都是夏鼐参加工作以后的事了。

大学的阅读训练并不是没有中断过，夏鼐亦没有太过刻意地去训练自己成为阅读比赛的选手，他就是在大学生活中找了一个课余方向，坚持努力，最后达成了愿望。随着夏鼐的书越看越快，越看越爽，常常"一口气读下去不忍舍置"[1]106，问题也来了，夏鼐称自己"念书成了瘾"[1]31。初见此语，笔者疑心是少年人欲以此说彰显自己老成厉害，但看到夏鼐长大后的各种举动，笔者才不得不承认，他对文字阅读，确实由表及里地上瘾极深。

上大学的时候，夏鼐就"差不多天天看报已成了瘾"[1]144，"今日忽然没有报"[1]144，便会觉得好"空虚"[1]144。为做毕业论文去书库找材料，结果"一进书库，便似着了魔"[1]226，"东翻西翻地乱翻书"[1]226，"下

---

①　"阅书：辛克莱著、易坎人译《煤油》(今天阅过 601 页，平均每小时约读五六十页，这是我近来阅书速度最高的纪录)。"

午书库不开放才死了心"[1]226。

到英国留学后,功课没有那么紧张,人际来往又比较少,夏鼐就过上了时不时便能"乱翻书铺"的生活,经过就要"进去乱翻"[2]15,往往能花掉一个下午[2]15。他自称是"恶习"[2]15,要改,但扛不住书店和图书馆的吸引力,他似乎在一生之中都没改掉①。而他上课的不列颠博物馆亦有不少书籍,他自然不能放过,战争在英国蔓延开来的时候,趁着停课有空,夏鼐每天都去博物馆阅书,人家下午 4 时才闭馆,他看了一整天,还"殊嫌不过瘾耳"[2]260。

避战乱至开罗时,夏鼐一边承受着博士论文的压力,一边忍受着当地酷热的天气,一边笼罩在战争不知何时会到来的阴影之下。也许就是在此时,他深切地意识到,阅读不仅能给他提供知识和视野,还能转换思路,安抚心神,使他暂时忘却一切烦恼,方能使他在那么糟糕的环境里,仍能安然度日。恐怕就是在那时,他的读瘾渐渐转化成了一种生死相依的情感,毕竟患难与共,方知情深意重。

可以看到,几经波折磨难终回故国的夏鼐,对阅读的喜爱已不仅仅停留在"爱看"的阶段了,看书真正成了他欢笑痛苦、生子亡亲时,都不可或缺的心灵伴侣。

首先从他阅读的速度上就可见一斑。他再也不是那个页页计较的大学生,因为他的中英文阅读速度都达到了巅峰,并保持了一生。中文书籍最快可达一日 600 余页②,无甚太大变化;而在英国时,他一日最快可阅英文书籍 500 余页③,着实读了不少英文书。因此,一天看完《红岩》④,两天重温半部《红楼梦》加其他书籍⑤之类的,对于读速过人、战果丰硕的夏鼐来说,实在是小菜一碟,读者根本无须大惊

---

① "在中正街各书铺绕了一圈,翻翻书籍过瘾。"[3]17
② "总理诞辰,休息一天。阅毕斯文赫定《亚洲腹地旅行记》(1926 年李述礼中译本,pp. 1 - 604)。"[4]214
③ "阅毕 Richard, *Man and Metals* Vol. Ⅰ[里卡德:《人类与金属》第 1 卷](pp. 1 - 506)。"[2]245
④ "今天一口气将《红岩》(1—598 页)阅毕……"[6]251
⑤ "由民勤县城出发后,车中无事,阅了一部巴金译、克鲁泡特金《我的自传》,昨今两天又阅了半部《红楼梦》。"[3]366

小怪。

其次,夏鼐确实把读书当成了生活的基本需求和人生的真爱伴侣,还因此闹出了不少旁人看起来荒唐好笑的事情。

例如,比起还不会走路的女儿来,还是书更吸引人。李秀君略带嗔怪地在回忆录中写道:

> 夏鼐暑假回家探亲,我有时会让他帮助看护一下小孩,结果,只见他把小孩放在地上,任她爬来爬去,自己则踱来踱去顾自看书,当要碰到小孩时,就一抬脚从她身上迈过去,全心身地继续看他的书。[35]380

又比如,夏鼐生病难受的时候,看书比吃药还灵。

呕吐了看书,一秒恢复精神:

> 呕吐稍止时,阅江绍源之《发须爪》,乃研究中国迷信之书也。[1]344

> 仍是沿着海岸向北驶,但风浪稍大,加以自己又伤了风,不很舒服。上午阅《萍踪寄语二集》……又读《日华辞典》之所附文法篇。[1]349

热得要死赶紧看书,很快就心静自然凉:

> 午餐又是满身臭汗。下午睡了一觉,醒来后赤着膊,坐在电扇前面阅《考古研究法》。[1]352

身体不舒服的时候,去什么医院,先看书治治:

> 返山时中途遇雨,衣衫皆湿,晚间感觉身体不舒。阅 Stopes, *Enduring passion*[斯托普斯:《持久的情欲》]以作消遣。[3]134

> 身体不舒服,到图书馆中翻阅书籍。[3]143

没精神的时候,用书来提提神:

> 因为病中精神不好,阅小说以作消遣也。[6]295

伤心落泪的时候,看看书才能好受点:

> ……现在只剩下自己一个人孤零零的在这儿,颇为伤心,几行下泪,勉强忍住。……又赴 Science Library[科学图书馆]翻点书,心中稍为好过一点。[2]223-224

身心交瘁的时候,更得服用书这一剂包治百病的良药:

> 今日身体仍不舒,汇款亦未到,身心交瘁,在图书馆阅闲书以作消遣。[3]334

再比如,众人惶然避战的时候,夏鼐仍手不释卷。归国回家途中,日军飞机来轰炸,他跟着人群逃难,结果"坐在防空壕边读[滨田耕作著]、杨炼译《古物研究》"[2]353,还把躲在防空壕里的人群比作草原上的兔子①,状颇悠然。

夏鼐归国返里后不久,日机又来轰炸,他每天一边逃难,"在恐慌中度日"[3]36,一边看着《三国志·魏志》[3]36;听闻丽水失守,夏鼐举家搬去亲家处避难,夏鼐这边看完了《魏志》,那厢又拿起了《三国志·吴书》[3]39。

最后,别人不吃饭会饿,夏鼐不看书会饿。

自己要是在旅途中没带书,向陌生人借了也要看:

> 车子 8 时开行,车中无事,借阅同座客人的一册《随园诗话》作消遣。[3]9

实在没有书籍报刊可以看,看看目录过过瘾也是好的:

> 阅模范书店新书目录,现下以外汇关系,不能购书,但阅此以作消遣。[6]296

看完一笑的同时,各位也可以发现,夏鼐早已意识到阅读能够让人暂不思考一切痛苦、烦恼和忧虑的事情,是抑制负面情绪、维持心

---

① "自己由壕中伸出头来向外望,山坡面看不到一个人,都隐在壕中了。这使我记起某氏记载草原野兽,谓某种兔居于草原,日间蹲立窠外,互相呼唤,一闻人声都钻入巢中,景象当与此相似。"[2]353

图 3.2　正在翻看《考古学报》
的夏鼐[16]

神稳定的良药,而全身心地沉浸在阅读中,书籍本身所蕴的内涵力量又能够让人沉静淡然,更别说阅读还能完美地打发时间了。

世界上的诱惑,在夏鼐所生活的年代并不少,而夏鼐也并不只有看书一个爱好。青年的他也曾热爱徒步旅行,中年的他也曾迷恋电视电影。但终归,夏鼐还是选择了书籍作为一生不变的伴侣。他无疑是聪明绝顶又积极向上的,一定意识到了,最终还是看书这个爱好带给他的远远大于其他爱好所带给他的。

而至于书籍到底给了他什么,看看夏鼐或许就有所启发。他看书久了,人也变得像本书,淡定包容,智慧渊博,同时却又纯粹简单,真挚有趣,好像知晓一切却又从不说破,好像能一眼看透他却又可细细揣摩。这种书人合一、人书难分的境界,才称得上是大爱所在吧。

第二节　往来鸿儒虽好而对岸豪杰更佳

如此热爱看书的夏鼐,对知识的喜爱自不消说。而在对他人非关乎爱情的喜欢方面,他也流露出了对知识,和由知识所带来的高雅品格的偏爱。在西北考察时,夏鼐在满是所谓"俗民俗吏"之地,发现了一位复旦国文系毕业的县长,立刻如获至宝①。说真的,像夏鼐这样的"学神",很多时候难以棋逢对手,见到学问特别好的,首先就被吸引了。若此人还正直谦虚、淡泊名利、高雅不俗,那简直能让夏鼐

---

①　"姚县长(佐生)系复旦国文系毕业,曾在北大肄业二年,民国廿九年毕业后即高考及格,海外部任事一年,即来甘作民勤县长,因系国文系毕业,殊无俗吏气味。"[3]368

瞬间化身"脑残粉"。同时，由于夏鼐骨子里比较腼腆害羞，因此，若此人还幽默自信，健谈有风采，更能恰好戳中夏鼐的心窝，令他一见倾心，一秒变身"小学弟"和"小朋友"。

上述条件自然都是在夏鼐认可的情况下才成立。渊博、靠谱、有风采的老师，夏鼐这一生自是遇到不少，这在下文中将会详细论述。但在同龄人中，达到这些条件的人就不多了。首先，学问能令夏鼐心服口服的就少，而兼具知识、品格与风采的人则是凤毛麟角。不过幸好，夏鼐大部分时间都生活在一群鸿儒之中，大浪淘沙，倒也并非没有几粒经"夏氏检验"的金子。哪怕在别人眼中他们脾气火爆、难以相处，在夏鼐眼中，他们都是闪闪发光、可敬可爱的。

特别明显的一位就是向达。向达脾气爆烈，在南京史语所时，跟傅斯年[①]、陶孟和[②]、曾昭燏[③]，甚至梁思成[④]，通通相处不好，却偏偏能和夏鼐相处融洽。夏鼐不仅在向达发怒时多次进行劝慰[⑤][⑥]，还对其处处妥协[⑦]。向达给他看《瓜沙谈丛》的第一段《太初以前玉门关》的未定稿时，他还衷心称赞其文"考据精严"[3]148。另外，夏鼐还被向达与张大千争吵一事，给唬得深信不疑，谈起此事津津有味，就差作膜拜状：

> 连日为标本起运事耽心，如有人欲编考古外史，此回可
> 称为"孤军作战，夏作铭受困武威城"。想起前年向觉明君

---

① "傅先生知道向先生 7 日那班飞机故意放弃权利，正为震怒，说何以对于他答应筹款的话一点不肯信任，说向先生如果 21 日仍以候款为理由不肯去，则考察团事根本取消，你们都回李庄好了。"[3]165

② "傅所长叫我去询问关于向觉明从何处获得陶所长致傅、李之私信，述及向在西北之事，谓向今日大发脾气，骂陶不应该，令余劝之息怒。"[3]131

③ "向君今日忽对曾君大发不满之语，谓前日请其写一介绍信给胡小石先生，遭其拒绝，借口怕得罪傅所长，太不应该，余劝解了一番，向君仍有不释之色。"[3]138

④ "昨日向先生向营造学社接洽租房事，梁思成先生提出条件，除租金外，又要向家孩子不要来学社玩耍，最后又言怕对不起傅先生。向君大怒，昨夜来余处诉说一番，今晨怒气未息……"[3]138

⑤ "向君对于家事颇为愤慨，谓史语所内眷欺侮其家人，余劝慰之。"[3]162

⑥ "后至傅所长处一谈，又至向先生处劝解一番，此事可以就此解决。"[3]132

⑦ "余拟取行李明晨先行动身，恐下班飞机仍只能去一人，岂不误事；向君谓侍从室有友人陈叔谅在彼，可以设法使下班二人同行，余恐决裂后将碍及友情及此后团内之合作，故只得答以若下班必能二人同行，余可从命……"[3]163

在万佛峡与张大千相吵一事,"双雄相争,向觉明扬威榆林峡",然而一个"扬威",一个"受困",才能之不相及远矣,一笑(向觉明叙述彼时情形,谓张大千底下之彪形大汉,围立四周,如果动武,向即拟举起条凳,杀开一条血路出去。言时以手作势,虎虎有生气,令听者色变)。[3]415

很显然,向觉明的学问是受到夏鼐肯定的,因夏鼐对学术文章是极其严谨苛刻的,连老师的文章,他都会毫不客气地当面指出硬伤①,这样的人,却在日记中说向达的文稿"考据精严",那是非常高的评价了。其次,向觉明显然属于谈锋甚健、霸气唬人的那类性格,而能与夏鼐交好颇久,亦可见其人品亦不差。另外,从上段夏鼐对他的描述里也可以看出,向达是一个非常有意思的人,敢为寻常书生之不敢为②。因此,哪怕向达的脾气大到常人难忍受,夏鼐仍十分喜爱他,与之为友,甘之如饴。

对性格刚烈的向达都尚且如此,对完全戳中他的点、性情又温厚的钱锺书(字默存),夏鼐真是彻底表现出了一个"脑残粉"的基本素养。

虽说夏鼐和钱锺书是清华校友,但在中年之前,两人几乎全无交集。在遇到钱锺书之前,夏鼐看到了《谈艺录》,自顾自地跟文章交了一番手,已明白对方非池中物也。他阅书后,先承认钱锺书"天才高而博学,其文词又足以发挥之,亦难得之佳作也"[4]250,然后不服气地加上一句"惟有时又掉书袋之弊,乏要言不烦之趣"[4]250,最后认为钱锺书解释"似开孤月口,能说落星心"太过勉强[4]250,竟以 300 余字的篇幅做了一辩论[4]250。这对夏鼐来说是很难得的,他平时写书评,诸

①　"王世民:他对李济,也很不客气的,李济毕竟是学人类学的,对考古有些东西不是太内行。抗战期间,四十年代有一次写什么,李济让他看,他提了不少意见,老师的东西,他对硬伤也不客气地给你提出来。

笔者:对,他就是这样,对老师的东西也提意见。

王世民:老师的东西,你看他的文章里,他还是清华历史系的学生的时候,就对蒋廷黻的文章,那挑的都是硬伤。"[24]

②　"游至 220 洞时,向先生内急,窟前廊中地下有一小穴,遂蹲伏其上大便,余笑谓留此作纪念,乃与齐天大圣在三十三天上撒尿媲美,向君摇首云'遗臭万年,遗臭万年'。"[3]210

如"此书不但包罗 19 世纪之史学,渊博宏大,且能将史学受当时之影响,及史学之影响于时势,亦连带叙述,具见史识,诚为不多得之书也"[4]185之语就已是至高至多的评价了,很少就具体问题进行讨论。而他选了一个这么小的点和素未谋面的钱锺书如此较真,自然有青年人不服输的因素在,却也是因为棋逢对手,激起了斗志,便论个痛快。

要说夏鼐和钱锺书真正有所深交,便要到"文革"时期了,两人在同一所"五七干校"进行改造,也算是患难兄弟。或许是钱锺书在困境中仍持有的谦虚幽默①令夏鼐产生了好感,又或者是早就埋藏在夏鼐心中对钱锺书的好感借此得到了催化,总之,夏鼐在"文革"之后,突然和钱锺书变得无比交好,日记中频繁地出现钱锺书的名字。

"文革"后,百废待兴,夏、钱二人都很忙,工作开会不休。但自 1972 年至 1985 年,夏鼐所记载的与钱锺书闲谈的次数达 20 次左右,来往频繁可见一斑。而且,夏鼐不仅将关于钱锺书本人的趣闻轶事一一记录,钱锺书所说的趣闻轶事他要记录下来,且深信不疑②③,奉为"《世说新语》新篇"[8]244。除此之外,夏鼐还在自己不懂而钱锺书精通的领域觉得"钱锺书说得太对了"④,更以钱锺书赞同他的意见为荣⑤。再有,他一个七十多岁、德高望重的所长,几十年没叫别人"学长""老师"了,还在日记里叫钱锺书"默存学长"[9]141,笔者看到这里时,实在起了一身鸡皮疙瘩,不帮他写出来都不好意思。最后,夏鼐

---

① "这里的东岳公社,有邮局,各连有邮递员,每日去邮局送取邮件。我连是武夺琦同志,听说文学所是钱锺书同志。据云,他帮助邮局里工作同志辨认难识字,寻出偏僻的地名,解决不少问题,所以很受优待,常得茶水款待。这真是'大才小用',他自己却谦虚地说:'废物利用! 废物利用!'"[7]265

② "我在北京,有些外事活动(1971 年 5 月 17 日—6 月 1 日),上了报纸,留在干校的高级研究人员看见后,不禁低吟:'同是旧日衔泥燕,飞上枝头变凤凰。'(吴梅村:《圆圆曲》)但是不敢大声发牢骚(这是钱锺书同志后来告诉我的)。"[7]271

③ "钱谈起在昆明时,闻一多先生曾对他说起陈梦家在《平民》上发表文章,开头说'请教于闻师一多,师曰……,余以为非也'。批判老师,抬高自己,拿老师的未成熟的口头一件,作为靶子来攻,深致不满,此与偷窃老师见解作为己见,为另一种利用老师的方法。"[8]233

④ "现下红楼梦研究已成为默存诗人所讽刺的'红楼梦呓'。"[9]433

⑤ "我以为这不是权不权的问题,除中国部分之外,我们对哪些方面有发言权,就提意见好了,人家不一定听,这可不管他,但是我们也要有自知之明,对外国的部分,没有把握的地方还以藏拙为妙。钱锺书同志亦以为然。"[9]128

把他一生中对书的最高评价也给予了钱锺书,称其《管锥编》"一生功力,俱见于此书中,不朽之作也"[9]137。这样的评论仅此一处,别无分店。在此,夏鼐对钱锺书的喜爱和崇敬,亦得到了升华。

图3.3　夏鼐与钱锺书在第26届欧洲研究中国会议的座谈上[16]116

　　无疑,钱锺书的种种特质,都令夏鼐欣赏不已,几乎是他一生所崇慕之人的精华代表。而这其中有一点,是向觉明也具备的,对夏鼐有着最深层的吸引力。如果缺少这一点,夏鼐对他们恐怕就不会如此喜爱,而这个点,就是"能干"。此处说的能干,不是广义上的能干,而是特指处理行政事务和人际往来的能力,长于此点的人,往往都在仕途上一马平川(别看向觉明跟史语所众人吵翻天,他与地方交际却着实是一把好手)。

　　罗志田有一句话总结得很到位,"菁英与边缘读书人在过渡时代中的一种共同意态,即始终徘徊于读书治学和社会责任之间"[38]3,这个"过渡时代"指的是近代中国[38]1。那时,万千读书人还未完全挣脱"学而优则仕"的古老氛围,又为新文化的狂风所猛烈吹拂,很多人挣扎在治学与治世之间。夏鼐看起来虽然无此纠结,但从其仰慕喜爱的人来看,他的内心深处并没有突破这一时代局限。

　　第一个要说的,就是夏鼐清华时的学长,吴晗,后来著名的史学家和明史专家。他与夏鼐在清华时就较为要好,曾写信给夏鼐表达惺惺相惜之意①,更在夏鼐为留学所专业烦恼时,为其奔波接洽②。夏鼐出国后,两人亦保持书信往来。二人交情稍淡,恐怕是在吴晗出任北京市副市长之后。这其中的原因不便妄自揣测,笔者只看到由于吴晗的零到访,夏鼐很失落。这还多亏了夏鼐胃病根治后太过兴奋,向前来看望他的吴晗吐露心声:

　　　　我对你只有一点意见,我一到北京便速赴清华园奉访,但是十几年来,只今天你才来病院看我,从未光临敝舍。但话又说回来了,你是副市长,我是市民,你是父母官,我是属下子民,这又当别论了。[6]328

　　夏鼐对于他这位博学又能干的学长,真的是非常有感情的。他从未在日记中写过因朋友对他的冷落而不开心,因为他自娱自乐的本领很强,出于腼腆,既不愿意也不习惯依赖于朋友。但吴晗竟让他破了这个天荒,说出一番不属"正常"的夏鼐会说的话来,可见夏鼐对吴晗有多么在意。

　　而吴晗在"文革"中被迫害致死,夏鼐情真意切地写了《我所知道的吴晗同志》[17]412一文(发表时更名为《我所知道的史学家吴晗同志》),达 7 000 余字,可谓长而用心。在文中,他以学弟的身份说尽了他辰伯学长的好话,"我最初觉得他是以一个老大哥的身份来招呼我的,加之我不善于与陌生人交际谈话,所以初次见面时有点不自然。但是他是那么爽直和坦白,谈了一会儿便驱散了我的拘谨"[17]413,不断称赞吴晗"朝气蓬勃、精力充沛"、治史严谨、文笔活泼、"谦虚不自

---

　　①　"接吴晗君复书,有'来示指出弟文编次不当,卓识精见,语语自学问中得出,清华园内治此,惟兄与第二人,鲰生何幸,得拜面诋?',大有'天下英雄,惟使君与操耳'之概。实则我并无此野心。"[1]163
　　②　"一封是吴晗的,告诉校长接洽的结果,此事恐无望。"[1]312"……二星期未接来信,我知道他必在接洽途中,结果如此,殊令我失望,恐我只好咬牙硬干矣。"[1]316

满"[17]416。"文革"期间,自身难保的夏鼐虽未帮到吴晗什么,却既没有在调查组面前对吴晗落井下石,为自己开脱[17]418,也未像他人一样责怪吴晗拖累自己[17]419。这"寡情人"的大段回忆,公正人字里行间隐约的辩护,都彰显着夏鼐对吴晗不一般的情深义重。

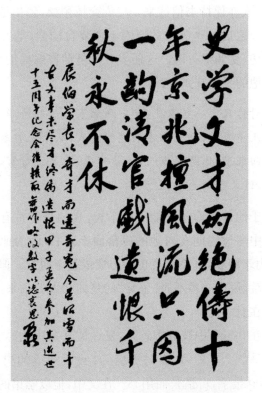

图 3.4 夏鼐为吴晗逝世十五周年纪念会所题之词[16]106

这并非仅由于两人相识多年,更由于吴晗是夏鼐特别喜爱、欣赏和敬佩的人。吴晗除了学识和品德与他不相上下之外,还风采夺人,颇具魄力。夏鼐对吴晗的依恋和崇拜,倒不在于后者后来身居高位,而更当缘于二人青年时代的交往——在清华,吴晗领着夏鼐写文章,组建史学会,为自创的刊物组稿[17]413。吴晗展示出来的才学与能力令夏鼐深深折服。夏鼐既视吴晗为兄长,亦因"虽不能至,心向往之"而对吴晗格外地钦羡。

　　此外要说的就是毛主席,或者说,以毛主席为核心的第一代党的领导人。若说夏鼐对身边的同龄人还有欣赏和喜爱之情夹杂在崇拜中,说他是"脑残粉"只是玩笑,那么,对于毛主席,夏鼐就是完完全全的彻底崇拜和彻底信仰。

　　这当然与时代的氛围密不可分,但夏鼐好歹是那个时代最出色的顶尖知识分子,若不是毛主席身上有某种深深戳中他致命点的特征,夏鼐决不会像个普通民众一般疯狂到那种程度。在毛主席前面,已知天命的夏鼐就像个毫不掩饰的孩子一样,做出各种完全不像他的行为。

　　他第一次和毛主席握手,跟个粉丝似的超级兴奋:

> 晚间政协宴会,第一次与毛主席握手,无限的兴奋。[5]205

　　他一辈子都不屑拘泥于某句话来进退,却把毛主席的话奉若格言:

> ……有1941年毛主席写给王同志的格言:"既来之,则安之,自己完全不要着急,让体内慢慢生长抵抗力和它作斗争,直至最后战而胜之,这是对付慢性病的方法。就是急性病,也只好让医生处治,自己也无所用其着急,因为急是急不好的。对于病,要有坚强的斗争意志,但不要着急。这是我对于病的态度,书之以供王观澜同志参考。"我将它抄录在这里,以作自己的座右铭。[6]309-310

　　胃病是现代医学和医生治好的,夏鼐却一定要把所有功劳都归到党和毛主席头上:

> 这一年的3月6日做了胃切除的手术,我没有死,我的生命是党和毛主席给我的,我要把自己的生命无条件地贡献给革命事业![6]304

　　他还把第一代党中央领导人脑补得特别厉害:

> 下山进城,至曾家岩50号,即当时的"周公馆",周恩来、

林彪、董必武等同志住渝期间，经常在此办公。附近有特务的房子，严密监视，斗争极为复杂而激烈。[7]204

而且，夏鼐竟为毛主席的去世两次落泪，简直如同父亲去世一般：

晚间观电视，昨天毛主席吊唁仪式的情况，吊唁者多痛哭，抑制不住心中的悲痛。观电视也不禁泪下。[8]49

……结队进纪念堂瞻仰毛主席遗容，容颜如生，犹如在睡眠中，想到毛主席已不能再开口指示我们前进，不禁泫然欲泣。[8]117

图 3.5   1956 年，"全国科学规划会议"的科学家与毛泽东等党和国家领导人合影（局部）（毛泽东为一排正中，夏鼐为三排右五）[16]78

被时代的狂热氛围所渲染是一个原因，但像夏鼐这样一个冷静克制的人，五十多岁了，私底下还像小学生一样认认真真做出上述事情来，这就不是"拍马屁"能够解释得了的范畴了。在夏鼐心中，以毛主席为核心的党的第一代中共中央领导人不仅有安定河山、大治天下之能，还很有文化内涵，更在科学面前谦虚慎言，尊重科学家，说"我们不懂科学，听你们的"①，显然确实达到了"明君"的境界，这才是读书人梦寐以求、愿意为之献身的根本原因。

而单独放到夏鼐身上，则是他心中虽对"学而有能"无限向往，却知自己不愿亦不能至，由此便产生了遗憾。遗憾才激发了夏鼐对毛主席及党的狂热爱戴、无比信任和坚定追随，就是在这种致命的吸引力下，最终产生了顶尖知识分子的天真偶像崇拜。

第三节　大奸大恶虽远必唾

不知是由于家教良好，还是因为读书人总是心思单纯，夏鼐在大是大非的问题上是一个极端正义的人。何谓极端正义？即若由夏鼐来记录历史，侵略战争便只可用"侵"和"袭"②形容，打死他都不会用"征""伐"和"讨"③来描述，否则就是欺瞒，就是美化。夏鼐在晚年的学术外交过程中，表现出极为坚定的正义立场，这并非只是因为他的工作需要。早在清华读书时，夏鼐就曾因日使馆以"事前接洽，未有复信"[1]207为由拒绝他们入内时，而偏见满分地怀疑日使馆"有意拒绝吾人"[1]207，并立刻下结论"可见岛夷气量之狭小"[1]207。可见在日本稍有兴风作浪之时，他对这个骚扰祖国的国家就是整个儿地讨厌，方恶意揣测其使馆。

而他在英国留学时，抗日战争打响了，他更表现出了对汉奸和日本人发自内心的痛恨。前者大奸，后者大恶，夏鼐对前者的厌恶比后者更甚。

夏鼐在英国时生活拮据，交通不便，租房更是顶麻烦的一件事，

---

① "王世民：后来有很多事情他是看不惯的。那个时候，我听他亲口说过，他说，那一段时间与严济慈交往比较多（严济慈的寓所离他家不远），严济慈对他讲，老一辈中央领导人对科学家非常尊重，总是说我们不懂科学，听你们的。"[24]
② "侵""袭"用来形容非正义战争。
③ "征""伐"和"讨"用来形容正义战争。

遇到房东好、房子好、价格又便宜的房子是非常不容易的。但有一次，他和陈凤书找到一间"颇不差，房租亦便宜"[2]71的房子，却听女主人说自己"是一个日本籍律师的夫人"[2]71，便毫不犹豫地舍去。而他们之所以搬出前时租住的屋子，便是因为和房东闹得不愉快，而这不愉快中，则包含了"房东要接一个日本人来住"[2]56。

可以看到，夏鼐与同学在外留学时，表现出了中国人的骨气，绝不与侵略祖国的民族同住一屋檐下。其实按笔者现在的想法，日本军队侵略中国，事实上和远在英国、不知多少年没回过日本的"日本籍"民众可能并没有太大关系，夏鼐他们的做法确实有些少年热血。但在那样的年代，他们在无人监管和强迫的情况下，自发反日，未因祖国前途渺茫就转媚外洋，品高气正，值得赞扬。

若说对日本人，夏鼐是"侵略之仇不共戴天"，那么对于汉奸，夏鼐就是发自内心的鄙视和厌恶。在《日记》中，夏鼐对汉奸的看法虽然只有寥寥数笔，却把他一生中用得最重的贬义词汇都献给了汉奸。

仍是在英国时，夏鼐的友人给他看从中国寄来的"北京临时政府的成立宣言"[2]196，夏鼐极度不耻地评判道："一篇荒谬言辞，汉奸真是不知人间有羞耻事。"[2]196

又，夏鼐在埃及避战乱。一日，他阅一月前的《大公报》，看到了汪精卫与日本人的伪政府协定，实在难捺气愤，不由骂道："汪某附逆，丧心病狂，一至于此。"[2]291至少在《日记》里，夏鼐是从来不写骂人的话语的，"丧心病狂"可能是他在《日记》里用得最重、最近似于骂人的话了。这不，还是给了大汉奸。

解放前，中央研究院评议会审查院士候选人，夏鼐被胡适拉着代表赴美的傅斯年列席。在讨论郭沫若时，有人认为郭沫若参加内乱，是汉奸，应该除名，夏鼐记录自己当时的发言为：

> 会中有人以异党与汉奸等齐而论，但中央研究院为 Academia Sinica[中国的科学院]，除学术贡献外，唯一条件为中国人，若汉奸则根本不能算中国人，若反对政府则与汉奸有

异,不能相提并论。在未有国民政府以前即有中国(国民政府
倾覆以后,亦仍有中国),此句想到而不须说出口,中途截止。
故对汉奸不妨从严,对政党不同者不妨从宽。[4]150-151

需要注意的是,在夏鼐说这番话时,国民党尚未式微,夏鼐也并
没有那个先见之明能看到共产党会取国民党而代之,《日记》原稿上
亦没有后期涂改的痕迹①,最多是国民党的种种作为令他无语。他的
这番话可谓观念开放、先明正义,爱国而非爱政党。在如此正式的会
议上,他作为学术界新人,掷地有声地大胆表示"汉奸根本不能算中
国人",又可谓强狠决绝。可见在"汉奸"一事上,夏鼐的观点极为鲜
明,从心里对汉奸厌恶到极点。

而看书的时候,他虽然很欣赏周作人,却因其"沦入汉奸群中"而
感到可惜[3]287。大是大非甚至影响了他对一个人学术和才华的评价,
可见夏鼐厌汉奸之入骨。

而在夏鼐出任社科院考古研究所所长后的多次学术外交中,他
虽然受到政治立场的牵制和影响,但他的这一正义感始终未消褪,在
他眼中,侵略者始终是可耻的。1965年,越南战争正在进行,夏鼐与
刘大年等人访问巴基斯坦。因当时印度和巴基斯坦的边界亦正发生
冲突,故有人询问他对此的意见。机智又政治极为正确的夏鼐回
答道:

> 我国政府已有声明,此种边界问题乃历史上传下的,应
> 由双方谈判解决,与美帝国主义者的侵入越南不同,后者必
> 须撤出来。[7]113

而在拉合尔与当地大学的教授开座谈会时,列席者有一位美国教授
韦斯托弗博士,搞得空气十分紧张[7]125。座谈结束后,系主任跟夏鼐
闲谈,说那位美国教授"对于美国政府的政策,也并不完全同意,例如

---

① 王世民先生的短信:"经查夏鼐. 夏鼐日记·卷四[M]. 上海:华东师范大学出版
社,2011. 四七年十月十七日日记原件,虽有补充(如"吴正之……乱发言论""此句想到而不
须说出,中途截止"),但明显是当时笔迹,无可疑义。"

说美国参加朝鲜战事是愚蠢的,也不大赞成越南战事"[7]126,夏鼐斤斤计较地猜测"其意似为韦斯托弗博士辩护"[7]126。

平日里,夏鼐总是习惯善意地揣测别人的用心,更何况系主任与他是私下聊天,也并未让他表态,他却打心底里不信系主任的话,在日记中公然质疑,一点回转的余地也未留下,可见他对侵略者深恶痛绝,只要与此沾边,就一概连坐。

在正义的问题上,夏鼐一生的态度都非常坚定,从未动摇。作为一个学者,夏鼐在这样的事情上能拥有戎者气概,其风骨令人倾倒。就像将领心中自有悍气:犯我正义者,虽远必唾!

第四节　"俗气"和"竹杠"都不是好东西

而稍微把问题下降一点,从原则性问题降到个人选择上,就会发现,极爱雅、尚高、崇大气的夏鼐,对于那些对立面的东西,则走向了另一个极端——非常地讨厌和看不上。

第一个被夏鼐列入黑名单的,就是"俗"。此"俗"非"通俗",而是指"庸俗"和"肤浅",延伸开来还有"缺乏文化内涵""名势熏心"和"唯利是图"等。对于那些为了小名气、小权势和小利益而放弃面子品格的事,夏鼐完全嗤之以鼻。用现在通俗点的话说,夏鼐是一个从里到外"逼格"都很高的人,对于"逼格"低的事情,虽不至于像对大奸大恶那样深恶痛绝,却发自内心地看不上,也不愿意搭理。

在去英国留学前,夏鼐还是一个多愁善感的少年,情感吐露得相对较多。哪怕是他最爱的书籍,若触犯到了他的"点",他也毫不留情地说其"庸俗浅薄,不值一读"[1]34。在高高兴兴地去云冈石窟游玩时,崇尚古趣的夏鼐大为失望,因为,先是中央第一大窟"新近装修,金壁煌煌,古趣尽失,殊为可惜"[1]233,后是第五窟至第九窟的"五佛洞",在光绪十七年被新装彩绘,亦"五色绘彩,堪增恶俗相耳"[1]233。游罢,夏鼐痛心疾首地为云冈石窟归纳了其所遭受的厄运:

(1)受风雨之剥蚀;(2)人工装饰,不仅新装时将佛像

恶俗化（如中央诸大窟），且日久后涂抹上来之石灰及色彩
落去，露斧凿痕迹（如西部诸窟），所谓欲爱之反以害之也；
（3）当地居民不知爱惜，作为居民使佛像为煤火所熏；
（4）盗卖佛头者之凿取。若不设法保护，殊为可虑。[1]234

从短短的一段评价里，可以看出夏鼐的很多取向。他虽从小受
到科学的教育，却始终为千年中华文化所熏陶。他对于古物遗址很
有感情，常常挖着挖着，就脑补上了墓主人被埋葬时的情形。跟着梁
思永清理殷墟时，还未出国的小小少年"立在旁边，静悄悄地看着工
人移出这瓦罐与骸骨，心里想，在当时入葬的辰光，她的爱人，将她平
置在墓中，又放置这食物罐，怕她取用不方便，放在右手侧，然后洒着
眼泪，将泥土遮没了痕迹。哪里知道数千年后有人来翻掘呢！现在，
肌肉是腐去了，食物也化作尘土，但是那种温情、那种抚爱，到今日还
可以想象得出来"[1]304。是的，日后板正严谨，看似完全客观理性的夏
鼐所长，在年少时经常做这样极为感性的丰富想象。话说回来，正是
由于这种对历史人文的强烈感受力，夏鼐才会自然地对古物古址有
所热爱，方能从中体会乐趣。这实际上是其知识与涵养的积累，促使
其有能力跨越时光与过去对话，产生常人所无法理解的感情，由此才
形成了所谓的高"逼格"①。

因此，夏鼐爱惜云冈石窟，讨厌后世新装，更痛恨盗卖古物之人，
这应当是他日后极力推动文物保护、反对文物买卖的内在渊源。而
若一定要在种种"俗"里选一个夏鼐最讨厌的，他估计恨不得把盗卖
古物的抓起来吊打一顿。在英国留学时，他路过著名古董商卢芹斋
的古玩商店，仅因人家建筑"半带中国式"[2]123，就说其"为状极丑
恶"[2]123，还说"此辈以盗卖古物为业者，本难望其有美术眼光"[2]123，
这"有色眼镜的度数"真是深了去了。尽管盗卖文物者确实可恨，但
是夏鼐的态度也称得上是偏激，两相对比下，对于其他俗，夏鼐只是
轻言轻语，至多不屑一顾罢了。

①　笔者作为中国古代文学专业转夏商周考古专业的学生，对于此点感触颇深。

图 3.6　古埃及某神庙遗址前的夏鼐[16]43

图 3.7　傅斯年①

比如，傅斯年在意别人评价自己胖，说其有蒙古血统（图 3.7），表示写自传时绝不写进去，夏鼐叹其"未能免俗"[3]158。在印度时，夏鼐听人说"印度海关对国人由印返国检查颇严，以常有人私携禁品（如宝石）出境，连肛门都要检查"[3]162，便批评印度"贪利而失国家面子，可为浩叹"[3]162。又如在西北考察时，他看到农民花重金跳大神以求雨，也只嗤其"徒耗巨款……愚诚不可及"[3]365。

对"俗"的讨厌说得差不多了之后，非常应该来谈谈夏鼐和钱的恩怨。与其说他看不惯别人为多赚点小钱而丧失君子品格，不如说他就是讨厌性价比太低的消费，讨厌在

① 图片来源于网络。

不该花钱的地方浪费钱，十分节俭，这不知与他出身商人世家有否关系。

　　早在去英国之前，少年夏鼐就对各种性价比低的事情腹诽不已。比如，他听说《城子崖》报告英文精装本的定价由 2 磅升到 3 磅，便说傅斯年"欲敲洋人之竹杠"[1]321。

　　这或许只是开玩笑，但从去往英国的船只上开始，夏鼐的"防偷、防盗、防敲竹杠"模式就彻底开启了，一路上，他觉得自己被各种车夫①②和医生③④等"狂敲滥杠"，近乎患有"被敲竹杠妄想症"⑤，还把问题上纲上线，说"东方民族的没出息，与上海码头野鸡相似，颇为东方民族悲观"[2]141，十分搞笑。

　　而战乱中回国的夏鼐，一路历经磨难艰辛，又遇到"抵检查站时，司机怕被查出私载客人，要我们先行下车，说停在相距二三公里的天竺旅社门口等我们，我们下来后，跑了八九公里，才抵天竺旅社"[3]10这样的事，心力交瘁的他忍不住碎碎念道："司机赚了钱，还要骗人，太不应该。"[3]10

　　至于吃食方面，无论中⑥外⑦，性价比不高的，夏鼐更要计较。在解放前，"敲竹杠"在夏鼐的日记中还时能得逞，但长大了的夏鼐对于这种自己特别讨厌的事情，便开始采取强硬手段。他和友人参观寺庙时，怕和尚敲他们竹杠，付了茶钱便赶紧跑⑧；工作时，因发掘团的

---

　　①　"汽车夫欲敲竹杠，谓 6 卢比系一小时之价，吾们不理他。此间人多以欺骗手段待顾客，幸吾们人多，有恃无恐。"[1]350

　　②　"上午 8 时许，舟抵亚历山大，由码头至火车站，被车夫敲去 40piastre［皮亚斯特］。"[2]141

　　③　"……惟这三天内到医务处 2 次，一共六次计 90Lire［里拉］合 32 先令，被他敲一大竹杠，但目疾有增无减，殊为焦急。"[1]353

　　④　"医生检查身体，完全是骗检验费 6 皮亚斯特，连看也不看，在单子上签一个字，便算检验过了。"[2]201

　　⑤　"汽车夫听说我要赶火车，故意中途出毛病，停车修理，后来赶快，又要加价。"[2]286

　　⑥　"午后 2 时至息烽，下车进膳，面食 3 元一碗，可谓敲竹杠。"[3]6

　　⑦　"至中国饭馆，今日加价，一顿饭要 3 先令，可谓敲竹杠矣，我们便改叫汤面，一先令半一客。"[2]109

　　⑧　"庙为近代重建，规模颇雄伟，方丈出迎，用茶点，又命预备素筵，余等座谈片刻，留茶钱而行，不敢用膳，惧被和尚敲竹杠也。"[4]46

住房问题,地方又将竹杠敲到他的头上,夏鼐硬气地表示只出一份该出的钱,还威胁"否则搬往他村居住"①。哪怕后来身居高位、声名远扬,夏鼐对这种事情还是一如既往地看不惯:

> (1985年2月)马来西亚延请中科院某所一研究人员前往参加,愿承担费用800美金,该所索要5000美金,延请单位谓敲竹杠,取消延请。院部为此事通报各所,有失国体。[9]436

从上述种种事例,可以看出夏鼐其实并非小气。一方面,他觉得不该花钱的地方就该节俭,吃穿用度要节省,因此"斤斤计较"。另一方面,他作为一个心气高的读书人,觉得为了赚点小钱连面子和品德都不要了,连最基本的礼义廉耻都抛弃了,斯文扫地,非学者所为,因此不屑与之同流合污。

在此,我们不难看出,比起俗不可耐的名利权势来,夏鼐确实有着完全不同的追求。他爱面子,珍惜自己的羽毛,不愿为五斗米折腰,始终坚定地追随着心中与物质无关的理想,哪怕那个理想在今日看来也并非完全正确。夏鼐的情况,其实和完全的争名夺利比起来,是另一个极端,也有些偏激、无法变通。但夏鼐既然能保持这样的喜恶,平安喜乐地度过一生,我们作为看客亦不好多说什么。

但笔者真正想反思的是,正因在现代社会,这样的一种价值观往往被认为是"古板、为小钱放弃享受生活的乐趣",就更应引起人们的重视。任何一种极端都是有问题的,一个百花齐放、包容各种价值观的社会才是一个健康的社会,如今的中国社会,是否有些往"享乐"和"物质"天平那端太过倾斜了呢?

更何况,笔者私心以为,夏鼐的此种观念,与其他职业或许不那么匹配,但却是学者的风骨所在。至少在中国的传统文化里,学者从来都是一个民族的面子。民族的面子就应当承担起"高尚"的角色,

---

① "……两处都要我们出修理费,盖有见于团中雇用工人之多,故乘机敲一竹杠也。遂唤村干部来,声明仅修理一处,否则搬往他村居住。"[4]335

矫枉过正,用远远高于常人的标准要求自己,从而对社会进行道德引导。如此,国家民族方可在攀登强盛的过程中,不致使文化和品格丧失殆尽,变成彻底的"暴发户"。

观今日之中国,如夏鼐般的风骨已鲜克有终,我们离夏鼐所嗤之以鼻和不屑一顾的群体,是否已不远了呢?

上述各节所说的,都是夏鼐一生秉持着的喜恶,非常能反映他的世界观、价值观和人生观。夏鼐虽有过人之处,却也只是一个普通人,具备常人的感觉。他时效性的小喜欢和小烦恼也有很多,比如他喜欢好吃、好玩、好看的,讨厌麻烦、啰嗦、不负责任的,少年的他更不乏敏感娇气,路上泥泞也不开心[1]21,刮风也发牢骚[1]322,读者若看得不尽兴,尽可去《夏鼐日记》中再行探索。

本章叙述到这里,虽笔者意犹未尽,却不得不停笔了。毕竟想了解一个人,光看他的喜恶还是不够的,还得看看他是如何待人处事的。

第四章
待人

谈起夏鼐待人,笔者心中第一个浮现的竟是
"温柔"一词。这并不是说夏鼐的态度有
多么温和可亲(事实上他以不苟言笑著称),而
是说他总怀着善意去揣测人们的言行举止。
哪怕对方真的怀有恶意,他也以好意揣度,因
此大部分时间里,他都能平静安心地度过。就
算最后发现对方其实怀有恶意,夏鼐也就事论
事,问题解决后,一笑置之,抛诸脑后,继续踏
实稳定地过日子。这样足的善意和宽容,实在
令人从心底里感受到柔软和温暖。

然而,笔者读出"善意揣测"是通过《夏鼐
日记》中的蛛丝马迹。夏鼐对外并不是一个善
于表达感情的人。他少时极为腼腆内向,成年
后亦有意压制感情。再加之其单纯专注,觉得
世界总是很好,人们也大多善良,因此,他很少
细致地体察和照顾别人的感受,常常在外人眼
里落得一个"冷漠寡情"的印象,由此产生的误
会恐怕罄竹难书。因此,本章除了谈谈夏鼐待
人的具体表现外,也想帮他解开些误会,至少
提供一种基于事实的不同视角。

第一节　孝子的"恋爱"都和老师谈了

别人出门靠朋友,夏鼐出门靠老师。他的大小事都会与老师商量,越投缘的老师越是"情人眼里出西施"、万事报备言听计从、朝思暮想鞍前马后,更轻松自在无所不谈,远远超出了"尊师重道"的基本要求。若按现代的标准来界定,夏鼐的"恋爱"简直都和老师谈了。

这其中最具代表性的,就是李济和梁思永。若李济没有去台湾,那么此节恐怕就只需举李济一例。李济是夏鼐最爱的老师,两人也有着最无言的结局。

最初,夏鼐"由留学美国改为留学英国"[19]1,便是李济亲自指定的。或许像初生的小动物把第一眼看到的生物认作母亲一样,刚踏入考古学,正茫然无措的夏鼐,便先入为主地把李济当成了在学业上最仰赖和信任的人。

他对李济情感的爆发点是 1937 年年初,李济去欧洲讲学之时。是时,正逢夏鼐在英国愁苦飘零一年多,朋友不能给予他更多学术和人生上的指导,英国的老师要么不靠谱,要么没有中国的老师亲,梅校长那里的留学年限又不知能否延长,可谓事业情感,均愁云密布。而此时,李济来了,就像一道冲破乌云的光芒一样出现在了他面前,夏鼐的烦恼、不安和顾虑终于找到了一个切实的寄托之处。

夏鼐先是怎么看李济怎么帅:"李先生别来年余,丰彩犹昔,肥胖的身体穿上西装,更加精神勃发……"[2]90这里顺道提一下,夏鼐对于词语的微小情感色彩从来不加注意，"肥胖"在他眼中是一个褒义词，女儿也"肥胖"①，侄女也"肥胖"②，"肥胖"了好呀，一般人他还不舍得用"肥胖"。所以，他说李济"肥胖"，和前面的"丰彩犹昔"及后面的"精神勃发"一样，是一种赞扬。

李济学识广博，思想开明，品格如山巅之云，只搞学术，不问政治，风趣幽默，靠谱能干，是夏鼐最喜爱和钦佩的那一类人。李济又不像傅斯年那样强势具压迫性，比久病的梁思永则更有精神头，又不如胡适一般自视甚高，夏鼐在几位老师里，可说与他最为投缘。因此，李济的突然到来，对夏鼐来说就像他乡遇亲人，守得云开见月明。

李济刚到英国的一星期，夏鼐除了胃病发作无暇提及李济之外[2]90，几乎每天都去找他。不久后，李济膝病发作，夏鼐又天天去看他，陪着他，坐着闲谈也是好的[2]95，帮忙准备幻灯片亦甘之如饴[2]96。若有人质疑夏鼐是为了前途拍马屁的话，那么以下事件可否为之一驳？

李济还住着院，膝盖尚疼，夏鼐就不知好歹地流露出对小屯发掘的不满，结果"李先生仰卧着，两眼直视天花板，说：'小屯发掘的时候，我们什么也不知道，只好乱挖。'又叹气说：'后世知我者小屯乎！罪我者其小屯乎！'"[2]95若为前途计，多说些哄人开心的岂不更好？

李济出院后，大概是觉得颇欣赏夏鼐，不仅关心起了他的婚姻大事③，还请他看剧。看剧前，夏鼐不仅事先认认真真看了剧本做准备[2]102，事后还认为这是他"在伦敦看得最满意的一出戏"[2]102。也不知是戏真的好看呢，还是李济请客的缘故。

并且，李济在英期间，夏鼐赶紧将自己所苦恼的事情尽数报备了一遍，然后不安便似乎散开了不少：

---

① "铮儿已由江湾赶来，比去年冬更显肥胖……"[4]308
② "……叫了素娥侄女来，她比从前肥胖得多了。"[5]221
③ "返皇家丘陵，自称为螺蛳精的俞女士来做饭，饭后李先生忽问我已结婚否？"[2]102

取得格兰维尔教授之信，晚间至李先生处，请其过目。

李先生允亦代为修书致梅校长请求[2]92；

我乘机与李先生谈及将来计划，埃及发掘回来后，拟以Beads［珠饰］作一论文，以求一学位。李先生谓学位不关重要，惟以大学学院收藏之珠子为基本，作一比较研究，则极值得……赞许余之计划较吴［金鼎］为佳[2]102。

前不久还在抱怨前途渺茫的夏鼐[2]89，后来的日记中，牢骚之声突然罕绝，恐怕与李济的到来不无关系。

很快，李先生就要走了，夏鼐继续鞍前马后地帮其整理行李，直至送行[2]103。

经过这一次英国之行，夏鼐和李济的距离猛然拉近了。哪怕后来傅斯年把他调到了史语所，委以重任，也无法改变李济是夏鼐绝对的人生事业第一导师这一事实。

先来看一组有趣的统计数据：

表 4.1　《夏鼐日记》卷二至卷四提到"三导师"的次数统计表（单位：次）

卷数	李济					傅斯年					梁思永			
	李济、李济老、李济先生与李济博士	李济之、李济之氏、李济之主任与李济之先生	李主任	李先生	其他	傅斯年与傅斯年先生	傅孟真、傅孟真氏、傅孟真所长与傅孟真先生	傅所长	傅先生	其他	梁思永与梁思永先生	梁先生	梁主任	其他
卷二	5	42	0	68	6	4	5	0	4	5	21	7	0	1
共计	121					18					29			
卷三	0	31	38	30	19	1	19	33	62	18	17	11	0	2
共计	118					133					30			

卷数	李济					傅斯年					梁思永			
	李济、李济老、李济先生与李济博士	李济之、李济氏、李济主任与李济之先生	李主任	李先生	其他	傅斯年与傅斯年先生	傅孟真、傅孟真氏、傅孟真所与傅孟真先生	傅所长	傅先生	其他	梁思永与梁思永先生	梁先生	梁主任	其他
卷四（1949年10月1日前）	3	70	13	51	3	5	9	36	144	10	5	4	0	0
共计	140					204					9			

可以看到,在李济去台湾之前,无论有没有傅斯年的半路杀出,夏鼐提到李济的次数都非常稳定。虽然夏鼐提到傅斯年的次数,因傅指派其为代理所长而骤然增多,可他提到李济的次数却并未明显减少。由此可以看出,夏鼐对李济的情谊非常稳定,并不因他不再是自己的顶头上司而有所减淡。

而从具体的事件里看,所谓夏鼐对李济的"朝思暮想鞍前马后":

在开罗因胃病复发而辗转难眠的夏鼐,只给李济写了信报告归期,还期望在下一站就收到他的复信[2]319。夏鼐回国后第一个找的老师就是李济,又是闲聊又是吃饭地待了大半天,才去谒见其他老师[2]360。到中博院没几天,他又想念起李济来,和同事一起去他家中,老师却还没回来。不要紧,见不着老师,见见老师的父母也能聊解思念[2]364。得知梁思成回来了,夏鼐赶紧向梁打听李济什么时候回来;一获悉李济已归,夏鼐立刻前往拜见[2]367。哪怕后来傅斯年要"抢"他到史语所,夏鼐在李济点头前也未曾答应①,直至李济说"傅先生患血压过高,不能再与之争吵,使之受气也"[3]114后,他才愿被调。被调之后,夏鼐还是时不时找李济吃饭和闲谈。最有趣的是,他遇到顶头上司傅斯年,也往往是在去找李济的时候②③。此外,他还一如既往地向李济的父亲祝寿[3]125、帮李济搬家[2]371,等等。

在和李济密切相处的几年中,夏鼐保持如此言行,热情不减。而对傅斯年,夏鼐基本上只因工作找他,未遇便回舍睡觉④。相较之下,夏鼐和李济的感情真是亲密得多。

而所谓"万事报备言听计从":

首先,夏鼐真的什么事都会向李济报备,小至个人行程⑤,大至工作正事⑥。当他遇到了困难,无论是钱的问题⑦,还是交通的问题⑧⑨,无论这件事本来应该找谁解决,他都会第一个去麻烦李济,而不是找手眼通天的傅斯年。

其次,夏鼐几乎什么事情都听李济的,让他干什么就干什么便无须多言了[2]372-373,在西北考察之前,李济把他拉来,叮嘱要和傅斯年及向觉明接洽好的事情,夏鼐就认认真真地逐条记录[3]123,一一践行。1947年,傅斯年非要夏鼐代理史语所所长,夏鼐软硬不吃,谁说、怎么说都坚决不从之时,也是李济出马,一句"亦希望"他加以考虑[4]102,又"允以全力襄助"[4]103,夏鼐才答应下来。后来,夏鼐作为代理所长处

---

① "收到曾昭燏君来信,知调入史语所系傅先生之意,李先生仍欲留之于博物院,此事待回川后再行定夺。"[3]87

② "下午赴中博院,与李济之先生商西北考察问题,适傅孟真先生亦在座。"[3]158 "返重庆,与向、王二君至聚兴村谒李先生,遇及傅先生。"[3]166

③ "少顷王永焱君来,偕之往谒李济之先生,适傅先生在座,闲谈武都发掘。"[4]118

④ "归来后拟与傅所长谈请假返家事,以傅先生赴俞家午宴未返,只得返舍睡觉。"[4]93

⑤ "上午至李济之先生家,告以已决定明晨离李庄。"[2]403

⑥ "下午赴中博院,与李济之先生商西北考察问题,适傅孟真先生亦在座。"[3]158

⑦ "上午往谒傅孟真先生,据云今年经费极为支绌……归来后,谒李济之先生,接洽经费事……"[3]162;"赴中印学会,托李先生向朱先生催促筹划经费。"[3]165

⑧ "至李济之先生处,请托人设法飞机票事。李先生打电话与朱家骅院长,令余往见朱院长,请求设法接洽飞机票事。"[3]167

⑨ "晨间由生生花园迁回聚兴村宿舍,填表格请李先生往教育部交涉登记赴京飞机票。"[4]27

理所务时,也处处与李济商量。可以说,在解放之前,夏鼐在工作一事上,除了听父亲和兄长的之外,完全依赖李济的意见。

而最令人感到意味深长的,莫过于组建考古学会一事。1946 年 3 月 3 日,夏鼐记录"李先生颇有意组织一考古学会,限于有田野工作经验者,估计可得 20 人左右;另设特种会员,以容纳名流及助钱之富翁,乙种会员以容对考古有普遍兴趣者。至于工作,则以交换消息、出版刊物及开年会为主,此计划不知将来能实现否"[4]28。当时,与夏鼐一同留英的吴金鼎也在座。这谈话进行时,吴金鼎想不到自己不久后便会逝世,避开那乾坤转换的风云;而李济想不到自己与爱徒即将为一道海水所隔,此计划在他手中将永远无法完成;而夏鼐更想不到,此刻只是一如既往地把李济的想法记录下来的自己,最终会完成李济的梦想,并成为在这件事中最受争议的一个人。

1959 年 5 月 7 日,中国考古学会筹备会一事正式提上议程[6]27;1964 年 3 月 12 日,第一次考古学会筹备会正式召开[7]16;1979 年 4 月 6 日,中国考古学成立大会召开;1979 年 4 月 12 日,夏鼐任考古学会第一届理事会理事长,第一项讨论事项即为"为台湾的考古工作者保留若干理事名额"[8]290-291。从最初闲谈中的设想,到最后考古学会的成立,整整过去了三十三年一个月零三天。尽管最后考古学会的设立,因时局和环境的限制,与一开始的设想略有出入,但这个被海峡隔开的梦,终归还是圆了。笔者并不能够明确知道,夏鼐推动考古学会的成立和李济当时的设想有否直接联系,但可以肯定的是,不会完全没有联系。而从第一项讨论事宜——"为台湾的考古工作者保留若干理事名额"中,我们似乎又能感受到那一颗虽然历经 33 年,虽然与恩师政治立场对立,却仍保留着对李济言听计从的惯性,和情真意切的倚赖的,夏鼐的心。

而接着,所谓"轻松自在无所不谈":

夏鼐在李济面前,很少考虑"能不能"和"该不该",基本就是有什么说什么,从不担心得罪和惹恼李济。这或许是造成他与李济在世人眼中最大误会的关键原因。

图 4.1　夏鼐在中国考古学会成立大会开幕式上[16]98

夏鼐一向都能在李济面前轻松地抖机灵和开玩笑：

> 李先生拿出 hopkins 给他审查的 11 片甲骨文，都是赝
> 品，可是金璋却在皇家亚洲学会的杂志作考释，现在还主张
> 这些是真品，惟闻论调亦已稍变，不坚持为商代物，主张或
> 为周代物。我笑着说，何不告诉他，这确不是赝品，但为民
> 国时期所制之物。[2]99

因此，解放前，他闲谈次数最多的老师便是李济，而更有意思的
是，傅斯年把他调来以后，夏鼐常在傅那里知道了一件事的大概，想
知道更多详情，不问傅斯年，却是跑回家与李济详聊：

> 至傅孟真先生处，闻吴禹铭君提出辞职，拟入军委战地
> 服务团。余又去李济之先生处询问此事底细……[3]166

　　且笔者疑心,夏鼐在事业开初颇受刺激等,也是同李济说。某一日,夏鼐在家看到"《东南日报》所载之武都原人发现人王永焱访问记,颇受刺激。去冬王君曾邀余今春同往发掘,结果以家事关系,不得不南返,致错过此机会。访问记中亦提及余之名,然发现人之光荣,专属于王君矣"[4]64。夏鼐未记录他有否写信与李济述说此事,却在 24 日后记录了李济的一封回信:

> 　　接李济之先生来信,谓:'武都原人为一大笑话,在北平遇裴文中,在南京见杨克强,均告之云,所谓武都原人化石实为一龟壳,当时报上渲染有声有色……弟早觉殊失科学家之谨严态度'。[4]67

语气中颇有安慰之意。并且,他俩的信件来往之频繁亦令人咋舌,1946 年 3 月中旬夏鼐返里,到 5 月下旬的时候,就一口气收到"李济之先生寄来信五封"[4]48,这才两个多月的时间而已。

　　或许就是因为如此亲密,彼此并不忌讳什么,20 多年后,夏鼐才会最终写了一封在尹达看来"好糊涂"[37]76-83 的"招降信",不封口地交给了李济的儿子李光谟,请他转交。夏鼐在信中引用了此文:

> 　　暮春三月,江南草长,杂花生树,群莺乱飞。见故国之旗鼓,感平生于畴日,抚弦登陴,岂不怆悢！所以廉公之思赵将,吴子之泣西河,人之情也。将军独无情哉？想早励良规,自求多福。……①

　　诸位只感到"招降"之意便咋舌不已,由此怀疑起夏鼐的智商和品格。笔者却必须说,首先,此信并非夏鼐主动写就,而是光荣任务一项。其次,夏鼐明明就是一如既往的"过分天真"。毕竟,要完成任务,婉转美言几句不可？巧妙含蓄地表意岂不更佳？实在没必要用这么得不偿失的办法。但其实,就和在李济的病榻前表达对小屯发掘的不满一样,夏鼐只是一如既往地在李济面前直言不讳。他应当仅仅是想说:"老

---

①　[南朝梁] 丘迟:《与陈伯之书》。

师,你就不想大陆①吗? 这里的领导人很好,你怎么还不回来?"意思确实如同招降,心思却并没有外人所揣测的那般恶毒与复杂。

不知夏鼐最终是否知道这封信被尹达扣下了,但他听到李济逝世的消息时,尚念叨着:

> 张[光直]函中又说《考古》3 期上我写的《五四运动与中国考古学的兴起》中对于李的评价,殊为公允,不知李在生前曾获见否?[8]335

他确实不觉得自己留在大陆是错误的,也确实觉得中国共产党是伟大而正确的,他是发自内心地热爱毛主席和党。于是相应地,他觉得李济去了台湾是错误的,和国民党一个立场更是大错特错,所以,他连争取李济回国,都会眼睛不眨地先汇报哲学社会科学部(以下简称学部)[5]325。可就是这样的他,在得知李济逝去时,却还是忍不住流露了一丝本不应该给予这位"政治错误"的先师的一分愧疚和一丝怅然。

最后,想谈谈"李济奖学金"一事。1983 年夏,李光谟来谈李济奖金一事[9]278,据说"最初夏鼐非常兴奋,说,应该应该"[37]76-83。1984 年末,夏鼐让王仲殊和王廷芳与当时的中国社科院秘书长梅益谈此事,此事未获允许[9]305。1984 年春,夏鼐复信李光谟,说"李济奖金事,已作罢论"[9]336,他没有记录原因,但相传是因为"大陆第一个考古学奖,不能以一个去了台湾的人命名"[37]76-83。次年 6 月,夏鼐去世,传闻"大陆考古学界的最高奖最后以他的名字命名"[37]76-83。

至此,表面上看起来,夏鼐为了自己的虚名,不惜糊弄李光谟,更冷漠以对昔日师生情谊。然而,事实并非如此。

首先,夏鼐并非为了前途而去拥护中国共产党,而是机缘巧合、发自真心地爱上了毛主席和党之后,才兢兢业业地为共产主义事业奉献了一生。这是一个大前提,两者有着本质上的区别。

其次,夏鼐终其一生,实在无法抓到政治深刻的点。所以,按照他单纯的性格和对李济的旧情,他一开始的兴奋应当是真的。什么"大陆

---

① 文中的"大陆"均指中国大陆。

第一个考古学奖,不能以一个去了台湾的人命名",夏鼐若能意识到此种颇具政治敏感性的理由,早就一口回绝李光谟了。他一个能傻乎乎地写信"招降"李济的人,难道还怕得罪李济的儿子? 再说了,他要是有这种政治敏锐,还能在考古学会给台湾学者保留理事名额?

再者,夏鼐在"文革"时遭受批斗,曾被专门要求"交进补充材料之九(我与李济的关系)"[7]239。但和对吴晗一样,他始终不曾说过李济一句坏话。要知道那时候,辱骂去了台湾的昔日师友,在政治上是很正确的①。同时,他也从未埋怨过李济加深了他在"文革"中所受的折磨,更未曾刻意回避和李济的师生关系,在他 20 世纪 80 年代初公开发表的作品中,便称李济为"尊师"[19]1。只是,在大陆为李济"平反"之前,他始终"一朝被蛇咬,十年怕井绳",他自己也承认,"在更多的场合,我是明哲保身,独善其身,不愿多惹是非"[44]367。因为,他曾仅因与国外正常通信而遭受批斗,所以,后来连英国学术院授予他通讯院士称号时,他都要先请示社科院外事局,问能否接受[7]430。他自己的荣誉都得乖乖听官方的,说可以要就可以要,说不能要就不能要。那么,李济奖金的事,他根本做不了主。

另外,他亲自回复李光谟说奖金的事不行,可见他问心无愧。

最后,所谓"大陆考古学界的最高奖最后以他(夏鼐)的名字命名",这中间可能还有一些误会。1985 年 1 月 26 日,《北京晚报》上刊登的是"夏鼐捐三万元作考古成果奖金"[9]431,和命名奖项并没有关系。而在夏鼐生前,亦没有一个考古学的奖是以他的名字命名的,因为据说他"坚决不同意用自己的名字"[34]358。在他逝世后,这项奖金才被定名为"夏鼐考古学研究成果奖"[22]481。夏鼐去得突然,没有留下遗言,这符不符合他的本意真的很难说。毕竟,别人要帮他出版他从事考古工作五十周年的纪念文集,他都曾不允[9]406,压根不是一个喜欢争名夺利和出风头的人。

---

① "王世民:……解放初期都是讲这些人为蒋家王朝殉葬去,这么个讲法。
笔者:这么难听啊?
王世民:就这么难听!郭老在《奴隶制时代》这本书中讲到董作宾的文章,骂他是'捧着金碗要饭吃'。"[24]

因此,你可以说夏鼐政治上幼稚、太容易被共产党感动了,可以说他太随遇而安、不为恩师去争取,也可以说他太吃一堑长一智、小心谨慎,但绝不能把他塑造成一个"恩将仇报"的形象。因为比起李济和台湾来,大陆有他更不能舍弃的东西,他只是追随了自己的内心。这样的行为本来应该受到赞扬,却因被置于复杂的时代和政治背景中,就被曲解为背信弃义的小人行径。某些受众面甚广的媒体,写出来的文字罔顾事实,不负责任,读来实在令人胆寒。

如今,李、夏二位都已尘归尘,土归土,若遇有心人能专门研究一下二位的关系,必能给出一个更为公正的评价。

大抵,人们都希望时间能停留在夏鼐与李济亲如父兄的时刻。但若真的如此,就一定会是个好结局吗?对夏鼐来说,李济的留下可能会导致他提早离世,因为老师的逝去对夏鼐来说,是丧亲切肤之痛。

梁思永作为夏鼐"三导师"中唯一留在大陆的老师,和夏鼐一同担任了一段时间的考古所副所长。在这期间,夏鼐全身心地倚赖着梁思永。1954年,梁思永最后一次住院时,夏鼐也在医院治疗胃病,很是照顾老师,"谈谈所中的事,又不敢多谈,怕他累了"[5]72。是年4月2日,就一顿饭的时间,夏鼐再去看望梁思永时,"屏风已移开一些,病床上已是空的了"[5]81。夏鼐"看见这情况悲伤之至,掩泪返室"[5]81,"躺着休息一会儿,勉强起来草写《追悼梁思永先生》,只写到2 000来字,还不到一半,便觉得支持不住"[5]81。是夜8点多,夏鼐吃了安眠药,却辗转反侧,到12时许都无法入睡,"后来入睡了,5时余又醒来"[5]81,"一直想念着梁先生,20年的师生情谊,欲抑制情绪也抑制不住"[5]81。

躺在病床上的夏鼐,坚持花了三个上下午,艰难而又及时地写出了《追悼梁思永先生》一文[18]299-234(发表时更名为《追悼考古学家梁思永先生》)。他毕竟也是政治运动的大风大浪里过来的人,定稿时,他把认为会刺激到别人的语句都删除了[5]81。但他的一生中,始终都没有准确地抓到过政治斗争的核心,于是,在所中同志的意见下,他最后竟"删去3 000来字"[5]85,仅余一半。如今能看到的版本中,满篇都是对梁思永的尽力维护,滴水不漏。但据说,王世民已搜集到未删改的版本①，到底有哪些"夏鼐认为可以写，而其他人认为不宜写"的话被删除了，值得期待。

　　梁思永去世时，夏鼐已经44岁了。近知天命的他，已越来越能抑制自己的感情，因为四年后，他的大姐去世，他"没有哭，也没有悲伤，只呆了一会，心中有点茫然"[5]403-404，"想了一会儿，勉强忍住不再去想了。过去的事让它过去吧"[5]404。因此，在看到梁思永去世之后，夏鼐的情绪波动如此之大，甚至引起失眠时，笔者是吃惊的。不过，由此方可说明，在远离亲人的情况下，老师们早已在不知不觉中成为了夏鼐所信任和依赖的至亲。戏称他的"恋爱"都与老师谈了，亦不过是

图4.2　1934年诸同事与李济主任在安阳城内冠带巷发掘团办事处院中的合影（右二为夏鼐，右四为李济，右五为梁思永）[16]34

①　"王世民：……纪念梁思永的文章，我倒找到一份原稿，感到定稿时删掉的内容颇有价值，就把它收到增订本的《夏鼐文集》当中去了。"[24]

想表达他对老师的情深义重而已。

对待李济和梁思永,只是夏鼐对待非亲人的长辈和上级的故事里,最具代表性的两个例子。后来的考古所所长郑振铎和尹达,副所长牛兆勋等,夏鼐有时虽然不是那么认同他们的观点,但对他们都十分的尊重和友好。

因此,如果不受到政治立场的影响,夏鼐一生对于自己认可的老师,都是信任爱戴、每事必报、热情殷切和谈笑风生的,至多因投缘与否而有程度的深浅罢了。而对于自己不太认可的老师,他亦是非常尊重和能帮则帮的。

在受到政治立场的影响后,夏鼐最狠的言行也就是应政治运动要求,就学术批判学术[21],从未对昔日的老师进行过人身攻击。因此,就算是叶兹教授这样一开始因偏见而对他不满的老师,到最后也非常关心他①。人与人之间的情意,大概总是要情真意切,方能得到对方真心的回报。否则纵使马屁都拍青了,有朝一日,别有用心亦会被拆穿。

第二节 "金丝雀"与"比翼鸟"

家人是夏鼐的命。不要命的时候还不觉得怎样,一旦要命了,夏鼐便会舍弃一切先保命。

本节要谈的,是夏鼐和家人的一些故事。

在这些故事里,夏鼐去英国的留学是一个重要的分水岭。之前,夏鼐对他的大家庭有着无与伦比的依恋,就像离不开笼子的"金丝雀"一般;而之后,夏鼐逐渐将心思放在了事业上,又将依恋转移到了亲密的朋友身上,对家人的激烈眷恋就慢慢冷静下来了。再后来,随着父母的去世,夏鼐的依恋逐渐转移到了自己的核心家庭中,转移到了妻儿身上,更与妻子李秀君成为了互相离不开对方的一对"比翼

---

① "前星期六叶兹教授还问我接到家信否? 家中未曾波及否? 我只好苦笑着脸回答不知道。"[2]129

鸟"。幸好这一次,秀君伴在他身边,看着他走到了终点,再也没有离开。

出国留学前,出身于富商家庭的夏鼐,从小爹疼妈亲、兄护姊爱,婚姻后勤,一手包办。而他自己又资质甚高,战无不胜,因此他最大的忧愁,就是 homesick——想家。上高中和大学的时候,夏鼐每次离家都与生离死别无异,加之他受传统中华文化的熏陶极深,描写离家情感的日记简直凄楚到了顶点,活像一只离开了笼子的"金丝雀"在哀怨啼叫。

高中时,夏鼐只是由温州去上海读书,离家时便写道:

> 正月二十日,一个月的家庭生活,只赢得满腔离愁,一眶别泪。两天的轮船又载我到申江来。负我负人,到底为着何来呢?这样的忙忙碌碌,忍心抛弃了年老的双亲,娇弱的妻子,孤身跑到此间来。[1]10

怎一个凄凄哀哀了得!然而,夏鼐的父母不算年老(是时父亲约 54 岁,母亲则比父亲更小),妻子亦并不娇气①,夏鼐如此夸张形容,无疑给自己营造出了一种凄悲的氛围,恰是"为赋新词强说愁"的青春期典型症状。

"金丝雀"之路伴随着夏鼐度过了大学时期,在此摘录几例日记,聊以说明那时的夏鼐对家有多么的依恋和难以离分。

1930 年,夏鼐刚到北京。他独自坐在寝室中:

> 只有窗外秋虫悲鸣不已,格外动人离愁,孤零零地坐在灯下,血液似乎凝滞着了,只得上床蒙被而卧,辗转不能入睡,最后自怨自艾,何必远涉长途到此地来啊![1]17

1935 年,夏鼐参加出国前的田野考古实习。是年除夕前,他伤怀道:

> 此间旧朋友,如翔鹏、继严都有家小在侧,更衬出自己

---

①　"长期以来,这个大家庭的家务主要是由我承担的……"[35]381

的背井离乡，独居客中的孤寂。可怜我连年漂泊，五年未在家中过年，此后恐怕还要在异国过几年的除夕呢！常自问为着何来呢？[1]290

但夏鼐不愧是聪明绝顶的，再怎么多愁善感和"金丝雀"，他也能很快分析出自己的现实处境：马上就要离国远洋了，再因着家人凄凄哀哀，寻求他们的情感抚慰，实在有点鞭长莫及。于是，正实习着的夏鼐，在又一次做了还乡噩梦之后，决定要摆脱"金丝雀"的心理状态，非快刀斩情丝不可。

> 梦是由幻想变成的，我虽不曾为了梦而感到不安，但是过着漂泊生活的人，还是孤零绝好。多了一重牵挂，便多了一重烦恼，至少要使你多做一次噩梦。我丢开他们，便受不到温存和抚爱，对于妻、对于孩子，我都有着一种感想。[1]323

不过这情丝，当然不是斩了就能断的。出国前最后一次离开家时，夏鼐看见秀君"掀开车帘"[1]341向他招呼，就"心酸欲下泪"[1]341，想要克制家愁，却被习惯成自然的情感依赖反弹了。

这里不由得要停下来说一下夏鼐和妻子李秀君的情感。笔者认为，由于夏鼐在情窦初开之时就已娶了秀君①，又是包办婚姻，因此，一开始他对秀君的"爱情"恐怕颇值得商榷②。而后两人虽渐生情愫，但"爱情"很快便在夏鼐埋首书堆的几年中转化为了"亲情"，秀君对他来说，就是他的大家庭里对他非常重要的一分子——"妻"。因而，从很早的时候开始，夏鼐便自然而然地把秀君当作亲人来对待，所以根本无从谈起"爱情"的深浅，更不会像胡适那样，因为觉得不爱了，就要换伴侣了③。

登上了远洋航船的"金丝雀"夏鼐，开始与这份离愁做殊死抗争。

---

① 夏鼐19岁就结婚了。[1]8
② "鲁迅《随感录四十》（《热风》）所提到的爱情与婚姻，我亦有此感。"[11]10
③ "据说他回北京以后，跟江冬秀提出离婚的要求，江冬秀一气之下，拿起厨房的菜刀，另一说是剪刀，对胡适说：'你要离婚可以，我先把两个儿子杀掉，我同你生的儿子不要了'。"[39]121

初期,他觉得独处的孤寂太苦了,甚至希望能猛烈地呕吐以与之抗争①;有时,他更动不动地就放弃了抵抗,希望亲人能在身边陪伴着自己②,伤感着与家人的点点滴滴③。

不过,抵达英国之后,夏鼐很快就陷入了对前途的忧虑和种种生活琐事中,情感依赖也渐渐转移到了亲密的朋友身上。慢慢地,他想起家人虽仍然感怀,却不再那么凄哀悲伤了。见到雪花飞舞,他只是平静地感慨着"假使是在家中与家人团聚着,欣赏窗外雪景,那是何等美妙"[2]5。

到了第二年的新年,夏鼐的状况更佳,再见雪花,仅有"旅居之感漫上心头"[2]97。是年春,夏鼐一个人躺在医院里看病,看到"别人亲朋来看时的亲密样子"[2]107,只是"眼红"[2]107而已。他还道是因为自己生的病小,否则定要"凄然下泪"[2]107,其实是他已慢慢地习惯了没有家人的生活,心中对于家的眷恋已悄悄淡去了。是年年末,夏鼐更感觉到自己"饱经风霜,心肠已硬"[2]136,哪怕孤寂,也不会再掉泪了。

而夏鼐真正摆脱"金丝雀"的状态,成长为雄鹰,少不了一味重要事物的催化——雄心壮志。到英国后,他除了刚开始尚有忧虑和不安外,后来便走南闯北,对事业的目标亦愈发明确,信心也愈来愈足。每当生病和晕船时,他的"肉体与精神都十分苦痛,便想起了家乡"[2]139;但一旦病好或者到了岸上,他便又"雄心不已"[2]139,"忘记刚受过的苦痛"[2]139。

就这样,夏鼐的"金丝雀"生涯落下了帷幕,他再也不是那个一离开家就凄凄怨怨的温室少年了。

回国后,夏鼐的多愁善感少了许多,想家的表达方式亦没那么夸张了,但他还是恋家。抗日战争中,温州沦陷的时候[4]37;国共内战

---

① "此后如一人独行,当以乘较速之海晏轮为佳,不妨大呕一场,此种孤寂实较呕吐为更苦也。"[1]342

② "假使有亲人在旁,我也可以安慰一些,但是像这样孤零零地躺着,未免太令人难堪了。"[1]342

③ "浴在银色的月光中,最易引起回忆的灵潮,我想起幼年时夏夜坐在家中庭院内,仰观月星的光景。"[1]345

中,解放至温州的时候^{[4]170}……每一次,只要能回去,夏鼐都迫不及待地回到了家中,与家人共存亡。

而当傅斯年让他押运古物赴台①,一次次来信催他快来海峡对岸时②,他都坚决不肯走,其中的一个重要原因,恐怕就是工作可以再找,而去了海峡对岸之后,很可能将与家人永隔无期会。这是他万万不能做出的选择。

因此,若一定要给夏鼐近似"背叛"史语所的行为找一个十分关键的理由的话,那就是为了家人。只要他在中国大陆,那么,无论他怎么雄心壮志、到处乱跑都没有关系,回家还是可行的,见家人还是有盼头的。但若要他为了雄心壮志远渡重洋,一生再也无法见到家人,那么,十个傅斯年、十个李济和让他当皇帝加起来,他可能也不干。当然,夏鼐不去台湾的理由不止于此,下文将会详细论述,此处不再展开。

解放前后,夏鼐的父母相继离世,他只身携着妻儿,举家迁到了北京。一系列的政治运动让他茫然不适,一心想做学者的志向,也因行政工作缠身而化作了泡影。事业心旺盛又好强的他,自然不会放着工作不管。但在繁忙的工作之余,夏鼐从来没有疏忽过对家人的照顾,更珍惜阖家团圆的欢乐。或许就是从那时起,夏鼐生活中工作和家庭的天平达到了最成功的平衡。

这一点,从夏鼐一家人的病史中便能看出一二。他们这家人,在夏鼐的胃病被根治以前,可说都是体弱多病。最严重的时候,家里所有的人都在卧床养病③,非常困顿。因而,互相照顾生病的对方,成了他们生活中不可或缺的一部分。或许正是在这个过程中,从前对作为"丈夫"和"父亲"的自觉性不高的书生夏鼐,真正长成了家中的顶梁柱。

---

①　"散会后,(笔者按,傅斯年)询余能否押运古物赴台,余拒绝之。"[4]218

②　"晚间写信复傅斯年先生,此事殊未易决定,故只能含糊其辞,以便候时局开展后再作决定。看样子,大概不能去了,何苦跟他走死路?"[2]232"昨日接到台湾方面来信,今日赴王则诚君处,转达傅先生邀之赴台之意,时局已如此,谁还再走死路?"[2]238

③　"一家三人卧床养病,殊为狼狈也。"[5]333

妻子秀君有"昏厥病","发作时，四肢抽搐，牙关紧咬，神志不清"[35]381。每次发病时，"都是夏鼐在身边，亲自动手掰开牙关，将清水灌进嘴里，设法把喉咙里的痰呕出来，人才慢慢清醒"[35]381，而且，"每发作一次，身体要一个星期左右才恢复过来"[35]381。就是这样一个不分时间地点发作，并且无法根治的病，夏鼐一直都在尽力照顾着，并设法求医。他作为一个事业心超强、工作又忙的人，曾好几次因秀君的发病与工作冲突，便把工作推掉①，或者从工作中匆忙赶回②。而在《日记》中，他对秀君犯昏厥病的记载起码有上百次。并且，在由夏鼐全权照顾秀君之后，除了 1959 年的农历新年间，因秀君发病频率太高，夏鼐说了句"真是麻烦"[6]9 之外，他再未写过什么抱怨之语，可说尽心尽责，几无怨言。

图 4.3　夏鼐夫妇卧室中的镜子所映照的夫妇俩的合照③

而他可怜的孩儿们，亦是一个病好，另一个病发。在工作、学习和照顾秀君之余，夏鼐便是马不停蹄地带着孩子们去看病。比如小儿子夏正炎，小时候发烧、过敏、出疹子；稍大一些继续发烧、感冒，更被怀疑有肺结核；再大一些，好歹不怎么发烧了，又手指发炎、喉咙发炎、生痢疾和肠炎等；差不多长大成人，体魄该健壮些了吧，竟又得了当时首都医院没有成功治疗先例的脑膜炎……幸好后来，夏正炎成为了首都医院第一例治好的隐球菌脑膜炎患者[7]290。

①　"下午在家，本拟 3 时半赴飞机场迎接韩顿夫妇，但因秀君病又发了，只好不去，等她醒过来，我赴北京饭店看他们。"[7]140
②　"他去后，与牛、安、王三同志商谈东北队报告的修改问题。秀君来电话，赶回家，神志已有些纷乱，乃劝其服药。"[7]140
③　笔者摄于夏鼐故居。

　　在夏鼐的年代,尚缺医少药,他自己又不讲究生活品质,据说秀君曾抱怨"他顺路捎回来的菜,准是人家都不买的"[34]357,因此,他家人的体质实在不见好。除了四个儿女之外,夏鼐的孙子孙女也总是生病。根据《日记》中的记载来看,夏鼐这个"爸爸""爷爷"和"姥爷",常年带着儿孙往返于医院和家之间,大抵是能带着去看的都带着去了,并从不抱怨。在这一点上,说他是一个有责任心的慈父,毫不为过。

　　而夏鼐本人,在1963年以前,生着动辄便翻江倒海的大胃病,自然也少不了进医院。少年时,他躺在病床上想念着家人;成年后,他心心念念着妻子。秀君不去看他,便会被他写进日记,显得自己很落寞;而自己能做主的治疗方法,他也因怕秀君生气而处处与她商量。

　　1954年,夏鼐因胃出血住院,用封闭治疗法治疗:

　　　　2月28日,"秀君没有来"[5]73。

　　　　4月1日,秀君既不高兴我再做封闭①,也不高兴我住院,"气愤地走了"[5]80。

　　1958年,夏鼐又因胃病严重而住院,先在北京人民医院治疗:

　　　　8月14日,外科主任说可以做切割手术,我很想做,可是"秀君是不愿意我作手术的"[5]390,"我想对她说,像《钢铁是怎样炼成的》一书中保尔·柯察金所说的:'亲爱的,你别替我焦急,我不会这么容易地就死去。'"[5]390她果然不同意。

　　　　8月19日,秀君还是不同意我做手术,我劝她"胆子放大一点"[5]392,她竟然"急得流泪了"[5]392,还不高兴地说"明后天不来看我了"[5]392,"我看了有点好笑"[5]392,"但又想不出办法"[5]392。

　　　　8月21日,秀君仍不肯同意我做手术,也罢也罢,那就"暂时搁置"[5]392了吧。

　　于是,9月4日,夏鼐转到了小汤山温泉疗养院:

---

　　①　未带引号的日记内容,为笔者模拟夏鼐先生的口吻而对原文所做的归纳和总结,非原文。

9月22日，"下午落雨，秀君没有来"[5]399。

10月2日，"想打电话给家里，没有打通"[5]402。

图4.4 夏鼐夫妇与幼子夏正炎在北京小汤山疗养院[16]155

就这么养养治治，1963年3月6日晚，夏鼐"忽然腹部大痛，痛得连忙坐起来"[5]320。家人同事赶紧把夏鼐送到医院，医生决定立刻进行手术。麻醉之前，夏鼐不担心自己，倒是非常担心秀君，对医生叮嘱道："我的爱人有精神分裂症，她一定会要求亲自看护我，希望不要答应她，以免发生意外。"[5]320然后，夏鼐就一边背着《长恨歌》[6]320，一边终于让医生把困扰他大半生的胃疾给解决了。

手术后的夏鼐，一醒来就恍恍惚惚地对秀君说，我没关系，"您身体多病，须要保重"[6]321，然后又立刻失去了知觉。

从夏鼐上述的言行中，我们不难看出，在北京工作的夏鼐，虽心系儿孙，但想要依靠，却只能依靠妻子。夏鼐不擅浪漫，恐怕很少与秀君说过"爱"这类字眼，他只是默默地在她生病的时候照顾她，在她不开心的时候安慰她。这对患难中颠簸着过来的夫妻，终于弥补了前半生聚少离多的遗憾，圆了举案齐眉、不离不弃的梦。

从"金丝雀"到"比翼鸟"，夏鼐不仅实现了从"不理家事的少年"到"成熟有担当的男人"的蜕变，也成功完成了由"依赖家人的儿子"到"被家人依赖的父亲"的转型。男子汉大丈夫，修身齐家治国平天下，夏鼐可谓个中模范。一个人，若对家人都不好，连家庭事务都无法解决的话，还谈何天下与苍生呢？

第三节　从"不擅交际"到"交友达人"

夏鼐对世界怀有善意的揣测，从小到大又特别害怕孤单寂寞①②③④，这便决定了，只要是他不讨厌的人与他相识相处，总可以很快成为朋友。但是，这件在理论上成立的事情，直到夏鼐出国留学后，方频繁发生。未出国以前，自诩内向不善交际的夏鼐，对着交友有着极为矛盾的心情。

他自述：

> 心情受两种势力的冲突，一方面深感觉到自己的孤寂怪癖，有结交朋友的必要；一方面又是宝惜自己的光阴，以为'群居终日，言不及义'，总与自己的性格不合，然而所谓'淡如水'的'君子之交'又是可得而不可强求。终于只好决心任之自然，力求适应当前的社会环境，固然不必勉强钻入人群之中，然也不必望而去之。[1]104

这就是23岁的夏鼐，极富哲理但又无甚必要的忧虑。

那时，夏鼐虽有两三好友，但皆为同学自然成朋友。而他懵懵懂懂，自顾看书，并不解友情的真谛，也不知"朋友"究竟为何物。并且，

---

① "雪后天气颇寒，坐在图书馆中热水管旁，并不觉得冷，但是颇觉得孤寂。"[2]97
② "在检查站与王、孙二君分手，此后便是一个人的旅行了，未免有点孤零。"[3]106
③ "今日病室中只有我一人，显得孤寂，颇想出院返家。"[5]76
④ "休养员中仅他一人是熟悉的，他走后未免使我更显得孤独。"[6]339

抱有上述想法的他，总是疑神疑鬼地苛求自己，看着阴雨天便感叹"我的朋友太少了"[1]167；朋友叫他拍网球时他在写书评，便又暗自伤感着"他们正在高兴狂欢地拍球，我却在这儿孤零地坐着摇笔尖，这是何苦来呢？"[1]199留学初，他还为此事感到"很惭愧"[2]41，因为"晚餐后，他们出去看电影，自家躲在室中写日记……不能及时行乐"[2]41，更重提"自己社交的手段太不行"[2]41。

可事实上，从夏鼐的一生来看，年少时，他少于聚众游玩而多于静心看书，为自己带来了无尽的好处。并且，他没有"交际"到的那些同学和朋友，几乎对他的人生没有任何影响。当然，工作后的他若仍是如此，或许会使事业遭受打击。但是，要不怎说冥冥之中必有注定呢，很快，在异国求学的夏鼐就交到了生命中第一个比兄弟更为亲密的好朋友——陈凤书。这个朋友不仅转移了他想家的愁苦，亦让他为家人以外的人流下了第一滴泪，彻底击碎了夏鼐交友的种种顾虑。

1930 年，夏鼐与陈凤书在光华附中相遇[1]15。在燕京当了一年的同学后，夏鼐便转学去清华，中间两人时有联络。夏鼐赴英留学时，陈凤书正好也去英国留学，便互为室友，朝夕相伴。1938 年夏天，夏鼐亲自送其离英赴德[2]223，竟送得肝肠寸断。

初离祖国，就像上节说的，上不着父母老师，旁无依兄弟姐妹，夏鼐也明白，再依赖往昔习惯依赖之人并没有用，于是，他只好暂时摒弃依恋家人的念头。当时，他的身边中国朋友不少，但只有陈凤书既是熟人又是室友，尚不擅交友的夏鼐只好把情感的依赖转移到陈凤书身上，慢慢地就"日久生情"了。

首先，夏鼐和陈凤书简直到了形影不离的地步。看电影①要一起，逛景点要一起②，看热闹要一起③，散散步也要一起[2]9,22,34,36,77。过节

① "下午与陈君观电影 *Rhodes of Africa*［《非洲的罗德斯》］……"[2]69"与陈君同去看电影……"[2]83

② "上午与陈君至 Hampstead Heath［汉普斯特德荒原］游了一个上午。"[2]2"与陈君同往凭吊拿破仑墓及军事博物院。"[2]123

③ "上午与陈君同赴 Westminster Hall［威斯敏特大厅］之国王乔治五世停柩处。昨日由王宫移至此厅……"[2]6"今日为国王国葬日，学校停课，与陈君赴 Marble Arch［大理石拱门］……"[2]7

时,两个人亦常宅在家中①,互相庆祝飘零的异国生涯。

其次,崇尚"君子之交淡如水"的夏鼐居然会吃陈凤书的醋。

有一次,一位叫陈凌云的人来,夏鼐不知为何就觉得他"带小官僚气"[2]16,"颇不喜欢他"[2]16。但他不喜欢陈凌云的重要原因,应该是觉得陈凤书怎能如此殷勤地陪伴陈凌云呢!夏鼐描述陈凤书"昨天还费了整整的半天陪他去玩,今天又陪他一天"[2]16,吃醋的小孩子形象尽显;还赌气地上纲上线,批评陈凤书"未脱光华附中做级长时逢

图 4.5 夏鼐(左)与陈凤书在伦敦的住所门前[16]39

迎级任师长之老脾气也"[2]16,简直令人感慨这都是什么乱七八糟的联想。可以看到,夏鼐吃朋友的醋时也会"脑洞大开",胡乱说话,这倒比嘴上说着"君子之交淡如水"更像个有血有肉的人。不过,这种对朋友没有实际坏处的事,夏鼐尽管吃醋,还是不会说出口的。

但若夏鼐觉得某事对朋友有实际的坏处,他便会横加插手。陈凤书在夏鼐看来,用钱有些大手大脚,他去德国前,收到家里寄来的50磅不够,还要求了救济费30磅,夏鼐"曾面斥其非"[2]222。就是在这样的前提下,陈凤书竟还要求夏鼐答应,"将来无钱返英时一定借给他5磅"[2]223,夏鼐便"故意不肯答应"[2]223。他当然并非出于小气而不肯答应,只是怕陈凤书继续乱花钱,才"故意"如此。于是,陈凤书"很生气,忿忿地熄灯而睡"[2]223。

---

① "晚间偷懒不出去用膳,与小陈煮鸡卵吃,再胡乱吃了几块点心,可怜我们的过节!"[2]83

　　而夏鼐的人生中，打通了他的任督二脉，开启了他的社交技巧的一场别扭就在此上演了。

　　第二天，夏鼐明知陈凤书误会了他，却故意不解释，想让小陈自行节制。小陈对他"冷若冰霜"[2]223，他也不难受，并不担心陈凤书真的会和他决裂，此处自信显现。而到了晚上，夏鼐听见陈凤书辗转反侧无法入眠，"有点可怜他"[2]223，心软了，才决定明日解释。解释的方法也书生气十足，两个人就住在同一个房间，他还要写信，理由是"怕他不好意思说话，以书面解释较易下台"[2]223。

　　可以看到，在这段别扭的过程中，夏鼐与朋友相处的能力已经得到了一些提升。

　　结果，陈凤书在看到他的信之前就已想通了，二人你来我往一番，便示好言和。这其中最有意思的是，陈凤书说了一大堆类似于"老夏我知道你是为我好、我误会你了"之类的话，还没说完，夏鼐就得意洋洋地将自己写好的信"指出几段给他看"[2]223，表示我早就猜到你误会我什么了，小孩子气又真心以待的形象跃然纸上。

　　之后便是其乐融融的戏码，陈凤书君说"我这两天的精神上苦痛，比预备硕士考试还厉害，完全好像失恋一样"[2]223。而夏鼐知道了陈凤书这么在意他，"被完全感动了"[2]223。然后，"两个人像小夫妇吵架后和好时的情形一样。我帮他整理行囊，他将大衣箱放在我室中，又将小提箱、留声机及几部书都交托于我，两人又随意谈谈，谈到夜深始睡"[2]223，浓情蜜意，依依惜别。这场别扭就像一个重大的关卡一样，夏鼐只要过去了，"交友"技能就解锁了。因此，小陈走时，夏鼐的表现堪称熟练体贴，又帮买车票又送他到站，还拍电报约人去下一个车站接他，完全是细致周到的一站式服务。

　　最终目送火车载着小陈远去时，夏鼐自述：

　　　　除离家时一度动情，几行下泪外，从来未受情感冲动，这一次送陈后，想到几年来同作天涯沦落人，现在只剩下自己一个人孤零零的在这儿，颇为伤心，几行下泪，勉强忍住。……返家后，看见室中的情形，又不禁鼻酸，至 12 时

始睡。[2]223-224

对这朋友已经用了很深的情了。

　　就是这一次肝肠寸断之后，夏鼐再也不怕交朋友了。打开了心扉的夏鼐，身上闪耀着靠谱聪明的特质，性情又踏实宽厚，择友更毫无势利心眼，自然交到了不少朋友。同时，夏鼐与好朋友相处的方式十分轻松自在，堪称"不损不兄弟"。

　　前文提到向达是一个特别有意思的人，敢为寻常书生之不敢为。夏鼐便特别喜欢打趣向达，除了"千佛洞事件"[3]210以外，还戏作打油诗以调之：

　　　　辰州一豪觉明翁，不作道士作史公。三五英儒拜脚下，十万卷书藏腹中。

　　　　两足上梯如腾云，只手抄书赛旋风。博物院中秘笈尽，顺东楼中饭锅空。[2]215

　　生动夸张的三言两语，便把向觉明豪气吞云、精力充沛的"悍儒"形象描绘得淋漓尽致。向达看了之后，连夸"绝妙好词笑断肠"[2]215，同时"反击"夏鼐是"铲地久钦鬼道士"[2]215，却"何时改学卖油郎"[2]215，两人一来一往，甚是精彩。夏鼐和向达都是开得起玩笑的有趣之人，这大概亦是他们性情不同却甚为相投的原因之一。

　　此外，经济史学家汤象龙亦是夏鼐的好朋友。他三十岁时尚未结婚，夏鼐便在他该年生日时，写打油诗祝贺，顺便对他连夸带损：

　　　　经济史家推老汤，十年计划何惊皇！
　　　　三十犹是处子男，不知何日做新郎？[2]245

　　大概，看上去不苟言笑的夏鼐只是含蓄腼腆而已，在与朋友的书信来往中，他也是调皮得很。

　　在英国时，夏鼐还有一位好友——后来的历史学家朱庆永。朱庆永写信告诉夏鼐"昨日与爱丽小姐游海边，尽兴而归"，自然逃不过被夏鼐打趣的命运：

　　　　终日埋首考俄沙,深钻犹如洞里蛇,花都寻芳作夫子,

　　爱邦修道逢娇娃。①

　　　　海边尽兴洋小姐,门前冷落女史家,托福门墙有旧约,

　　愿从夫子披袈裟。[2]252

　　看得出来,夏鼐与朋友们的相处十分轻松自在。但夏鼐不光会打趣,还对朋友真情以待。在英国时,他刚把情感依赖转移到朋友们身上,怀念与朋友相处的时光时②,煽情得连向觉明都说笑过之后"泪几行"[2]215。而和朱庆永分离时,夏鼐亦因其为陈凤书离英之后"相从最密之友人"而黯然神伤[2]251。

　　渐渐地,夏鼐习惯了在旅途中与朋友们聚散离合。留学回国后,他越发能自在地与朋友相处,遇到矛盾问题亦能很快解决,也不再那么容易为分离掉泪。比如,他和友人旅游到半路,没有钱了,他便冒雨长途跋涉地跑回上一站拿钱,朋友也很信任他,一直等到他回来[2]390;比如,他和友人因为买车票的问题而发生争吵,友人埋怨其为了省钱没买到票,夏鼐便赌气地在寒风中坐了很久,终于买到了票[3]16,方与友人再次开心地踏上了旅程。在这些小故事中,我们都可以看出夏鼐与朋友相处时的单纯自信和真性情。

　　总结一下,不难看出,解锁"交友"技能后的夏鼐基本是这样交朋友的:(1)对朋友讲义气,真心以待;(2)发自内心地为朋友好,不怕招人一时的嫌弃;(3)对待朋友非常自信;(4)靠谱,值得朋友信赖;(5)择友不权衡太多,顺其自然,跟谁相处得最久或最投缘,感情自然就最深;(6)相处时轻松自在,真情流露,最终收获了深厚的友谊。

　　然而,时光不饶人,朋友交得多了,难免淡了旧的,迎来新的。夏鼐虽然恋旧,注意力却很容易被眼前的事物吸引,若与旧朋友分开得太久,自然就与新朋友的感情深了,这样的起伏,在《日记》中比比皆

---

　　①　朱庆永先生先在英国,后去爱沙尼亚留学。

　　②　"南山园子(South Hill Park)缘分尽,收拾行囊渡峡东。旧书摊上佳本罕,塞纳河畔落日红。玻璃房里飞蝴蝶,图书馆中坐蠹虫。谪居花都已半年,不知可曾游胡同。"[2]215

是。比如陈凤书,夏鼐刚回国时,常常热切地去找他,1946 年前亦时有联系;解放后,他们却因一个在京,一个在沪,身份职业又大不相同,渐渐地说不上话,最终淡了联系。大抵,我们是不能要求一个人对所有情感都从一而终的,过往的朋友逐渐分道扬镳,也是人间无法避免的一大憾事。"岂曰无衣,与子同袍"或许还是不够,而"愿得一心人,白首不相离"此言,只能专属于夫妻,方能令人假装释怀于天下间所有关于朋友的不圆满结局。

第四节　孩童虽闹但自家独好

少有父母不爱自己孩子的,夏鼐自然也是如此。但平心而论,他不是一个特别喜欢小孩子的人。他结婚生子很早,大女儿和大儿子出生时,他都不在妻儿身边,自己心中对于做父亲也没有什么准备和意愿:

> 接到家信,知 4 月 2 日(三月初八日)长子瑞暄诞生。我自己并不是无后主义的信徒者,不过在自己尚没有准备做父亲以前,不愿先有事实的产生,在前年铮铮诞生时已有此感,今天也有同样的感触。……前年与妻讨论到此问题,只道自己的意向仍不愿目前育子女,今天虽然事实告诉我天意是怎样,然而我的心地仍然是糊涂,弄不出什么结论。[1]168

看来,在夏鼐生活的年代,不仅生物教学的落后令人堪忧,而他本人对于此事随遇而安的糊涂劲儿,也令人哭笑不得。

四个孩子中,唯有次子夏正楷出世时,夏鼐在家,但只是搭把手,第二天见母子平安,便安心地看书去了①。夏鼐对孩子的教育谈不上系统和科学,基本属于随遇而安地顺手一教②。但他心性温平,看自家孩子又觉得可爱,便总是"笑嘻嘻地"[3]19,时常关心孩子或一

---

① "上午阅《岐海琐读》卷十至卷十二。写作中王国时期串珠之 M 类。昨夜所育之婴儿,今晨仍未张目……"[3]76

② "暄儿的月考成绩来了,国语欠佳,教他此后要特别注意,自己亲自教他两课。"[3]28

起玩耍，也不打骂，不失为另一种自由的教养方式。夏鼐在条件允许的情况下，尽到了父亲的责任，还是毋庸置疑的，但对于养育孩子，夏鼐的态度更像是理所当然以及顺手一做，更多的是发自天性的父爱，而非有意的培养与塑造，更别说本身就特别喜欢小孩儿了。

那么，对于他人家的小孩，夏鼐没有父爱作为支撑，若遇到可爱的也就罢了，若遇到吵闹的，他便只感觉到两个字：麻烦。1950年秋，朋友托其带年幼的女儿美乔回北京，夏鼐没有多想就答应了，却不曾想这一路上，他将一个头变两个大。第一天，小女孩因为"旅行劳顿，身体不舒，哭着要回家找祖母去"[4]322。此处夏鼐未评论什么，但应当是十分无奈的。第二天，美乔"又哭着要回老家祖母那里，又说昨天看见一过路人像她小叔，要去找小叔去"，束手无策的夏鼐忍不住牢骚道"真是麻烦"[4]322。夏鼐在家就不太管孩子，旅行中又有读书的习惯，这次带美乔出行，一来没有哄孩子的意识和心情，二来又埋头读他的《廿二史札记》[4]322，那美乔的哭闹就在所难免了。在与美乔相处了四天后，夏鼐终于把小姑娘安全交到了其父亲手中，他表示"了却责任，殊为愉快"[4]322，实在令人捧卷失笑。看来，要他与不是家人的吵闹娃娃相处，比让他写长篇博士论文更令他为难。

不过，喜不喜欢小孩子，毕竟只是个人问题，不能代表什么。夏鼐对于长期待在自己身边的夏正炎和夏正楷，照顾有加，尽职尽责，相当喜爱；而对于早早离巢的夏素琴和夏正暄，亦是常常写信，关心不已，详情在四位孩子共同署名的《我们的父母亲》[36]396-405一文中可以看到，本文只稍举一些有意思的例子予以补充。

夏正楷是夏鼐的孩子里唯一一位成为北大教授的，其他三个孩子都圆了夏鼐的工科梦——成为了工程师[16]162。夏正楷与众不同的原因很难说清，或许是因为只有他出生的时候，夏鼐在场，并且手不释卷，所以他特别像父亲。但又或许是因为，只有他半截小学在温州上，半截小学在北京上，因而，只有他同时顶着"我的爸爸是所长"的荣耀和"你的温州口音好土"的嘲笑长大，便变得特别要强，努力向父亲看齐。当然，这些只是笔者的猜测。

夏正楷刚转学时,一日,夏鼐见他"面有泪痕"[4]517,便询问原因。一问之下,得知是"同学嘲笑他说话的温州腔"[4]517。夏鼐是不在意这些细节的,他自己的温州口音都很重,但二儿子如此伤心,他有没有做些什么呢?夏鼐在这天的日记中没有详写。不过第二天时,正楷回家又"倚案掩面而泣"[4]517,夏鼐再问缘由,原来是敏感深情的二儿子不愿与混熟了的小朋友们分离,他便"告诉他的老师"[4]517。

以笔者对夏鼐的了解,他是很难注意到这种小事情的。但是,迟钝的夏鼐,并没有指责和嘲笑夏正楷"为了这种小事也值得哭"、"是不是男子汉大丈夫",更没有觉得孩子的事小便不去管。他为了孩子的开心,细致地帮孩子解决了问题,这份温柔与宽厚,更显得慈父之爱浩瀚如海。

小儿子夏正炎待在父亲身边的时间最长,因其年幼可爱,夏鼐更是怜爱有加,在病中无聊时,常大段地记录正炎的童年趣事。

还是1954年住院的那次。秀君说起炎儿想念爸爸,"问爸爸什么

图 4.6　夏鼐夫妇携次子夏正楷在南京玄武湖[16]153

时候回来,拿了几本小人书及铅笔、白纸到对门杨太太家,说要多画几张画,等爸爸回来给爸爸看"[5]70。夏鼐疼爱地说"这孩子怪可爱"[5]70,激动地回忆了正炎的童年往事若干,还沾沾自喜地说"听说自从我进医院后,每晚他睡得很早,说爸爸不在家,玩的没有意思"[5]70,更把小儿子的童言一举戳破:"还说自己睡不着,实际上是一次睡到天亮。"[5]70

又一次秀君来时,说起正炎常常被亲戚的孩子打哭。夏鼐疼惜地写道:"这可怜的小阿叔,虽然头上挨几下打,但没有哭,也许是不好意思哭,可是有时一天被阿新弄哭了两三次。"[5]78怜爱之情简直泛滥成灾。

夏鼐在孩子年幼的时候,没有长时间陪伴在他们身边,突然间,竟有个小小的孩子如此惦记着自己,言行还可爱无忌。他或许瞬间感受到了拥有孩子的巨大喜悦,变身为一个啰啰嗦嗦的老父亲,对着孩子父爱泛滥。由于其他的孩子上学的上学,上班的上班,空闲的时间比较少,因此,夏鼐常常带着秀君和年幼的正炎三人去看电影、参加春游或者联欢会,也算补全了他未能陪着每个孩子一起长大、一同体验家庭生活的遗憾。

不过,俗话说得好,"隔代亲"。在儿孙辈中,夏鼐有一个特别喜欢的孩子,那就是大儿子夏正暄的独女,夏晴孙女。

"昨夜失眠,今晨8时始起床,正在洗面时,暄儿夫妇已抱小晴前来"[6]348,这句记载,便是夏鼐和小晴的相遇。在随后的几年中,活泼可爱的小孙女给夏鼐带来了无尽的欢乐,一偿他早年远游,未得儿女绕膝的遗憾。

在小晴还没被夏正暄夫妇托给爷爷奶奶抚养之前,夏鼐就对小晴的来去特别在意。

"下午暄儿来,今天下雨,没有带小晴来……"[6]376,下雨还偏逢小晴没来,简直好失落;"今天下起雨来,但暄儿夫妇携了小晴来"[7]21,一个"但"字,转折出夏鼐看到小晴来时,觉得雨天都晴了的好心情。

某年除夕,夏鼐的最后几句日记是"晚间人民大会堂本有联欢会,因为连日开会累了,我没有去,在家看电视。暄儿夫妇携小晴来过年,11 时许始睡"[7]80。这句话中,我们可以得到不少信息。首先,从夏鼐生前最后的日记"上午坪井清足来所演讲,谈《日本的考古学》,由王仲殊同志主持,听众约……"[9]476 来看,他写日记时,不是等所有事都发生了才一口气写就,而是习惯把能记的先记上。因此,很可能在小晴来之前,夏鼐就已经记到了"晚间人民大会堂本有联欢会,因为连日开会累了,我没有去,在家看电视"[7]80 这里,并本打算以此句结尾。诸位看了第一章便知,夏鼐的日记一般只记他觉得值得记的东西。那么显而易见,夏正暄夫妇和小晴的到来,对夏鼐来说是件很值得记的事。同时,该日虽是元旦前一天,但夏鼐对于其他家人的情况均未记录,独独只记了小晴家庭的到来,可见其对小晴之在意。后来,自己的大儿子一个人来,夏鼐还不满意了,得问清楚小晴为什么不来才行①。

同时,夏鼐对小晴长大和胖瘦的变化特别留意,每次见到小晴记载得都很详细,这也是其他孩子所没有的待遇。

如"暄儿夫妇携小晴来,已能步行自如,断乳后稍形清瘦"[7]2。"清瘦"这个词,夏鼐不是用来形容自己②,就是用来形容老师③,绝对是大大的褒义。对别人,他一般不是说"瘦",就是"瘦黑"[4]490。不过,笔者也是第一次见到说小婴儿"清瘦"的,对于夏鼐在用词上的随意也是真心拜服。夏鼐还记载了"一个半多月未见,小孩子似乎长大一些,但比前瘦一些,已能牙牙学语"[7]21 和"上午暄儿夫妇携小晴来,患了麻疹后,显得瘦了一点,但还很活泼"[7]36,不仅观察体态,更留意小晴的生长和精神状态。而能让夏鼐每次都细致如斯、不厌其烦地观察的孩子,也只有晴孙女了。

1965 年初,正暄夫妇由于上班的关系,把小晴交给了夏鼐夫妇养,夏鼐十分开心。

首先,他总在日记里流露出舍不得小晴,"昨天将小晴接回来,今

---

① "暄儿下午来,因为小晴唇舌发炎,所以他独自来……"[7]85
② "前星期摄的照相已洗出来,清瘦如昔……"[4]370
③ "梁先生偃卧病床上,尚不能翻身,较在李庄时更为清瘦,惟精神尚佳。"[4]28

日在家中玩一天,明晨又须送去了"[7]96;北京流行脑炎时,托儿所为了防止传染而隔离了小朋友,夏鼐不满地说"托儿所不让小晴回家"[7]195,并斤斤计较"因本市仍有脑膜炎,小晴已三星期未接回家度周末"[7]197。同时,他作为一个事务缠身的大忙人,还总是亲自去接送小晴,在日记里有记录的就达 12 次之多,实际的次数肯定更多。而对于二儿子夏正楷的长子夏阳,夏鼐虽然也曾接送,但在日记中的记录相对较少些。

　　其次,由于夏鼐特别在意小晴,所以那些比炎儿的事更琐碎的"小晴小小事",他一样也写在记"值得记的事情"的日记里。什么正暄夫妇的邻居来看小晴啦①,什么小晴在托儿所升入大中班啦②,什么小晴三岁生日照相了啦③,居然还有预备帮小晴过六一儿童节④的事情。关于"六一"儿童节,翻遍九卷《夏鼐日记》正文,唯小晴得此殊荣,爷爷偕奶奶亲自给她买东西,帮她准备过节,最重要的是,爷爷还写进了日记里。

　　而最值得一提的是,夏鼐第一次也是唯一一次带着孩子去参加工作,就是带着夏晴去送机。他虽然也常常带夏正炎去考古所,不过那都是去玩⑤。而在夏晴这里,只"因为她想看飞机"[7]139,工作一丝不苟的夏鼐就"携小晴一起去"[7]139,"送韩顿夫妇上机赴西安"[7]139。虽然不是那么正式的工作场合,但好歹夏鼐确实是在进行外交活动(韩顿夫妇为美国外宾,由学部负责招待[7]132)。因此,他对小晴的喜爱,实在太可见一斑了。

　　"文革"开始后,正暄夫妇把小晴接了回去,夏鼐和小晴一年多的短暂相处,必须告一段落了。夏鼐在日记里写道"暄儿由安徽返京,接小晴回去,明天不来了"[7]236,失落之意溢于言表。他的孩子来来去

---

　　①　"下午正暄的邻居蔡同志来看小晴。"[7]134
　　②　"下班后接小晴返家,已升入大中班了。"[7]154
　　③　"下午偕秀君携小晴赴儿童商店购物,又去明昌照相馆替小晴拍了一张相,因为今天正是她的三周岁生日。"[7]165
　　④　"下午偕秀君携小晴,赴东安市场儿童商店临时售货处及百货大楼,为小晴购衣帽,因为后天便是'六一'儿童节了。"[7]134
　　⑤　"晚间偕炎儿赴所中,参加新年晚会。"[7]80

图 4.7　1963 年，夏鼐全家三世同堂的合影（前排从左往右：大外孙印建中、妻子李秀君怀抱三外孙印建正、夏鼐怀抱孙女夏晴、二外孙印建钢、幼子夏正炎；二排从左往右：次子夏正楷、长女夏素琴、长媳张志清；后排从左往右：女婿印若渊、长子夏正暄）[16]154

去，总会回到他的身边，他明明早就习惯了的；但对于特别喜爱的小晴，终归还是太不舍得了。

夏晴走后，夏鼐人生中最长久的阴雨天也开始了，他在"文革"中遭受了猛烈的批斗，又下放至干校劳改，直到 1970 年方重见天日，这都是后话了。

现在问题来了，夏鼐为何这么喜欢夏晴呢？小晴是自家孙女这肯定是一个原因，但主要还是因为小晴活泼可爱，讨人喜欢，很好玩，连他的大女儿素琴都在离开北京前，特意"到托儿所将小晴抱回来，说女孩比男孩好玩"[7]139，夏鼐记录下来，或是颇有同感。

总的来说，夏鼐和李秀君夫妇一生养育了四个孩子，尽心尽职，不辞辛劳，他确实是一个好父亲。同时，夏鼐虽然不喜欢吵闹的小孩，但对自家的孩子，再吵闹他也当个宝，怎么看怎么顺眼。此外，在

"文革"之前，能有小晴这样一个夏鼐特别喜欢的孩子待在他的身边，或许也算是命运给予他暴风雨的锤炼之前，最后的温暖与晴天吧。

这就是夏鼐与他的孩子们的小故事。

第五节 春色撩人柳不醉

有一个人群，夏鼐在《日记》中是最少提及的，那就是他同龄的异性。

大学时，未脱稚气的夏鼐和其他男生一样，由于观念未开，与异性的接触又不多，对于女生这种与他们完全不同的生物，一边带着点局促的嫌弃，想在女生面前显示自己的强有力，一边又带着点好奇的向往，对女生有着说不清的好感。

刚进大学时，夏鼐曾有一段时间沉浸在因身体原因而不能投考工科的悲痛里[1]15，感慨之余，他竟把自己最爱的工科名词"引擎、电锅、发动机"[1]406比作"如曼丽、露西一样好听的女人小名"[1]406，可见他作为一个直男，对女性抱有天然的好感；也可见，他是真的很爱工科。

还在燕京时，他的室友刘古谛带女生来参观男生宿舍。结果男生宿舍脏乱不已，刘古谛很是窘迫。爱面子的夏鼐在旁默默看见了，默默地"将门口名字卡片拿去"，"自身也到清华去了"[1]410。这样一来，就算女生参观到了他们脏乱的宿舍，也不知道这里还有他的一份"功劳"了。

巧的是，不久之后，他们去参观女生宿舍，夏鼐发现"女院宿舍中颇清洁整齐"[1]45。无法相信自己在室内整理上落后女生这么多的他，竟怀疑"这种清洁，是否为平日都如此的，或是今天才如此的。女性固多好洁，但未必能如今日这样整洁吧！"[1]45大有"大家都是人，怎么我们就保持不了这么整洁，男生怎么会比女生弱，你们肯定是因为今天有人参观才弄得这么干净的吧"之意。此外，他还用学术的语言描绘"女生床头常发现洋娃娃，大概是练习做母亲吧！"[1]45可见他对女性了解之少,以及当时的社会观念对女性的偏见之盛。要强的夏鼐在洁净上输到了地平线以下,不得不在知识上扳回几分,便批评女生"化妆品颇为不少,并且都很考究,但书籍多者寥寥无几"[1]45。所以说,他的一生中,知识才是不会伤害他自尊心的真爱。

不久后,他和光华同学会去游长城,不小心和几个朋友一起坐在了一群女生中间,结果窘迫慌乱了一路。听到她们"娇滴滴地讲起南方话"[1]48,夏鼐嫌"吵得耳里一刻没有情景"[1]48。人家女孩子"曼声唱歌了"[1]48,他又想"这倒不错,比如带来一架留音机"[1]48。女生谈笑自如,又唱又讲,夏鼐"坐在中间却有点局促不安,真有点窘了"[1]48。这心情,跟过山车似的。不过,夏鼐立刻给自己找了个理由解围,表扬自己是由于"性质反近于横戈跃马的莽汉子,绝不是个脂粉队中厮混的宝二爷"[1]48,才会如此窘迫。这结论下得,实在令人感慨于少年夏鼐的可爱。

但仔细看他对女生的用词,"娇滴滴""曼声""脂粉队",就知道他虽然心慌意乱,一会儿批评一会儿认可,但从心底里,还是认同女生是温柔曼妙的生物的。这正是青春期男生矛盾不已的正常心情。

又过了不久,还是光华同学会,有两个女生去夏鼐的宿舍,"听说

图 4.8 夏鼐(右四)与女同学在一起[16]27

这房缢死过人,吓得连忙退步要逃走"[1]51,夏鼐鄙视道"这件事在上学期便知道了,然而吾们偏生不迁移……青天白日,又有五六人在此处,竟吓得这样,女孩儿家终究不济事"[1]51。小男生在女生面前胆大的优越感,简直暴露无遗。

虽然当时的夏鼐一副青涩的模样,又少年老成,不解风情,但是,他对男女之间的事情却很看得开,心态也很平和,基本都当趣闻轶事来看①②,因为他自己是不参与的。不过,若因此就说夏鼐一心只读圣贤书,两眼不看窗外春色,那也是不准确的。出国后,可能是因为格外寂寞,对于正值芳龄的异性,年轻气盛的夏鼐也是有感觉的。

夏鼐参加埃及发掘考察团的时候,一起住的人里有一位海伦·依利特小姐,已经23岁了,但夏鼐说她"看上去似乎只有十八九岁"[2]63,还"记得印度的地名十二,中国的地名六(北京、南京、汉口、苏州、上海、广州)"[2]63。身为小学地理教师却知道这么多,夏鼐便赞其"活泼动人"[2]63。这便是日记中唯一一处,夏鼐对一个具体的同龄女性表示明确好感的地方。

另一处是1937年的春夏之交。夏鼐出门理发,却看到"天气渐热,盈盈仕女都换上了短袖薄衫",便叹她们"似乎故意地与孤身旅客过不去"[2]111。他说此类话时,一向委婉,但读者又怎能看不出他的意思呢?怕是想念秀君了罢。

在《日记》中,夏鼐对除了秀君以外的女性表示好感的地方一共便只有这两处,竟还有一处与知识有关,不得不说,确实知识才是夏鼐的真爱。言归正传,夏鼐本来就不太在意女性的长相,他与梁思成的夫

---

①　"说到某君恋上某女生,明天去看影戏了。这是光华同学会的成绩,原来校中结社原由是如此。又说某君也单恋上她,可是她不理。最后又说到某女生,说有许多人向她进攻。差不多可成一部大学趣史。"[1]407

②　"据云有一位女生,与一位男士……后因女的未带被铺,二人用一被过夜,愈来愈亲密,到济南站时便耐不住了,下车开旅馆去。情愿后来后(笔者按,疑为"回来后"之误),全校以次为谈助……这一件事引起我的注意,并非由于事情的新奇浪漫,只是因为我想这是妙龄男女所免不了的事,在现在的我并未以为奇,不过将来的我,假使也处在老父的地位,遇到同样的事,那该怎办呢?"[1]414

人——民国名媛林徽因见过好几次①,还聊过天②,却对其一句描述也无。此外,在夏鼐的观念里,他已经有妻子了,而妻子和父母一样,是家庭中的一分子,不能更换,所以他从来就没有起过二心的念头。再者,夏鼐对于男女之事的兴趣,远不及对书籍、博物馆、老师和朋友的兴趣,而对于不感兴趣的事情,描写和记叙自然就少了。

可是,夏鼐虽对这种浪漫的事情不感兴趣,但天总是不遂人愿,偏要让异国的恋情发生在他身上。在以下事件中,夏鼐充分地表现了他绅士、大度和专一的一面。

1936 年秋,夏鼐的日记里突然来了这么莫名其妙的一句:

> 将昨日的事,细加思索,越发觉得自己的猜想不错,我自己不足惜,只是期间牵扯的关系太麻烦,只好"还君明珠双泪堕"而已。[2]78

"还君明珠双泪堕(笔者按,应为'双泪垂')"出自唐代张籍的《节妇吟》,下一句便是后人常常征引的"恨不相逢未嫁时"。看样子,是谁喜欢上了夏鼐,而已婚的夏鼐无法回应。

那么主角是谁呢? 快两年后的一天,这句诗又来了:

> 今日曾女士迁入此间,课毕返家后,随便闲谈,我的态度很明决:"还君明珠双泪堕(笔者按,应为'双泪垂')。"[2]225

这里的"曾女士",便是后来的南京博物院院长——曾昭燏。她是夏鼐在英国留学时的同学,为一代民国才女,名门之后③。看来,两年前那句诗的主角,便应该是她了。

且不论曾昭燏是否为夏鼐的博学踏实所倾倒,但从夏鼐婉拒的方式来看,他的情商和智商都"爆表"了。

首先,他在日记里只写了诗的前半句,十分隐晦。若是不知道这

---

① "中午在梁思成先生处用餐,顺便将梁思成先生托带之药品,交于梁太太(林徽因)。"[2]362
② "林徽因女士谓近遇及由沦陷区来之妇女,谈及行路之困难情形。"[3]155
③ 曾昭燏为曾国藩之弟曾国潢的长曾孙女。

图 4.9 1941 年彭山崖墓考古队人员合影(前排左为曾昭燏,右为夏鼐,后排右二为李济)[16]56

首诗的人,也就略过去了,根本不会发现。并且,他既没有对曾昭燏的行为多加评论,也没有因自己的魅力大而暗爽不已。他或许只是为了清楚地表明自己的态度,才对此事加以记录。这件事毕竟牵扯到曾昭燏,他应该亦不愿对朋友造成不好的影响,于是便想了这么一招,高智商的正人君子风范跃然纸上。

其次,夏鼐的两次态度都很坚决明白,那就是"恨不相逢未嫁时"。既保全了女士的脸面,告诉她不是因为你不够好,我才不能和你在一起,而是因为我已经结婚了;又守住了自己的原则,对妻子仍是忠心不二,是一次非常绅士的拒绝。

之后,夏鼐与曾昭燏仍是正常往来,并无疏远,可见他并未因为此事而影响两人的友谊,是一个心大之人。

这场还未开始的恋情就这样在夏鼐巧妙的化解下,戛然终止了。不是当事人,对这种两人之间的事,总是不便评头论足的。只能说,夏鼐的爱情,从一而终地都交给了李秀君,再无多余。对于一个崇尚知识、热爱家庭的好强型事业狂人来说，爱情此事，大抵是"好男儿志在四方，岂能儿女情长"罢！

　　从夏鼐对老师、家人、朋友、孩子和异性的态度及言行来看，在人际来往方面，夏鼐是比较崇尚顺其自然的。只要是他不讨厌的人，他既不刻意结交，亦不恶意冷落。他连对家人，也是相处得越久越有感情，聚少离多则不会那么思念，对于他人，自然更是如此了。夏鼐渊博、聪明、能干、靠谱，又洁身自好、心胸宽广，被他吸引的人不在少数。他的事迹告诉人们，让自己变得更好确实是最重要的，但同时也要敞开心扉，"善"解人意，方能幸福自由地在人类社会中生存。

　　然而，自诩腼腆、立志于学问的夏鼐，一生的重点毕竟不在人情来往上，他的聪明才智，大部分都献给了工作和学术，下一章，将谈谈夏鼐"处事"的十八般武艺。

第五章
处事

每个有所成就的人，做事大抵都是有目标的，夏鼐亦是如此。高中对于工科发生了兴趣的他，本想当个工程师[1]9，结果发现自己有沙眼，健康不合格，无法投考[1]15，便只好转学文科中的工科——社会学系。然而，"教会学校"[1]30里的社会学课程对夏鼐的吸引力不大，燕大亦非夏鼐的 dream school①。在发现自己的兴趣转向了中国近代史之后[19]1，夏鼐毅然投向了清华历史系的怀抱。一开始，他是抱着要"以史学为终身事业"[1]141 的心情去的。

然而，临近毕业时，夏鼐由于太过焦虑于自己毕业后的去向，便把研究院和公费留美生都考了。结果，虽然两个都考上了，但研究院今年恰好没有近代史的导师。而公费留美的录取则是"光宗耀祖"的事，背负家庭期望的夏鼐是不可能不去的。

几经挣扎后，夏鼐还是干起了考古。干着干着，他又喜欢上了考古，便再次拥有了一个明确的志向——从事考古学的研究工作[2]254。初出茅庐的夏鼐壮志雄心，特别在意事业的得失，在敦煌考察期间，还曾因工作受阻、志向被妨而性情大变[3]243-268。按说他这么努力，这一志向该顺利达成——只要不半路杀出来个傅斯年。傅斯年太喜欢夏鼐，非要他代理所长，不惜将之"逼上梁山"，夏鼐只好无奈地代理了一段时间的所长。而傅斯年回来后，夏鼐才又拾起了研究工作，结果没多久，内战的终章便打响了。

---

① "是的，我去年的期望并不在燕京[大学]……"[1]14

研究工作倒是哪里都可以做，可是，谁让傅斯年非要他代理所长来着？现在好了，新中国成立后组建考古所，他这个副所长是逃不掉了。他初去时，还有郑振铎和梁思永顶着行政事务，他还是有时间做研究工作的。

　　可是，令人欲哭无泪又泪流满面的是，梁思永和郑振铎竟相继去世，这岂不是天不让他干研究？正当夏鼐焦头烂额地在行政和学术事务中高速旋转，无暇顾及研究志向时，他终于病倒了。病中，"组织"前来慰问他，赞扬他为人民工作，积劳成疾[5]70，夏鼐被深深地感动了。回想一下自新中国成立以来，这个组织一直都对他很好，对科学也很尊重。于是，在接下来的几年里，夏鼐不断修读红色读物，认真参加政治运动，终被接纳成为了正式党员。心中的天平本就有些倾斜的他，彻底向共产党倒了过去。

　　而1963年，夏鼐在毛主席的格言的支持下，彻底根治了胃病。他太高兴了，也被彻底感动了，他认为这一切都是毛主席和党的功劳，他最新的志向产生了：他要为革命事业奉献自己的一生！

　　那之后的夏鼐，组织让做什么就做什么，再不计较是行政还是研究。

　　直至"文革"结束后，夏鼐才渐渐冷静下来。而此时的他，名扬海外，德高望重，本身已被框定在一个不逾矩的范围里，才真正开始随心所欲地做事。身为社科院副院长、考古所名誉所长，晚年的夏鼐底气十足，高屋建瓴地按照自己的想法，对中国考古界甚至是中国学界的标准化及规范化，开始了一场对日后影响深远的干涉与推动。

　　上述大概就是夏鼐人生志向的心路历程变化表。絮叨甚多，便是想为下文做好铺垫。因为夏鼐当下所做之事，都与他当时的志向不无关系。

第一节　想　做　之　事

世界上的事一般可以分为两种：你想做的和你不想做的。而志向正好都是想做之事的人，大概也是非常少的，起码夏鼐就不是。夏鼐想做的事情一般分为两种，一种对志向的达成有明显的帮助（读书算生活的基本需求，不算事），另一种则没有什么帮助。这看起来很奇怪，对志向没有帮助的事为何还要做呢？其实，这很平常，因为人是理性和感性交织的动物，志向多半是理性的结果，而生活中更有许多其他的乐趣。哪怕知道做了这些事可能对自己毫无益处，但还是喜欢，就是想做。夏鼐不仅是个正常人，还是个聪明的正常人，这就决定了他兴趣广泛，思维跳跃。

对于明显有益于志向的达成，而自己确实又想做的事情，在保证质量的前提下，夏鼐一般有两种态度："斩立决"或"凌迟"。

一、"短事"能干

若能在短时间内完成一件"有用事"，夏鼐的高速马达会彻底开启，化身为爆发型选手。

在他有志于史学的大学时期，夏鼐就意识到"做文章的事安可忽略"[1]141。因为他的导师蒋廷黻著有《近代中国外交史资料辑要》，若他能对导师的著作写一精彩书评，岂不于前途十分有益？兴致勃勃的夏鼐便搜集了一个多月的资料，但仅费半天便写就了一篇书评[1]145。夏鼐上大学的时候，并没有电脑和打印机，文章全靠手写，而他一下午就写了洋洋洒洒六七千字,可见速度之快。

这篇未经琢磨的书评,不仅得到了蒋廷黻的认可和指正,还发表在了《图书评论》上,初收稿费的夏鼐顿时尝到了做文章的甜头[1]154。一篇书评所花费的时间不算长,既能长知识,又能积名望,还有稿费拿,于事业于己身,都是再美妙不过。于是,在接下来的一年里,夏鼐变身为"书评小能手"。

他先是一鼓作气用五个上午写了一万三千余字的《评武堉干〈鸦片战争史〉》[1]157-158,又用六个半天写了两万余字的《评萧一山〈清代通史〉外交史一部分》[1]197-199,再用四个半天写了七八千字的《评〈中日外交史〉》[1]222-223,全部登载于《图书评论》。就这样,一个大学本科在读的学生,在一年零两个月的时间里,发表了四篇学术性文章于全国性杂志之上。除了夏鼐的学霸作风令人颤栗之外,他的写作速度,也令人见识到了他对于费时不久的"有用事"做得有多么快。并且,他从此还落下了写好文章便立刻送去发表的"毛病",没办法,谁叫人家产量高不说,还写得好。

在英国学习考古之时,夏鼐发表文章的机会虽然少了,但并非没有。避战至埃及时,他对古代埃及串珠的研究已经很专业了,所以,曾带他发掘的英国考古学家迈尔斯就把串珠寄给他鉴定[2]292。于是,夏鼐放下进度缓慢的博士论文,先和另一位英国的埃及考古学家——也是他临时工作的开罗博物馆的工作人员,一起"足足"[2]292花了"两个小时"[2]292鉴定了串珠,又噼里啪啦地用了不到三个半天,打出了一篇《阿尔曼特撒哈拉诸地点出土的串珠》[2]292-294。请他做鉴定的迈尔斯看了之后,稍作改动,就决定收入著作之中[2]300-301。作为一个母语非英语的人,他纯英文写作的速度和质量都同中文差不多,可能还嫌自己太慢[2]296,笔者只能对他做"短事"的效率和对自己的高要求都拜服了。

回国之后,夏鼐从事田野考古的时间更多。除了写文章之外,在田野考古的许多"短事"上,夏鼐都表现出了"一看就会"的冲锋速度。

比如,清理墓葬。笔者下田野时,曾一人带领民工挖过一个5米深的墓葬,早去晚归,饭无暇食,中午更多待半个小时寻找墓葬的边,"屎滚尿流"地挖了十二天,才堪堪赶上进度。宣告完成时,笔者虚脱的心都有了。而夏鼐于 1944 年与向达及其学生阎文儒进行西北考察时,竟用一个月左右的时间挖了十座墓①。

由于向达处理人情交际与琐碎事务的时间较多,不常在工地,因此,工地上只有夏鼐和阎文儒两人。他们在敦煌佛爷庙带着不到 10 人的民工,从零开始清理。1001 墓发现了花砖墓门,夏鼐在照相和绘图之后,想尽办法按原本的排列顺序提取了花砖,并编号保存,做得相当细致。休息时,夏鼐基本也不会歇着,一个人给墓地画平面图②、在墓室里进行测绘③、用纸糊好出土的人骨④,等等,事事都要操心,至少承担起了三个人的工作量。可就在这样的情况下,他的速度还如此之快。

并且,在佛爷庙挖了 10 座墓之后,夏鼐又带着人旋风一般地转到了老爷庙,挖了两座墓[3]203-205。结束后,他再次马不停蹄地赶回佛爷庙,和阎文儒用一星期的时间挖了 8 座小墓[3]205-207。可以明确的是,他们并没有乱挖,记录、测绘、平剖面图、提取遗物和尽量保护等一应俱全。但是,在夏鼐的主要领导下,事情贯彻着"短事斩立决"的风格,他们如一阵狂风扫过两片墓地,其发掘速度与以当时的条件所能达到的发掘质量,都十分可观。在当了考古所的领导之后,夏鼐亦把这种对短期事务"斩立决"的风格带了过去。所以,他常常都在催促别人结稿,这是后话了。

壮年的夏鼐,决定要为革命事业奉献他的一生,这其中,少不了学术外交。作为英语一级棒的考古所所长,夏鼐没少出国,更没少演

---

① 从 1001 墓到 1010 墓。[3]194-203
② "昨日收工后……今晨又下了几阵雨……雨后地虽已干,两墓冢周围又与四周平地相平,从前不明晰者,今日亦皆显明,测绘殊为方便。……今日花了一天工夫,测绘 1000 号墓地,仍未完毕。"[3]207
③ "今日停工休息……余于下午赴 1001 墓,将砖室测绘一平面图。今日风大,墓道两壁落土,工作不便,仅绘成一半。将 1005 及 1001 墓室平面图绘出……"[3]200
④ "……又将 1002、1003 两墓出土人架,以纸糊好,标志出墓号,整整忙了一天。"[3]200

图 5.1   敦煌佛爷庙魏晋墓葬发掘现场[16]58

讲,自然就没少写演讲稿。刚去外交时,夏鼐对待发言稿一事还特别慎重,写就《中巴友谊的历史》一文勤勤恳恳花了六个半天[7]102-103,送去译成英文后,又请各方提意见,整整修改了六次[7]105-107。结果,在巴基斯坦,夏鼐发现同去的刘大年的稿子,是到了地方才请大使馆审阅和翻译的①。他在日记里倒是没说什么,不过后来,他再出国进行学术外交时,稿子也是临行前才写了。1980 年,夏鼐前往瑞典领取纽伯格奖,需要发表公开演讲,他便在临行前,直接用英文进行写作、誊抄与修改,一共花费了一天半便完成[7]470-471,中间还夹有各种杂事。结果,瑞典的听众仍是"鼓掌颇热烈"[7]476,对他的演讲相当满意。

而夏鼐写作一些对于中国考古学来说至关重要的文章所用的时间,更能说明问题:

写作《关于考古学上文化的命名问题》,花费一

①   "先由刘大年同志代表中国代表团致辞,先讲两句中国语,然后由成同志译为英文,诵读全文(英译本昨天由大使馆审阅和翻译)。"[7]113

天半。[6]18

写作《再论考古学文化的定名问题》，花费一天零一个晚上。[7]101-102

写作《碳 14 测定年代和中国史前考古学》，花费三天半。[8]96-98

写作《中国考古学的回顾和展望》，花费两天半。[9]206-208

……

夏鼐似乎根本不知难度为何物，只知文有短长之分，而他做事有快慢之别罢了。

"文革"后，渐渐冷静的夏鼐，做了一些极其重要且足具远见的事情，比如对于《文物保护法》的推动。此事的导火索是夏鼐在开中国考古学会成立大会暨第一次年会时，去参观临潼兵马俑坑一事。

到达秦俑坑的发掘现场时，夏鼐发现"24 个 20×20 平方米的探坑，只有四五个工作人员，还经常不在工地，而工人有 120 人之多"[8]288，并且"没有现场作记录，照相、绘图都看不见人"[8]288。他"大吃一惊"[8]287，形容这"是一场全面破坏的挖宝工作"[8]287。在叮嘱了后生小辈们要改正、并对省委书记提了意见[8]288、又当场开了工作会议[8]288之后，夏鼐再去察看，发现现场的工作"仍是与大前天的一样"[8]290。这下夏鼐着急了，对于历史的见证和文化的瑰宝，怎能用如此残忍和粗糙的手段对待呢？他连"华清池洗澡"[8]290都没去，赶紧回城，花了一个下午便写就了(关于文物保护的)《紧急呼吁》[8]290，随后立即"征求裴文中、苏秉琦、宿白、安志敏、王振铎 5 位同志的意见"[8]290，迅速修改交印。在极其迫切的心情的推动之下，夏鼐可谓达到了人生写作速度的巅峰，也终于借此将中国的文物保护推向了规范化的法制道路，堪称拯救民族文化的里程碑事件。

二、"长事"拖延

而对于会花费很长时间的"有用事"，纵使学神也是拖。虽然夏鼐做事的效率很高，但他的拖劲也超乎常人。其时间线之长令人感叹，"孜孜不倦"的劲头亦令人佩服。

首先,自然是其大学毕业论文。上节提到,夏鼐写两万余字的书评只花了六个半天,可他写四万余字的毕业论文却历时两个月[1]227-241。难道同样是写文章,多了两万字就如蜗牛爬一般么?非也。其实,夏鼐真正用于写作毕业论文的时间只有二十天,即四十个半天,速度虽不如写书评,却也没有两个月那么慢。那么剩余的四十天,夏鼐都在做什么呢?下面,笔者欲将他的心情展示一番,尝试解释古今通病"拖延症"。

1934 年 3 月 25 日,星期日。

今日开始写作毕业论文了。将已制定好的大纲,加以修正,写了 1 000 余字又搁下,预备明天续写。对于这毕业论文,也许是因为太官样文章罢! 总懒得动笔。一天延搁一天,到今日才下决心开始。假使可能的话,还预备在春假以前写好,至少要在春假以前写好两万字,不知能达到目的否![1]227

1934 年 4 月 24 日,星期二。

续写毕业论文 1 000 余字。糟糕极了,旅行回来已一星期余,对于毕业论文却全然不肯动笔续写。这是强压的动作,因之心中总觉得有点不服气,想把他延宕下去。同时又因这是毕业论文,不得不郑重其事,有时更假装慎重,不能轻易动笔。别的事情搁下不做。弄得半年以来,一事无成!真的可叹复可笑![1]236

1934 年 5 月 27 日,星期日。

今天写完毕业论文,放下笔来,嘘了一口气。这半年来被这件事情累死了,时常不肯提笔写这论文,又以不能做旁的事情空耗费了许多时间。全篇共 4 万余字,是有生以来所写的文章中最长的一篇了,但是不满意处仍很多,文笔又是拙劣,真叫人丧气。下学期假使找到适当的职业,还是多读书少写作为佳。[1]241

用现在的话来说,在两个月中没写论文的那四十天里,夏鼐除了真的有事,就是在"焦虑"。"焦虑"引起了身体的不适,使他身心交瘁,便自然无法动笔。他的这三段话,也说到了笔者的心坎里。当时,夏鼐作为一个热爱写文章又学识不凡的同学,竟也被毕业论文"逼"至此地,可见过分的压力与束缚,实在害人不浅。

先是"毕业论文"这四个字,就让夏鼐倍感压力。作为一个才子,他按自己的想法行云流水地写文章,自是水到渠成,不见得不严谨,亦不见得不客观。但是,毕业论文先套上了一副"郑重其事"的脸孔,又是制定大纲,又是规定时间,又强调这是一件"大事",让人感觉似乎不上刀山和下火海,就不算为其做了努力。这或许把夏鼐唬住了,让他误以为不能轻松地带着灵感去写,因为那会导致"疏漏、主观与草率"。事实上,毕业论文那些让人压力倍增的程序,仅仅是纸老虎,它就是一种学术性比较强的文章而已。

并且,毕业论文真的比夏鼐平时的书评难写很多么?实在不见得。只是,作为学术论文,毕业论文更为严谨一些,写作的时候需要多加小心,但对于夏鼐这样的资质与才能来说,也就是小心"一点"罢了。但就是那股弥漫在空气里的强压,引起了人们心中无限的焦虑,那可不就是正事做不下去,闲事又不敢做。

当然,夏鼐的毕业论文写得这么慢,不能完全归罪于强压与束缚,他本人对费时较长的事情,缺乏做"短事"时的热情,从而导致了自己效率不高,亦是一个原因。

夏鼐写作博士论文,从开始动笔到完成寄出,整整历时四年[2]258-[3]133(1939年9月13日—1943年9月14日,《序言》中将准备材料的时间也算了进去,因此是五年)。其间,他固然奔波避战,辗转回国,又遭故乡沦陷,无暇写作,并对论文颇费心思,精雕细琢,因此费时较长;但他另写无关短文太多,安顿下来又不抓紧写作等,也是导致他费时较长的重要原因。

1942年初,夏鼐回国并工作了一圈之后,便回家探亲。是年春夏之交,温州沦陷,夏鼐与家人避战度日。9月后,日军基本撤退,夏鼐终于可以安心地写作论文了。按说,经历了这么多战争,他天大的事也该看开了,什么"博士论文的压力"应所剩不多。然而,在家期间,夏鼐却充分表现出了对耗时较长的工作慢悠悠的处理方法。这令人不得不反应过来,可能是由于"长事"是一时半会儿结束不了的,夏鼐便干脆关掉马达,慢慢干。

首先,他不会用一整天的时间来写论文,而是写半天,再干半天闲事,闲事干着干着,就把正事给忘了。

9 月 7 日,星期一。

> 今日又开始整理《古代埃及的串珠》。又读世界书局出
> 版之《日语一月通》(第 1 日至第 9 日)。[3]59

随后,夏鼐便干了三天杂事,《日语一月通》看到了第 30 日,论文却一点没写[3]60。

10 月 12 日,星期一。

> 开始写作古王国时期串珠一章。阅《尚书今古文注疏》
> 中《吕刑》一篇。[3]66

然而,夏鼐第二天就把《尚书今古文注疏》看完了,论文进展却十分缓慢[3]66。

然后,夏鼐还时不时就生病,那自然便放假了。但是,他不仅逢病放假,逢周末和节日也自动放假,一放就又给自己好几天的时间来干闲事,嘴上"殊嫌过慢"[3]64,手上却一点也不快起来。

10 月 10 日,星期六。

> 今日为双十节……自己因为足疾未瘥,不能出门,但是
> 也休假一天,放下串珠的工作不做。上午阅钱穆《周官著作
> 时代考》,下午阅《尚书今古文注疏》中《顾命》一篇。[3]66

第二天,夏鼐以"今日腹泻,身体有点不适"[3]66为由,又看了一天的书,没写论文。

10 月 24 日,星期六。

今日自动休假一天。下午以足疾稍瘥，出来散步，觅购洋绒而未得。[3]68

再者，但凡有出去玩的借口，夏鼐也是放下笔就高兴地出去逛了。这点他自己也承认：

今日久雨新晴，本拟出去一走，以足疮作痛，只得困局家中。……足疮仍未瘥，倒反而使我不轻易离开书桌，完成我工作的持久性。[3]65

10月25日，星期日。

原拟今天开始整理 First Intermediate Beads［第一中间期串珠］，祥第偕德煊来闲谈，留之午餐。午后一同外出闲游……[3]68

11月12日，星期四。

上午叶焜夫妇及郑燊君来谈。下午赴董朴垞君处闲谈，同往郊外散步，由水心至灰炉，参观百亨电器厂。返家后，继续作中王国时期串珠之登记表。[3]71

此外，夏鼐还会写着写着论文，就突然接到一篇约稿。他便会迅速写好，然后跑去求发表。可怜他的博士论文，倒被无限期地延搁着。

11月15日，星期日。

上午为秀庵写作一篇《双屿山的惨剧》（《寇难记实》之一）。午饭后，与秀庵同赴《温州日报》，晤及社长胡培根君，谓近日新闻及广告拥挤，数日内无法登出；又赴《浙瓯日报》，晤及徐其康君，谓明日无办法，后日或大后日可以登出。[3]72

国仇家难，写文记载自是重要。但若夏鼐能把做"短事"的速率分一半在"长事"上，他今日的文集可能就不止三卷本了，这是后话。总之，夏鼐在家整整待了十七个月，可以安心写作的时间大概有八个月，但他就是没写完。还好他有"孜孜不倦"的精神，虽然拖延甚久，却最终得以写成他这篇最长的论著。

笔者猜测，或许是由于"长事"的反馈机制过于漫长，不像做"短事"，很快就可以见到成效，爽快一番，因此，"长事"比起"短事"来，较为没劲。当热情和大部分压力都退却之后，夏鼐是凭着他的智力与精力在尽力而为，因此，论文虽然完成得很慢，但还是写得非常好。

最后，是夏鼐刚进大学就着手准备的《叶水心年谱》[1]11。因此事完全出于兴趣，故夏鼐搜搜写写，停停做做，历时 18 年方成其稿，其"孜孜不倦"的劲头甚是强韧。不过，此文后交于他人之手[4]259，至今尚下落不明。由此可见，完全没有压力亦不可行，每到新的一天，人们都会遇到许多新的事，东做西摸，靠三分钟热度行事，却不恒久坚持，注定会一事无成。

"毕业论文"之类的，压力太大；兴趣作文之类的，却压力太小。看来，凡事都是双刃剑，取得一个适中的度方能有益于己身。这般中庸的道理恐怕不少人早已知晓，却少有人能真正付诸实践。所以说，做人处事，确实极难。

言归正传。费时越长的事，夏鼐便越想拖着，而拖着则使"长事"更长，这简直是对那事一刀刀的凌迟，焦虑却都割在自己身上。这或许也是夏鼐一生巨作较少，而文章极多，又涉猎很广的重要原因。夏鼐在成为爆发型天才选手的同时，在耐力上的天赋则相对较弱。而扬长避短地跑完这一生，不仅是他成功的必要因素，也是导致他最后成就模样的第一刻刀。

三、跳跃的专注者

接下来，说说那些对志向的达成没有明显帮助，夏鼐却喜闻乐见、十分想做的事。他思维活跃，兴趣面太过广泛，往往集完邮票看电视，看完电视拼陶片，拼完陶片写诗歌……极为跳跃。但他在做这些事时，却又一丝不苟、孜孜不倦，就像在做每一件特别重要的事情一样，因此，他是"跳跃的专注者"。

第一，同常人一样，口腹之欲是夏鼐喜欢的。

在夏鼐就读清华的第一年，全校学生徒步请愿。夏鼐对此事不太感兴趣,倒是关注"午餐在沙河镇车站旁小饭店中,与王杕、王祥第同食大饼,箕踞炕上张口大嚼",觉得"别有一番风味"[1]74。

1941年,夏鼐由开罗颠沛返国。至昆明时,他与友人一同出来游夜市,初尝过桥米线,因觉美味,记录颇详:

> ……过桥米线……系昆明名菜,食法类北平之涮羊肉,用鸡汤一大碗,生鱼片、生肉片、腰片、韭菜各一碟,滑米线一碗(米线之制法,用蒸熟之硬米饭,冲至极烂,入特制之榨,压成线状),食时将生鱼片或肉片等放入沸汤中,次将米线加入,再加各种配料食之,味颇鲜美。[3]352

1942年,夏鼐由重庆李庄返里。奔忙的旅途中,他不仅一个人散步时,买了生地瓜回来吃,还"依窗观月,细嚼地瓜"[3]6,觉得"其味不下雪梨"[3]6。真不知该说他是在国外吃得太差了,还是说他好兴致。

过了几天,夏鼐一人顺道探访同学,途中遇空袭警报,大家都开始逃难。夏鼐在逃难途中随便找了个检查站休息也就罢了,竟还买了点心边吃边等[3]7,跟春游似的。真不知该说其镇定从容,还是叹其没心没肺。

1944年,夏鼐在西北考察,爱上了那里日照丰富的水果,再次详细记录:

> 今二保、三保皆送新出之瓜来,此处名为地瓜,为扁圆形,直径10—12厘米,皮薄,瓤黄色,甚香,惟味亦平平,有类吾瓯烂熟之甜瓜,惟稍粗耳。[3]209

他还特别爱吃西瓜,常常以此苦中作乐。一会儿记录自己每次"可尽半个"[3]226,而"徐警曾一食二个半瓜,至不食午餐"[3]226,自己与他比起来"仅小巫"[3]226而已;一会儿记录"恐所带之饮水不够,故不烧茶水,剖食南湖携来之西瓜,烤着野火"[3]241,还笑称己方行为乃"围着火炉吃西瓜",另有乐趣也[3]241。沙漠干燥,夏鼐时常"食西瓜解渴"[3]364,偶尔一次吃了一整个瓜,都大惊小怪地加以记录[3]365。可见生活工作再辛苦,美食也不可放过。

当了考古所所长后的夏鼐,经常参加各种宴会,但像他一样详细记录宴会所吃之菜的领导,天地间大概也是少有。

1959 年 9 月 6 日,星期日。周总理欢迎阿富汗王国副首相的宴会:

> (1) 五拼盘,(2) 燕窝汤,(3) 鱼翅,(4) 鸡,(5) 花菜,(6) 羊肉,(7) 烩素什锦,(8) 鸭,(9) 桂元银耳,(10) 点心,(11) 水果。[6]47

1983 年 5 月 22 日,星期日。美国大都会博物馆董事长狄龙夫妇回请:

> 菜单是:(1) 冷菜,(2) 酸辣乌鱼蛋汤,(3) 三丝鱼翅,(4) 雀巢明虾,(5) 烤乳猪,(6) 罐焖鹿肉,(7) 干贝龙须菜,(8) 冰糖哈士蟆,(9) 点心,(10) 苹果。[9]244

1984 年 3 月,夏鼐赴成都参加 1983 年考古工作汇报会,与会人员的午餐在成都某著名小吃馆解决。夏鼐兴致勃勃地记录道:

> 有各种小吃达 11 种之多,(1) 小笼蒸饺,(2) 玻璃烧麦,(3) 龙眼包子(以上三种佐以口汤),(4) 夫妻肺片(牛肉片),(5) 赖汤元(二个,佐以糖霜麻酱一小碟),(6) 蛋烘糕(甜、咸各一),(7) 层层酥,(8) 银耳橘羹汤,(9) 龙抄手(即馄饨),(10) 担担面,(11) 红油水饺。[9]333

当时,他作为一个年逾古稀的老人家,竟还带着点儿兴奋地表示“小吃店为我们会议代表占满”[9]333。

夏鼐的一生,节俭朴素,但他只是对生活不讲究,并非对生活不认真。起码对于自己喜欢的美食,他就表现出了做学问般的全面性和严谨性。让他在成都好好吃上一个月,大概可以做出成都美食地图来。

第二,对于各种开发智力的动手行为,夏鼐似乎有着天然的喜爱。五六岁时,他就能自己拿着木板和绳子当船划了[5]400。在西北考察期间,工作繁重,条件简陋,而夏鼐又喜欢自己动手解决问题,于是,我们有幸得见他除了知识以外的十八般能力。

比如,冲印相片。在夏鼐那时,照片是拍到胶卷上,在暗室用显影液浸透了,然后慢慢晾干的。按说这是个技术活,但是却无法难倒一学就会的"劳技达人"夏鼐。他嫌托别人冲洗照片又慢又差,就想自己来。但是首先,你得有一个暗室,也就是一个一丝光都进不来的房间。而毫不嫌麻烦的夏鼐立即用了不到两个半天的时间,把住地内千疮百孔的仓房封堵和布置成了暗室[3]229。仍是当天,他迅速调配好了显影液,用简易暗室冲洗了 4 卷照片,质量居然"尚属成功,惟照相曝光不足"[3]230。第二天,他又马不停蹄地冲洗了"一打照相"[3]230,还顺手晾干,编号保存。他这天才般的动手能力和迅如闪电的做事速度,如果不是去当了考古学家,可能今天的佳能公司①就是他开的了。

又比如,拼合修复金饰黑漆马鞍。在考察接近尾声的时候,夏鼐和阎文儒两人在武威的"大唐金城县主"墓中,清理出一具金饰黑漆马鞍。半个月后,当地乡绅妄图扣留出土文物,夏鼐便与当地起了纠纷,他自己戏称"夏作铭受困武威城"[3]415。等待的过程中,夏鼐闲来无事,顺手把碎成 38 片余的马鞍给拼了起来,大概花了不到一天[3]411。没有黏合剂怕什么,他就把拼起来的马鞍画图,将碎片编号,方便日后再次拼合。而这些工作,又花了他不到半天的时间[3]411。虽说拼合漆木器可能和拼合陶片差不多,但夏鼐毕竟是第一次。可这些事对他来说却都跟玩儿似的,无甚难度。

作为一个考古学家,田野技术虽然重要,可冲印照片等肯定不是必须会的,夏鼐就是自己喜欢,忍不住玩儿。至于什么根据古籍绘制古地图[2]366和烹煮红烧肉[3]12等,夏鼐也是一上手就会了,可见他做感兴趣之事时的胆大、认真与心细。

第三,夏鼐还有"收集癖"[1]9。他以跟"邮票"和"钱币"同样性质

---

① 佳能(Canon)是日本一家全球领先的以相机为主要产品的公司。

的"串珠"作为博士论文的主题，恐怕与此不无关系。他收集过的东西有"香烟盒里附赠的小画片"[1]9、古钱[1]9和邮票等。他自称集邮是在英国的最后一年才开始的[1]9，但事实上，他到英国的第一年，就骂过自己"弄了半天的邮票，玩物丧志"[2]7了。后来，或许是因为忙于研究和工作，这些兴趣再未见诸笔端。不过他自己说"有空暇时加以浏览，此中便有乐趣，不必凑成全套"[1]9，我们也只好从他后来将小画片和钱币册都送掉了的行为中，推测想要专心工作的他大概已是不留恋这些了吧。

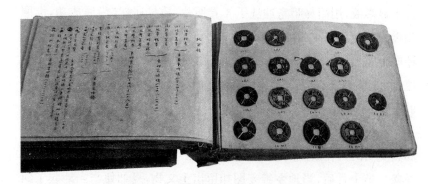

图 5.2　夏鼐的手订古钱币册[16]165

夏鼐的兴趣繁杂广泛，他又事事做得认真，因此一节根本无法写尽。没有明确目的的个人兴趣，永远是人们矛盾的选择项，做了觉得没有什么用，不做又十分想念，还是顺其自然，如夏鼐一般，忙里偷闲，苦中作乐，或许方能"不负志向不负心"。

第二节　不想做之事

本章自然是要讲夏鼐不想做的事了。

第一类夏鼐不想做的事，就是不得不做，但在他看来十分麻烦的琐事，一般和志向的实现关系不大。这类事情，无论夏鼐婉拒还是硬拒，他都得做。于是，无用的拒绝他自然是不去做的，但拖拖拉拉却总是难免的。

某次返里,他看到父亲投资市屋,盖了"三厢有间""闻须2 000余元"的房子,不由得深深地替父亲麻烦上了:

> 谚谓'要一天的烦恼,请一次客;要一年的麻烦,造一座屋;要一生的麻烦,讨一个妾'。六十老翁何所求,还要兴造房屋找麻烦,我真佩服父亲的精神。[1]335

而要说各种麻烦事里最为强制又最麻烦的,恐怕就是各种手续了。比如当时清华的开学注册手续似乎颇为麻烦,夏鼐则同时还在办理转系,他便非要等到转好系之后再注册。其实,他就是嫌麻烦,先逃避一下:

> 今天又去看张子高,他说要与各系主任接洽,下星期内定可回复我的信。我因注册手续麻烦,便想下星期转系事毕后再注册。[1]72

又如在英留学时,夏鼐想考取学位,没想到,不仅手续麻烦,还得考试,简直雪上加霜。夏鼐一挥手便把此事拖到"明年"去了:

> 接到学校来信说注册不成问题,但在 M. A.[文学硕士]考试以前,须先经 B. A.[文学士]资格考试,这事又有点麻烦,待明年再说吧![1]382

后来,夏鼐打算由开罗回国,想走海路,"不但省钱,又可免去陆行一切麻烦"[2]310,便"硬着头皮等下来"[2]310,不与友人一同回国。但未曾想,海途殊昂[2]322,夏鼐只好还是走陆路,结果一路上,检查站果然成了他的噩梦:"Arrived at Bombay about 11:00 A. M. But the passport examination and Customs office examination took up the whole morning[2]338[大约上午11时抵达孟买。护照审查和海关检查用了整整一个上午才完事[2]329]""这几个月因为怕各处出境时检查信件日记的麻烦,迫得我用英文写日记"[2]347"上午由贵阳启程,检查颇麻烦,行李都要打开来看,并谓装运汽车不准载客,只好冒充华西公司职员,刚由外国应聘回来,并允许到渝后由公司补发一证明书,才得通过"[2]359、"晨间天未亮即行动身,抵隆昌后车站检查,以军用车放空返渝,不准搭客,加以扣留,交涉了 7 小时,最后军校搭客去区司令部调了三四十兵士来,始屈服放行"[2]401。一路上重重检查,可把他麻烦坏了。

而各种麻烦事里,最令人无奈的恐怕就是收拾行李了。自己造的孽,总要自己来还,夏鼐为了此事没少碎碎念:

从英国去埃及考察,

　　返家后,继续昨晚的整理行装工作,真是麻烦……[2]136

从伦敦把两年以来攒的东西悉数带去开罗,真是收拾得够呛:

　　今日由伦敦赴埃及,因为行李过多,三件大箱子,二件小手箧,一架打字机,颇为麻烦……昨晚整理行装,12 时半始睡,今日又花了一个上午,才得完毕。[2]264

而在武威被地方士绅以文物归属问题所困时,夏鼐拒绝由县政府点查装箱文物的真正原因也是"装箱费时,重行开箱再检,实过于麻烦"[3]414,嘴上却冠冕堂皇地说着"法律上仅中央古物保管委员会或其委托人(或机关)始有权检查"[3]414。他倒是机智,可在此种谈判的紧要关头,他竟还想着避免行装之麻烦,不得不令人感慨,夏鼐是真的很讨厌麻烦啊!

而傅斯年让他接手代理所长前,为了让他练练手,便把所中一些事务分给他做,比如购买纸张等。对这种于志向无所大益的行政工作,夏鼐简直牢骚满腹。当时,史语所需的纸张里有"道林纸及印图纸"[4]129,皆为进口品,由中央统一分配。经过傅斯年的亲自接洽后,这些进口品仍须由输入品分配处所决定[4]116,夏鼐便得跑去上海商谈。结果,一次还无法搞定,夏鼐只能再次跑去上海,结果因手续重重,纸张不齐,此事仍无法解决,夏鼐不由仰天长叹:"此事之麻烦可算极点!"

第二类夏鼐不想做的事,则是可做可不做,但在他看来是比较花时间的事,一般和志向达成的关系也不大。对于这类事情,夏鼐做,可能是因为有空或有兴趣;不做,可能是因为没空或没兴趣,主要看心情和档期。但如果他婉拒后,人家又再三地劝说的话,他也就做了。

比如约稿。当了考古所所长后的夏鼐,约稿自然是从四面八方而来。像高大上、直接受中共中央最高领导人指导的《红旗》和《中国建设》杂志,彼时要为革命事业奉献一生的夏鼐自然不会拒绝;而《文物参考资料》《考古学报》《考古》《新建设》和《中国文学》(外文本)等的约稿,对夏鼐来说则是可做可不做的。比如他习惯了看《文物参考资料》而不习惯为其写稿,那么,别人再三为1954年全国基本建设工程中出土文物展览会约稿后,他仍表示"没有看到展览会,不好动笔"[5]89,就是不写。又比如《中国文学》(外文本)来为中国文物出国展览的事约稿,但恰逢夏正炎脑膜炎住院,且夏鼐已为《中国建设》写过一篇类似的稿子[7]325,便也婉拒之[7]330。

又比如文物局的同志找他谈事:襄助周原展览和《考古词汇》英译。夏鼐"前者拒之,后者答应之"[8]368。因他未交待这两件事的背景,笔者只能猜测,可能是由于前者需要奔波,太花时间,夏鼐又对布展的事不太感兴趣,而后者无须奔波,夏鼐又对全中国的考古学英译水平十分不放心,因而如此决定。

另外,有《文汇报》的记者因夏鼐当选英国学术院通讯院士一事而来采访他,夏鼐一开始"拒不接见"[8]370,后来记者都闯进他的办公室了,他也就只好见了[8]370。夏鼐不肯接受采访,或许是恐外界诟病其好名,或许是迫于外事局的压力,又或许是"文革"残留的阴影,总之,人家劝一劝之后,他也就做了。

第三类夏鼐不想做的事,就是在他看来和志向的达成相悖之事。对于这样的事情,夏鼐内心的态度是十分强硬的,表达形式虽然还是婉拒,但其实只要你来,他就会永远"婉拒"下去。

首先要说的,就是夏鼐1942年因战争而回家与亲人团聚时,其燕大同学董朴垞邀其在温州中学教英语一事。夏鼐那时一心要做研究,自然不想当老师,便拒绝了[3]60。然而,刘备尚且只"三顾"诸葛亮的茅庐,就把"卧龙"请出了山;董朴垞却一连请了夏鼐五次,夏鼐都只去温中做了一次演讲[4]42。要他任教席——估计是绝对不可能的。

　　其次要说的，则是中外联合考古一事。那时，身为考古所名誉所长的夏鼐已颇为自由，他想进一步振兴中国考古界，尤其想提升中国考古在国际学术界的地位。并且，由于年代的特殊，在那时的人看来，未发表前的考古资料如军情机密一般不可外泄。所以，夏鼐的态度极为坚决——不能将研究权拱手让给外国人[9]73，更不能为了贪小便宜，就和外国人合作，在中国大地上进行考古工作[9]73。

　　一开始，他就连交换陶片①和允许外国人在临潼秦俑坑拍照②都拒绝，更别说合作进行考古发掘了，无论是意大利③、法国[9]85、日本④还是美国⑤，谈到他这里，他都态度强硬而方式礼貌地"婉拒"之。

　　而值得一提的是，1981年夏鼐出访美国时，张光直和童恩正希望哈佛大学与四川大学进行中美合作考古。夏鼐在美国使用拖延战术，表示回国再谈。未曾想，回国时，四川大学竟然和哈佛大学谈好了，还凭着一个非正规的教育部的审批，跃跃欲试地准备"于明年起合作进行西南石器时代考古"[9]73，这又把夏鼐急坏了，他绝不允许这样的事发生。他一个最讨厌跑关系的人，为此事找了不下十次领导[9]74-96，仅社科院的领导班子就被他找了个遍，尤其是分管考古所的梅益，简直天天都被他找。

　　后来，还好身兼中央数职的社科院副院长邓力群被他碰了个正着，由此顺藤摸瓜地联系到了教育部部长蒋南翔。而巧的是，另一位社科院副院长于光远，当时正要和副总理方毅一起出国，于是，便又连上了副总理这条线。同时，夏鼐还立刻写了两篇报告来说明此事。

---

　　① "午后瑞士大使馆二秘周铎勉来……持Bandi［邦迪］教授来信，要求交换各代陶片，加以婉拒，但答应写一信直回复邦迪教授。"[8]177
　　② "法国驻华大使馆文化参赞……谈及到临潼秦俑坑能否拍照，并提出中法联合考古的建议，婉拒之。"[9]85
　　③ "上午意大利考古代表团图萨、M. Tose，及V. Scerrato三人前来我所……提出交换刊物（包括补充缺期刊物），互派留学生及学者，共同协作研究。除第1项外，余均加以婉拒（第2项要通过院部，第3项目前无此打算）。"[9]35
　　④ "下午至文化部访朱穆之部长，谈国家文物委员会事，及日方要求中日合作考古发掘应加婉拒事，并及某些学会纷纷要求插手文物工作，展开对外交流事。"[9]379
　　⑤ "赴院部，与刘仰峤、鲍正鹄二同志谈中美合作考古事，我主张婉拒。"[8]276

既然本来通过此审批的人都意识到了此事之不规范,再加上还惊动了副总理,此事最终黄了[9]96。

这件事中,夏鼐可谓把他所有的处事技能都拿了出来,不达目的不罢休。其对"反志向之事"的强硬作风、对"顺志向之事"的孜孜不倦和对"短事"的高效率,都结合在了一起,再加上他聪明的大脑和不赖的察言观色能力,效果出众。

不过,中美考古这件事也暴露了在官场中,夏鼐人际来往上的不足。首先,夏鼐在行政事务上,过于谨慎,习惯小心翼翼地见机行事,而不习惯自我创造解决问题的核心人际点。

在笔者看来,这件事最快最省力的解决途径,就是找到官多不压身的邓力群,直接打电话给教育部部长说明此事。若怕效力不够,便应四处打听有无与中共中央领导人关系密切的学部领导,加以联络,起到双重保险的作用。基本上一天内,此事便可解决。夏鼐作为社科院的元老,并不难获取副院长随副总理出访的消息,可是夏鼐想到这一层了吗? 也许想到了,但不敢越级解决问题;但更可能的是没想到,只是先下意识地找了他身边最近的相关人士——童恩正与梅益来解决此事。童恩正明确表示"无能为力"[9]73,夏鼐便认准了与自己较为熟悉的分管领导梅益,一直找他。

这同时也说明,其次,夏鼐太依赖自己的"苦功"。人际来往是最灵活的事情,他依靠的却是"孜孜不倦",不加仔细分析地调动身边一切可调动的力量,最后虽也能办成,花的力气却是"会来事儿"之人的十倍。因此,在官场中,夏鼐相较之下太过呆板,办成一件事太艰难。而艰难的源头,可能是夏鼐从小就害羞于人际交往,后来那种与人顺其自然的交往,对夏鼐来说就是他所能达到的最好状态。让他利用结识什么人来步步高升? 就像要一个高数勉强及格的人去拿诺贝尔数学奖一样,太难了,他不会也不想。因此,夏鼐在人际交往中是十分缺乏目的性的,这固然使他名望高、人缘好,却也使他很难抓到解决问题的人际重点。因此,在这些复杂的行政事务上,夏鼐并没有太多天赋,而是靠后天的努力弥补上了这一点。

　　最后，笔者以为，夏鼐能成功阻止中美合作考古，是天时地利人和共同的杰作。他的努力，正如笔者在上文所说的，是很有用的，但他的年纪、资历和声望或许更为有用。一位享誉国际的老科学家，是国家的一张好面子，熊猫一般的珍稀存在，在中央行走，谁都得让他三分。若是教育部部长很快便意识到了审批的不规范性，那么，为何不立即撤销？后来他觉得此事不妥，首先，显然受到邓力群亲自打电话的影响；其次，此事连副总理都惊动了，该如何处理，岂不了然？而这些高层领导的介入，自然离不开德高望重的夏所长，屡次苦口婆心、迫切已极的解释和说明。

　　当然，在实际生活中碰到这样的情况，人们难免会慌乱而手足无措，笔者也只是聊作纸上谈兵的事后诸葛亮。夏鼐办事自然并非毫无变通，得罪人的稿子他也是不审的①，但他确实依靠苦劲多于巧劲。这一点，在世风浮躁的今日，其实是值得歌颂的，值得用来做矫枉过正的榜样。

　　第四类夏鼐不想做的事，则与志向的达成息息相关，但却歪了一点，也重了一点。比如，有人只想好好当厨师，别人却非要他当厨房总管；有人只想好好当老师，却被逼上校长的位置。对于这类事情，夏鼐顾虑重重，会尽可能婉拒，但如果对方死活都要让他做的话，他亦无法抵抗自己仍存"好名"[1]158想法的心，顺水推舟地也就做了。这一点，恐怕是造成夏鼐一生成就的决定性因素。

　　在清华念书时，夏鼐给《清华周刊》投了好几篇稿子，负责人为他的学识所打动，就想让他做文史栏主任。夏鼐"允加以考虑"[1]158、"仍不肯便加允许"[1]158、"再考虑"[1]158了半天，顾虑着自己"不会拉稿子"[1]158，必须得先说好"约稿由吴君负责办理"[1]158，才肯答应下来。他确实是一个非常谨慎的人，但心态很简单。首先，他不想把事情办砸，给别人添堵；其次，事情办砸了，也会砸了自己的名声，前文说了，他是一个爱惜羽毛的人。

---

　　①　"……我因为这牵涉与吴汝康同志争论问题，只好婉拒，劝他送给林耀华同志审查。"[6]354

因此,说白了,一是夏鼐对自己的人际交往能力没什么自信,导致他对自己的行政能力亦缺乏自信;二是夏鼐虽亦好名,但他对名的渴望并不大,他更怕的,是因为一点小贪婪而引起的大灾难,得不偿失,反给志向的达成增加阻碍。所以,他对此种于名于志向颇有好处的事情,总是顾虑重重。然而,他这副推三阻四、毫无名利欲望、谦虚不已的样子,反倒更能激起领导者的信任和珍惜,因此,才会上演"文史栏主任"的扩大版事件——"代理史语所所长"事件。

1946 年,傅斯年对夏鼐提出让其代理所长,说其他人"不是书呆子、老学究,便是糊涂虫"[4]80,把夏鼐吓了个趔趄。代理所长之责任和出了问题要承担的后果,比起"文史栏主任"来要大得多了,一心只想搞研究的青年夏鼐惊呆了。他立刻估量了一下,觉得自己并没有能力负好这个责任,亦无法承担"万一搞砸了"的后果,是"牺牲于己人皆属无益有害"[4]80的事,当即毫不犹豫地回绝了傅斯年三次,坚定了不当代理所长的决心,随后开开心心地逛街去了[4]81。

——他真是低估了傅斯年。

傅斯年是一个很"会来事儿"的人,且自称"对一事已经生心,则非达到目的不止"[4]102——他也确实没说谎,他的韧劲绝不比夏鼐少,手段又比夏鼐灵活。他先找来和夏鼐关系较好的曾昭燏,动之以情[4]81。可夏鼐并不是那种为了"绕指柔"就放弃"百炼钢"的人,何况这"绕指柔"还不是他家的。于是,曾昭燏并未说动夏鼐。

傅斯年自然不愿放弃,决定亲自上场。而夏鼐早已打定主意不当代理所长,于是,两人便上演了一场"余决定不干,傅所长定要余干"[4]84的拉锯战。放给那些死命往上爬的人看的话,估计够他们扒拉地缝扒拉出地震来的。

两人僵持不下,傅斯年暂时也没招了,所里的李景聃又突然去世[4]86,这事便先搁置了。

1947 年初,夏鼐准备请假返里,傅斯年居然又趁着这个关头提出要他代理所长。夏鼐说傅斯年是怕他"一去不返"[4]93,但根据起到的效果来看,恐怕没这么简单。因为夏鼐生怕自己不应允考虑代理所长之事,傅斯年便不让他回家,这便要了亲命了,"只得允加考虑"[4]93,纹丝不破的心防便出现了一丝裂缝。如此,谁的小计谋就要得逞了。面对老谋深算的傅斯年,夏鼐仍是涉世未深。

夏鼐只在家待了不到一个月,就被傅斯年催着回来代理所长[4]99。无奈的夏鼐在家蹭了几天以后,只好动身了。一回到所中,傅斯年的第一件事果然就是继续劝夏鼐代理所长。夏鼐连着被他劝了8次,那些"允加考虑"的推脱劲儿估计也用尽了,这缝就要被傅斯年彻底扒开了,他只好去找李济求助[4]103。结果,李济说,没事,我会全力帮你的,没什么难的[4]103,这下才说得夏鼐心里有了底,也断了夏鼐推脱的念头——情节是不是非常眼熟,跟吴晗答应帮他拉稿之后,夏鼐才答应当文史栏主任,如出一辙?

而暂别李济之后,夏鼐去了中博院,遇见的朋友都劝他"勉为其难"[4]103。回到史语所之后,所有人又都说会全力帮助他,请他考虑考虑,别再推辞了[4]103。此时,夏鼐再推脱就是违背众望了。但顾虑未尽消的夏鼐又和傅斯年谈了两个条件来规避他所忧虑的风险①,方才"赶鸭子上架"似地最终答应了。

笔者觉得,此处应有傅斯年得意的"奸笑"。

他傅斯年是谁,在夏鼐返里的这段时间,他必然已经调整好了所里的舆论风向。大家都很敬畏正义、能干却又性情暴如雷的傅所长,谁敢忤逆他的决定呢——而唯一敢忤逆他的李济,也因与夏鼐亲如父兄,欣然得见此事。再说,夏鼐平时人缘就好,这一点又何尝不是傅斯年坚持此事的催化因素。

因此,这件事,完全就是"文史栏主任"事件的放大版,再来一万次,只要傅斯年还是傅斯年,夏鼐还是夏鼐,李济还是李济,史语所还是史语所,事情还是会如此这般发生。或许正是因为代理所长一事为傅斯年与众同仁共同所"逼",代理所长后繁琐的所务又令夏鼐十

---

① "乃至傅先生处提出两条件:(1)如果代理结果怨声载道,使余不能在所中继续工作,则余提出辞职,应照准,不必再询问理由;(2)此次代理之后,在任何情形之下,不得再要求余做此类之事,以免碍及研究工作。"[4]103

分头疼,因此,张光直的笔记本中对夏鼐自述"怕傅延命所长,故未随去台"[30]178的记载似乎也不不可能,这可能真的是傅斯年劝说后,夏鼐未立即随之赴台的又一重要原因。

后来,夏鼐的每一次"升官",都是被人再三劝说才达成的。1983年,社科院名誉院长胡乔木一定要他和钱锺书当副院长。此时,夏鼐的顾虑已远不如年轻时多了,最多是怕外人诟病他和钱锺书年纪这么大了还想着升官,有损清誉。但夏鼐真是越到晚年运气越好,此时竟有个钱锺书可以依靠。聪明高雅如钱锺书都答应下来了,夏鼐的忧虑自然少多了,钱锺书怎么说,他就跟着怎么来,几个人在一天内就解决了此事[9]140-141。而他和钱锺书顺利当上副院长,只增名望与马屁,鲜见诋毁与诟病,并且也是中国学界的福祉,何苦推三阻四呢?只能说,对于此类事情,夏鼐一向如此处理。

第三节 舌灿莲花的寡言者

上面用长篇大论叙述了夏鼐的"苦劲",本章就来谈谈夏鼐的"巧劲"——会说话。夏鼐的会说话,非为口若悬河的天花乱坠,而是有理有据的掷地有声。因此,哪怕夏鼐平时"惯性沉默"[2]182,遇到谈锋很健的人,只能"像哑巴一样坐在旁边陪着"[2]150,一旦到了需要他说话的时刻,他总能一鸣惊人,使听者不由自主地就被说服了。

这件事要从夏鼐习惯性地避免争论开始谈起。由于少年夏鼐比中晚年时更为腼腆和谨慎,极为注意避免争执,因此,哪怕有人当着他的面说令他不爽的话,只要不涉及原则问题,他就很可能一个字都不说①。一方面,他不屑于与或傲慢或偏激的对方争执,另一方面,他习惯见机行事,并顾虑着争执可能带来的后果。这就导致了他说话

---

① "温克勒博士即谓,吾人不能以吾人之道德标准,对待此间人民,又谓……欧洲国家,学龄儿童受教育期中,有教育可受,学校可入,若此间儿童,如不雇用,闲散无事,或为家庭作杂事放牛,或在醒龊之街市嬉游,反远不及为发掘团所雇用,尚得受智识及品行之训练(加工资之标准,其一为清洁)。我虽不插进说话,但是心中很不以为然,总觉得帝国主义的气焰太高。"[2]143

很会挑时间，专挑那些顺理成章不突兀、不引争执与尴尬的时间点来说话，使其说话的本领能尽量发挥。

在《日记》中，我们时常可以看到，夏鼐"乘机"向别人提出要求或商讨事宜。在李济与格兰维尔会面时，夏鼐"乘机"与李济谈他将来的事业生涯[2]102；在与开罗博物院的布伦顿谈到中央博物院的时候，夏鼐"乘机"询问能否将开罗博物院重复的古物，赠送或交换于中博院[2]288；在与傅斯年谈请求发掘执照一事时，夏鼐才"乘机"将李济所吩咐的西北考察团与北大及中博院合作之事提出[3]124。他很谨慎，生怕开口遭拒，生怕对话开始得突兀，结束得尴尬，做无用功。但必须承认，他这种见机行事的谨慎，对于绝大多数强势的人来说，非常有用。而这份寻找时机的小心翼翼，亦给了对方认真聆听的耐心。

1943 年，夏鼐由家返史语所。那时，他可谓生活在一群脾气火爆的人中间，一不小心就可能引爆"炸药"。向达自不用说，前文已有介绍。而李济和傅斯年，为了中博院和史语所之间鸡毛蒜皮的小事，总吵得不可开交。一会儿这个摔瓶子了[3]118，一会儿那个要辞职了[3]118。怪不得夏鼐在旁，只能为史语所的命运哀叹[3]123。而就在这样狂风暴雨、暗潮汹涌的环境中，夏鼐却能过得很安详，关键时刻更得靠他说话来解决问题。

西北考察之前，向达因经费未筹齐而不肯上飞机，傅斯年则催促他们速速动身。让向达与傅斯年两桶"大威力炸药"接洽是不可能的了，夏鼐只好自己上。到了傅斯年那里，傅所长果然正在为他们放弃之前那班飞机而震怒，放话"如果 21 日仍以候款为理由不肯去，则考察团事根本取消，你们都回李庄好了"[3]165。初出茅庐的夏鼐没有被吓倒，先表明他"完全'唯命是从'"，叫他马上回李庄也行，叫他一个人去西北也可以，叫他和向达一起等着都行[3]165。

傅斯年的震怒，主要是因为向达挑战了他的权威，不仅不听从他的指挥，还怀疑他的能力，简直是在挑衅他。夏鼐首先就把自己与向达区分开来，承认和维护傅斯年的权威，以顺从的话语先抚慰炸毛的傅斯年。

之后,夏鼐开始说服傅斯年:

> 不过依我的意思,现在离 21 日还有几天,如果傅先生向
> 总办事处催促,或许可以早日筹出,如果能早日筹出,自然
> 对于工作有莫大方便,并不是什么信任不信任的问题。[3]165

这番话中,他以个人的立场,先分析了向达要求的合理性;其次帮向达洗清了挑衅傅斯年的嫌疑,从根本上平息了傅斯年的震怒点。最后,他表现出对事不对人的态度,傅斯年再斤斤计较,就是小气了。

夏鼐说话艺术的效果简直是立竿见影,傅斯年真的被镇定冷静、有理有据的他说服了,立刻给总办事处打了电话[3]165。

夏鼐回去后,跟向达说了接洽经过,向达表示幸亏不是自己去,"否则一定当场决裂"[3]165。

在这次的接洽中,夏鼐说话的技巧已经展露无遗。而他的技巧所基于的,是对事件清明的洞察和对人们善意的猜想。他善意揣测,所以觉得傅斯年和向达并非存心阻碍西北考察一事;又逻辑分析,觉得就是向达赌气激怒了傅斯年,现在两人都下不来台,此事才会难以接洽和解决。而夏鼐的主要目的,只是西北考察能够顺利进行。大概是基于此种分析和动机,夏鼐才敢去摸发怒老虎的皮;又因为有了这些分析作支撑,夏鼐方能处变不惊,拨开对方虚高的怒火,长刀直入地解决问题。

因为夏鼐习惯避免争执,所以消除误会和安抚他人是他的必备技能。他又习惯沉默地聆听,所以学会了化解别人的话对自己的影响。因此他能在这次接洽中,奇迹般地化解了一场迫在眉睫的争吵。这也告诉我们,最好的雄辩家,往往也是最娴熟的聆听者。

《日记》中,夏鼐所记录的自己口头说服别人的经历,虽然不多,但都如出一辙,理据服人,掷地有声。不过,更有看头的,则是夏鼐在进行合作事宜时写的信,堪称"谈判范文"。

还是西北考察时,夏鼐他们想和敦煌所合作发掘千相塔,所长常

书鸿提出"研究结果可以由双方合作名义发表,但出土品须归所方"[3]237,夏鼐觉得那样己方就是"白效劳",便抱着成就成、不成就不成的心情回了封信。

　　书鸿所长先生赐鉴:

　　　　接奉二十九日复示,敬悉一切。查砖七方(画砖大部分仍在佛爷庙,城中仅有此七方)、马俑一、骑士俑二、男俑二、女俑上身九,均托子青先生携带上山。其中男俑一、骑士俑一,头部均断;女俑上身二个,发髻断裂,后重行与身粘合;其余皆属完整,尚乞慎行保护,摹制后赐还。此项古物之发表权,仍由敝组保留(又俑上所附着之黏土,请勿剔刮,惧损及原物,拟将来交中央博物院保存古物之实验室,慎重处理),画砖能否摹绘二份,除一份归贵所外,其余一份赠赐敝组,又陶俑各件能否依原物大小,代敝组写生各画一纸赠赐。将来敝组如能制彩色版印行于发掘报告中时,自必声明由贵所襄助代绘,决不掠美,如承惠允,铭感实深。《敦煌画の研究》一书,亦交子青先生带上。至于发掘千相塔一事,来示所列各条件,第一条无问题;第二条费用方面,似应由双方平均分摊,不能使贵所独任其责任;第三条既云合作发掘,似乎出土品亦应依双方同意所订定之分配比例,分归两方。教部明令之详细内容虽不得而知,然按之欧洲实例,如希、意皆有明文规定古物出土皆归其本国所有,然事实上欧美各国在希、意作发掘工作者,希、意政府常将出土品之一部分让归发掘团,是以牛津大学博物院所藏之希腊近年出土史前文物,在希腊以外为世界首屈一指,惟恐滋流弊,故又规定发掘团必须为公立机关所派遣,惧古物入私人之手,不能公开于世也。即就清理而论,敝组人员以考察团之费用及设备,为他机关效劳,出土物完全无份,将来遣派机关主管人员责问此事,将无辞以答。故原则上虽深同意千佛洞一切均归贵所保管,然事实上若合作发掘之所得概归

贵所,亦使敝组工作人员为难。此条如不能更改,此事只得
作为罢论。至于敝组工作人员为合作发掘而工作,决不能
受贵所一文之津贴,只能心领盛情而已。此复即请大安

　　弟　夏　鼐

　　　　阎文儒　敬启　十月卅日[3]237-238

　　可以看到,信中夏鼐先客气地请对方帮忙干活,把他们挖出来的
遗物保存好,该画的画,该摹的摹,自己想留一份也可以,然后郑重表
示,将来出发掘报告的时候,一定会声明这些是你们画的,绝对不抢
功劳。在说得罪人的话之前,先把想请人干的活说清楚,然后承诺好
利益,中国传统的人情往来,夏鼐还是很懂的。

　　但一事归一事,随后便开始谈判。他先分析常书鸿提的条件,第
一条,以合作的名义发表,自然是对的。第二条,常书鸿大概是表明
了发掘费用由敦煌所一力承担的态度,夏鼐不肯占小便宜,更不愿为
了小便宜而将出土文物的归属权拱手相让,故委婉地建议"似应由双
方平均分摊",在索取之前,先合情合理地付出一些。

　　而接下来就是索取了,既然是合作发掘,夏鼐认为应制定协议,
将出土品根据协议进行分配。由于在中国没有法令可以引用,夏鼐
便十分学霸地引用了欧洲各国分配出土品的例子,主要为了说明两
点:1. 国外的政府都把出土物分给发掘团一点,你们只是地方考古
所,没有出土品全归你们的理;2. 我们是国家官方派来的机构,不会
个人私藏出土品,请你们放心。

　　说了理之后,夏鼐就打苦情牌,并配以冠冕堂皇的现实理由,表
示我们吃着单位的、用着单位的,却给其他机关去效劳,出土物一点
都不拿回去,到时如何向上面交代,这不是为难我们吗?再用违心的
话拉拢常书鸿,表示我们原则上当然是同意你们的地盘挖出来的东
西归你们,但是我们实在也有自己的难处啊。

　　黑脸白脸轮着唱完了,夏鼐脸一变,来个威胁吓唬对方,表明出
土物分配这条要是不能改,那就不合作了。最后再次强调,我们不占
你们的便宜,不拿你们的钱,你们也别来占我们的便宜,别想独吞出

土物,把牌一摊。

最后的落款处,夏鼐还把阎文儒的名字也写上了,也不知他是真的与阎文儒商讨了,还是为了表达"这真的是我们全团的意见"。

整封信写得错落有致,严丝合缝,常书鸿要么拒绝接受合作条款的修改,合作泡汤;要么只能答应夏鼐。在这种原则性问题上,夏鼐内心的态度一向极为强硬,但是话总说得客气委婉,进退有章法,既不肯占人家便宜,也绝不让人家占便宜,使得"买卖不成仁义在",颇有良商世家的作风。后来,无论是在武威被扣留,还是在解放后的种种学术外交中,夏鼐都出色地发挥了这一本领,作出了重要的贡献。

图 5.3　夏鼐与常书鸿在北京[16]106

但是,就是由于夏鼐总抱着"事情成不成不重要,重要的是关系要搞好,那下次还有机会"的心思,所以他真的很不适合当官,却适合做外交工作。当官需要政绩,需要成事,更需要取悦上级、团结同事和威震下属。外交却是永远需要搞好关系的,而夏鼐还不愿让祖国吃亏,实在是难得的外交人才。

需要说话的时候，夏鼐真的非常会说话，而且往往说得对方心生敬佩与仰慕，说其"舌灿莲花"毫不为过。他的会说话，源于他对平和无冲突的人际关系的需求，源于他对志向达成的渴求，亦反映了他坚定护己的秉性。这个"己"，可以是他的家庭、他的单位，也可以是他的祖国。大抵一鸣惊人的鸟儿，平时都不叫唤，只有危及自己想要保护和达成的事情时，方张开嘴来，从舌头上开出莲花，发出惊尘绝艳的啼鸣来。

夏鼐的喜恶、待人和处事，说到这里，也就差不多了。笔者一路看下来，觉得所谓命运，真的是非常神奇的东西。造就种种偶然的，是大环境的变化；而在偶然中造成种种必然的，则是夏鼐自己的天赋和秉性。偶然使必然的方向发生变化，必然则使偶然的路径定型，如此绵延向前，方有了夏鼐的一生。因此，无论环境怎么变化，其实夏鼐走的都是一条必然的路——被他的思维与性格所掌控的路。下一章，将简单谈谈夏鼐的思维与性格，然后再看看在他的生命中到底出现了哪些偶然，使他一生的轨迹，如斯前进。

第六章
赋命

第一节　天　　赋

就算命运定下无数个看似坚固到荒谬的节点给夏鼐，让他按着这些节点走，但如果夏鼐自身不给力的话，命运是无法把他禁锢在一条路上的。

哪怕当时有公费留美生的机会，若夏鼐没有实力考上呢？

就算梅贻琦死活要他读考古，不肯给他改专业，可万一夏鼐实在没有兴趣，随便学学，沉迷于近代史书籍呢？

虽傅斯年打死都要夏鼐代理史语所所长，但若夏鼐代理所长出了很多岔子呢？

虽然梁思永三封急信把夏鼐催回来当考古所副所长，可假使夏鼐在政治运动中出了差错呢？

哪怕前所长意外去世，现所长又太忙，另一位副所长则不懂考古，但如果夏鼐和他们处理不好关系呢？

即使李秀君的病把他提前从干校的地狱中解脱出来，可万一夏鼐的学术外交活动进行得不好，影响了中国的国际声誉呢？

在心脏停止跳动、脑电波停止流转之前，任何故事都有可能被改写。而改写的作者，就是夏鼐的天赋与秉性，他与生俱来的，无法被改变的东西。

在三至五章中，其实已经涉及了不少天赋与秉性，此章聊作重要补充。

一、"资料库本位"的渊博家

从可以看到的《夏鼐日记》之最初始,夏鼐就一直表现出一种关于知识的思维方式:像集邮、集钱币那样——"集知识"。知识的存放地就是他的大脑,他的脑中有着一个巨大的"资料库"。这一点,从蒋廷黻对他毕业论文的评价就能看出来,在那种焦虑强压的情况下,人最容易依赖本能去做事了。

蒋廷黻说他的文章"贪多,因之屑琐散漫,不能擒住主要点去发探"[1]224。而夏鼐之所以会"贪多",会"屑琐散漫",正是因为他在搜集资料的时候,大脑无意识地把所有浏览到的关于"太平天国前后长江各省田赋问题"的资料,全部都搜罗了进来。想必,这些资料能够解决的问题不止一个,能够得到的结论亦不止一种。并且,可以想象夏鼐在写文章时,已着重挑选了欲写的问题进行论述,竟还被评价为"屑琐散漫",可见他脑中的资料简直散落一地,分布在各个小资料库中了。

后来,夏鼐爱上了逛博物馆和遗址,这与"资料库本位"的思维方式恐怕不无关系。在此之前,"资料库"中的知识来源主要是书籍。但夏鼐转学了考古之后,发现知识也可以从博物馆和遗址内的实物中获取。这才出现了他常常着急于一个博物院"不能完全看过"[2]177的情景,那简直就是明明有重要的相关知识在眼前,却不能一一拾起放进"资料库"的状况,可不就与他自然而然的本能——"补全已有资料库"相冲突了。而他爱写的游记,在他进大学之前尚属正常①,后来就变得极有个人风格,如同关于景点的小资料库一般,逻辑严谨,内容清晰。在敦煌逛千佛洞时,夏鼐是这样记录的:

"第 1 洞"[3]262,空两格,洞名俗称,塑像的雕刻手法,塑像内容(根据空间逻辑介绍),壁画年代,壁画内容(根据空间逻辑介绍)。

夏鼐就用此"模板"一直记到"第 29 洞"[3]262,同时,拍照以辅佐资料库的补全。但是,这叫什么"游记"? 这简直是千佛洞各洞情况的

---

① 《北海纪游》。既有写景,亦有叙事,更有抒情,是一篇中国古典风格的传统游记。[1]17–18

学术版简介,几无感想。偶有想法,也是对塑像和壁画的技法与艺术价值的评价。也许他年少时那种文艺范的怀古情怀,在他本能的"补全资料库"技能面前,根本不堪一击吧。

图 6.1 1944 年夏鼐所摄的敦煌千佛洞石窟壁画[16]59

夏鼐的这一思维特征,在他年长后的写作中体现得更为明显。

西北考察时,夏鼐得逛许多陇右古迹。他是一个喜欢事先做功课的人,便在逛古碑之前,参考了《陇右金石录》。一路逛着,夏鼐发现有好多遗物上的铭文,《陇右金石录》未曾收录。他就边逛边拾遗,等攒得差不多了,便开始自己写《陇右金石录补正》[3]299。正文虽然一如既往地花了一天便写就[3]300,但他对于"补全资料库"的追求是难以停止的。他继续进行着拾遗工作,果然又寻找到不少未被录入的碑文,便再次写作《临洮访碑录》,更欲"并入《陇右金石录补正》中"[3]340。此等毫不疲倦、用力甚勤,却回报不大的行为,不说是本能和热爱恐怕难以解释。

又如波斯银币一事。由于"资料库本位"的思维方式,夏鼐超级会写流水账——即"一日所做之事的资料库";又超级会记来龙去脉和趣闻轶事——即"一段历史的资料库";还超级会写综述,因为综述本身就是一个专题资料库。事情源于1956年河南陕县的一次考古发掘,两座隋墓中出土了几枚不认识的外国货币,工作队便寄给时任考古所副所长的夏鼐,请求鉴定。"资料库本位"的夏鼐是出了名的渊博,有解决不了的问题,大家往往都会找他。但是,那些外国货币夏鼐也不认识,可他阅书无数,知道国外对此有研究,并且他的博士论文还成功地解决了自己从未接触过的古代埃及串珠问题,辨认外国货币想必不是难事。于是,他便开始查阅《不列颠博物馆伊斯兰铸币目录》[5]280。

查一查,夏鼐便鉴定出来了,这些货币是"波斯萨珊朝银币"[5]280(图6.2)。但是,该领域的相关知识,当时在国内基本无人能懂,夏鼐便花了两个上午写了一篇短文,想为大家进行科普。此文一经发表,大家便都知道夏鼐是这方面的专家了,出土了不认识的古代国外钱币,就纷纷找他鉴定。夏鼐在鉴定的同时,便顺手写文章。在那段时间内,他由于鉴定得太多,竟每年都要发表一篇相关文章。而其中,"波斯萨珊朝银币"特别多,于是,夏鼐共计写了《新疆最近出土的波斯萨珊朝银币》《青海西宁出土的波斯萨珊朝银币》《新疆吐鲁番最近出土的波斯萨珊朝银币》和《河北定县塔基舍利函中波斯萨珊朝银币》4篇文章。这样一来,差不多全国的波斯萨珊朝银币都曾经他一手鉴定,"资料库"健全了,是时候写综述了。

图6.2 中国出土的部分波斯萨珊朝银币[16]89

夏鼐花了12个半天,认真地写就了《综述中国出土的波斯萨珊朝银币》一文,分为七章,将中国的波斯萨珊朝银币的各项情况都记录得十分详细(表6.1)。曾有志于史学的他,还花了一章写萨珊朝的历

表 6.1 中国出土的萨珊银币一览表[20]92

顺序号	出土年份	出土地点	埋藏时间	银币数量	银币年代	资料出处	备注(出土情况等)
1	1915	吐鲁番阿斯塔那古墓	七世纪	3	荷马斯德四世 1 枚、库思老二世 1 枚(T,I：3)、未能鉴定 1 枚(T,V：2)	斯·993—994	I：3 墓 2 枚,放在死者两眼上。V：2 墓 1 枚,在死者口中
2	1915	吐鲁番高昌古城	约七世纪	1	未能确定何王	斯·993	
3	1928	吐鲁番雅尔湖古墓	七世纪	1	库思老二世	夏·124	与开元钱同出死者口中
4	1928	库车苏巴什	约八世纪	1	库思老二世式样(太伯里斯坦)	夏·125	古城中发现
5	1950 年左右	吐鲁番高昌古城	约四世纪末至五世纪	20	沙卜尔二世 10 枚,阿尔达希二世 7 枚,沙卜尔三世 3 枚	考·66,IV·211－214	出土时一起放着的
6	1955	吐鲁番高昌古城	约四世纪末至五世纪	10	沙卜尔二世 4 枚,阿尔希达二世 5 枚,沙卜尔三世 1 枚	夏·117－121	同在一枚精制小方盒中
7	1955	洛阳北邙山唐墓 30	七世纪	16	其中 2 枚为卑路斯	夏·128;文·60 VIII／IX·94	在人架头部,与铜镜、铜小盒、瓷小盒等同出
8	1955	西安近郊唐墓007·M30	七世纪	2	库思老二世 1 枚、仿萨珊朝者 1 枚	夏·123－124	同墓出有开元钱
9	1956	陕县刘家渠隋刘伟墓	584 年	2	库思老一世	夏·121－123	墓被盗过
10	1956	西宁城内城隍庙街	约五世纪末	76(原来过百)	卑路斯	夏·129－134;考·62,IX·492	和"货泉"、"开元通宝"等铜钱一起发现于一陶罐中
11	1956	吐鲁番雅尔湖古墓,T6、T56	约七世纪	2	库思老二世	夏·127	
12	1957	吐鲁番高昌古城	约五世纪	2	阿尔希达二世	夏·127	在路上拣到的
13	1957	西安张家坡隋墓 410	约六世纪	1	卑路斯	夏·127	入骨已朽,位置不详
14	1957	西安李静训墓	608 年	1	卑路斯	考·59,IX·472	与玛瑙、琥珀等饰物同装一铜杯中(边缘有一小孔)
15	1958	山西太原金胜村唐墓 5	七世纪末	1	库思老二世(有一鸟形戳记)	考·59,IX·475	与许多装饰品一起放在一个圆形漆盒内
16	1959	新疆乌恰山中	七世纪后半	947	其中库思老一世 2 枚、二世 567 枚,"库思老二世样式"阿拉伯币 281 枚	考·59,IX·482	和金条一起发现于石缝中,原来可能放在袋囊中
17	1959－60	吐鲁番阿斯塔那古墓	六至七世纪	10	其中库思老二世 5 枚、耶斯提泽德三世 2 枚,锈重不清楚 3 枚	考·66,IV·214－216	墓 M302 出 2 枚,分别放于二个女尸的口中
18	1960	广东英德南齐墓 8	497 年	3	卑路斯	夏·128	都钻有小孔
19	1964	河北定县北魏塔基	481 年	41	耶斯提泽德二世 4 枚,卑路斯 37 枚	考·66,V·267－270	与珠玉金银器等同装在石制舍利函中
20	1965	长安县天子峪唐塔墓	七至八世纪初	7	库思老二世 6 枚,布伦女王 1 枚	考·74,II	装在金银盒中
21	1967	吐鲁番阿斯塔那墓 363	八世纪	1	耶斯提泽德三世	文·72,II·7	放死者口中
22	1967	吐鲁番阿斯塔那墓 77	七至八世纪中叶	1	库思老二世	文·72,I·14	可能原含于死者口中
23	1969	吐鲁番阿斯塔那墓 118	七至八世纪中叶	1	库思老二世	文·72,I·36	可能原含于死者口中
24	1969	西安何家村唐代窖藏	八世纪中叶	1	库思老二世	文·72,I·36	与金银器等装在陶瓮中
25	1970	陕西耀县寺坪隋舍利塔墓	604 年	3	卑路斯 1 枚,卡瓦德一世 1 枚,库思老一世 1 枚	考·74,II·126－132	与金银饰、料珠、珍珠装于舍利函中(2 枚有细孔)
26	1972	吐鲁番阿斯塔那墓 149	约七、八世纪	1	库思老二世	现藏新疆博物馆(图五)	放死者口中(穿有双孔)
27	1973	吐鲁番阿斯塔那墓 206	约七、八世纪	1	库思老二世	现藏新疆博物馆	在死者左眼中(鎏金)
28	1973	广东曲江南华寺南朝墓	五世纪	9(皆剪边)	未经鉴定	南方日报 73,II.25	

说明 资料一项中使用的简称:考=《考古》;文=《文物》;夏=夏鼐《考古学论文集》,1961 年版;斯=斯坦因《亚洲腹地》,1928 年版。

史,并对银币的用途进行了考据和推断。这无疑是一篇优秀的综述,但也带着强烈的"夏氏资料库"风格——无论主次,所有相关资料一应俱全。别人写这样的文章可能要花费半年甚至更多,但对于常年在积累的夏鼐来说,六天时间已经很长了。

更有意思的是,1952年,他被紧急召回所中参加"三反运动"。"三反运动"是指"反贪污、反浪费、反官僚主义"的政治运动,通俗点来说,就是一个单位的所有人,无论身份等级,互相指出对方的缺点,然后每个人都必须在所有人面前进行自我批评,大家觉得够真诚、够深刻之后,便令其通过。这个运动的本意是好的,不过人心的阴暗面太容易被这样的运动激发了。到后来,运动完全走样,使许多知识分子颜面扫地,自尊心严重受挫,这是题外话。

而就是在这次运动中,脑回路与众不同的夏鼐,无意间开启了一个新的资料库——"夏鼐缺点资料库"。

在第一次的批评会上,夏鼐就勤勤恳恳地把每个人对他提的意见,一字一句地都记录了下来[4]463-465。以后,但凡召开此类运动,夏鼐都会仔仔细细地把所有意见记录下来,以补全此种"资料库"①②。夏鼐的此种思维方式,首先,无疑分散了他因此类事件而受到的心情影响。"双反"运动中,所里的大字报在几天之内便贴出了15 000张,他喜而赋词一首:

虞美人·观大字报有感

满墙满地贴满了,张数知多少? 娇气骄气付东风,官气阔气暮气一扫空! 保守、浪费,复何在? 面貌完全改。前浪后浪不停留,恰如千军万马齐奔流![4]358-359

同时,夏鼐的这种思维方式,可能使他发自内心地认为,此类运动真的可以帮助他改正缺点。夏鼐本来心就大,没道理的话从不往心上去,有道理的则虚心接受。至于他到底有没有改正,大概也不是他本人能控制的。

---

① 思改运动中的意见记录。[4]497-498
② 整风运动中,"只有赵芝荃的一张向我提意见,对于全所的业务工作,没有计划也没有检查,对于培养计划也不关心。"[5]347

因此，夏鼐不但可以安然度过这些折磨人的政治运动，心理状况更没受到多大影响。

当然，这种"资料库本位"的思维方式，并不是谁都可以做到的。首先，你得拥有超强的记忆力，在无法用工具进行记录的时候，用大脑拼命记住。其次，你得有一颗不钻牛角尖的心，获取知识以全面和准确为主，而不追求极精专之创见。换句话说，夏鼐是成不了"斗鸡台"的苏秉琦和"殷墟"的李济的，不过苏、李二位，亦成不了"资料库本位"的夏鼐。

这种思维方式自然能给夏鼐带来很多好处，比如他越年长越渊博，晚年几乎无所不知，在哪国都能进行"资料库碾压"。1980 年国家文物局的文物工作会议上，夏鼐介绍了"国外及解放后制订的文物保护法令"[8][443]。对于他人很难获取的国外文物保护法令，夏鼐竟张口就来，这便是因为他在留学时便已开启了此"资料库"，游历时对西方的文物保护法有所留意，自然知道得八九不离十。而在座的人只能干听夏鼐讲，这恐怕对于日后《文物保护法》的成功出台也是功不可没的。

但同时，这种思维方式也给夏鼐带来了很多限制。夏鼐的文章翔实全面，纵横开阖，是极渊博和极聪明的人才能写就的，可是，似乎总缺乏一股飘逸的灵气。并且，由于"资料库本位"的思维方式对"全面"的需求远大于"精专"，因此，夏鼐的兴趣虽十分广泛，却无法就一个专题研究一辈子。这使得他虽然发表了很多文章，却很少能就某个专题形成一本著作。

对"资料库本位"的思维方式进行了概述后，下面，将来谈谈其运作细节。

1. "校知识"

知识并不是收集到资料库中就完事了，因为收集来的知识不一定是对的。聪明如夏鼐，很早就发现了这一点，所以，除了"集知识"以外，他还喜欢"校知识"。

"校知识"指的是，对已搜集到的知识进行考证和校改，纠正其错误，使其成为正确的资料。然后，这些正确的资料便能够被直接使用，以纠正和解决各种问题。

刚进大学时，夏鼐就耐心地用改订本校对了近 500 页的英文版

《生物学基础》。

解放前，他返乡陪家人，同乡的张一纯把自己的《杜环经行记笺证》等文稿给他看，他就拿他所认可的相关书籍——张星烺的《中西交通史料汇编》兢兢业业地校上了[4]230。

解放后，考古所编辑的各种杂志、期刊和著作的校对，同事、下属和朋友文章的审阅，都是夏鼐的家常便饭，经他亲自把关的文字作品数不胜数。并且，当时他还阅读了大量政治书籍，甚至手痒地把刘少奇《论共产党员的修养》之修订本与第一版互校，仔细地把类似于将"马恩列斯"[6]271改为"马列主义创始人"[6]271这种增删都搞清楚了，才算安心。

而正因为夏鼐渊博聪明，脑中的资料库对各种相关的考古活动、思想和观点都了如指掌，习惯于纠正错误的知识，所以，他才有能力和热情审阅全中国重要的相关稿件。又因为他自小天天看书，阅读速度常达"一目百行"，才有能力把所有需他审阅的稿件真的看完。但他毕竟不是全能全知，总有他不知道的东西，可他知道与这些未知的东西所相关的人和书籍都有谁、有什么，因此，在知识面前永远谦虚的他才总能顺藤摸瓜地解决问题。这才是夏鼐看上去显得无所不知的真实原因。每一种真正惊人的成绩背后，总有着它顺理成章又脚踏实地的缘由。

2. 相似联想

当知识累积得多了以后，总会有相似的出现。夏鼐的资料库还有一个特征：又强又快的相似联想。

比如某一日，夏鼐照例在英国逛博物馆，看到"有一铜鸥"[1]358，立刻觉得"像上季［殷墟］发掘得之石鸥"[1]358。参加埃及考察团时，他闲来看起英文小说，小说"……情节亦佳……惟结尾落小说家旧套，犹如读《西厢记》在'草桥惊梦'以后，不欲再读以下四折……"[2]67从英文作品到古汉语作品，无缝联想。

又比如，夏鼐回到战乱中的中国，与友人散步于断垣颓墙的中山路上之时，便想起了"意大利庞贝废墟的光景"[3]12。在跟随吴金鼎发掘时，遗迹中出土了疑似火葬的用具，夏鼐立刻联想到火葬在汉族中，"除佛家外，仅于《水浒传》中见之于武大郎"[3]319。

1963 年,他在访日途中的飞机上记录道:"5:15 起飞,飞行颇平稳,不觉得震动,马达声亦不太大,不过像干面胡同宿舍的锅炉房的马达声而已。"[6]385其留意点和联想力之奇妙可见一斑。

可以看到,夏鼐总能把八竿子打不着的东西联想到一起,又能瞬间把资料从各个犄角旮旯调出来,这说明只要是他记住了的知识,他就很难忘记。同时,可以发现,在夏鼐眼中,所有知识都是平等的,只要符合他所定义的"相似之处",就可以进行联想。因此,他才会由古联想到今,从中国联想到国外,又从国外联想回中国,毫无阻碍。

其实,"相似联想"就是夏鼐脑中资料库的点对点链接。由于夏鼐将知识分门别类,按自己的逻辑排得整整齐齐,中间又极少掺杂情感的扰乱,所以他对知识的调动十分快捷。又因他记忆力极强,脑中的知识非常清晰,很少模糊忘却,所以这种点对点的"链接"才能进行得如斯迅速。夏鼐的大脑,就像一台运作良好、性能强大的电脑,拥有着无与伦比、日益优化的"云数据资料库",那么,他时常能在学识和智力上胜人一筹,想来也无须大惊小怪了。

3. 等级评判

最后,夏鼐还热衷于对资料库中的资料做这样一种分析:评判等级。还记得夏鼐总是乐此不疲地记好吃的吗?笔者还以为,这只是因为他老人家也是"吃货"一枚。直到他在安阳被地方领导宴请,他记录"(1) 金鱼拼盘,(2) 六味小碟,(3) 红烧海参,(4) 蒜台鱿鱼,(5) 西炸肉排,(6) 番茄鲜鱼,(7) 安阳三不沾,(8) 八宝鸡,(9) 江米瓜,(10) 拔丝苹果,(11) 银耳蜜桔汤,(12) 榨菜肉丝汤"[9]243,又评论"其丰盛几与国宴相等矣……"[9]243时,笔者才惊觉:他记录菜单的同时,也在做着规模的比较。

这一点,在夏鼐看书、逛遗址的时候,都体现得非常明显。

前文提到,参加埃及考察团时,夏鼐看了很多埃及的古迹。在那期间,他就一直拿从书中得知的和已看过的遗迹遗物,与正在看的遗迹遗物,反复地进行规模等级的比较:"最后是 No. 17 塞提一世墓,壁画系浮雕绘彩,虽题材仍属宗教性质,而艺术价值之高,为皇陵中首屈一指,规模亦甚宏大,长达 328 呎"[2]164;"(拉美西斯二世庙)后厅及神堂之浮雕,尚有塞提一世之余意,为拉美西斯二世初年时之物,与后期之粗陋作品相比,尚胜一筹"[2]169;"……最引游人注意者为金面具及金棺①。据Baedeher's *Egypt*[巴登赫:《埃及》]中云,金棺之金以市价计,达3万磅,但艺术价值极高,为金工之杰作。外棺亦精致,木乃伊所戴之金冕亦不错,但专就艺术价值,余意当推御椅及木匣"[2]176等等。

看书时,夏鼐也会从各方面不断将各种书籍进行比较,而标准更细。"此书②叙述发掘方法,颇为精审,文字又深浅动人,较皮特里之《考古学的目标和方法》似更有益于初学者。惟皮特里关于测量及技术方面,凭借于自己的经验,此书未曾述及,故亦有其独到处,但文字较沉闷,不及此书之动人耳"[2]14;"阅毕勒可克之书(pp. 1-169)。此书作者德人,考察新疆,发掘高昌遗址等,成绩颇佳。此乃为普通读者所写,叙述其第二、三次考察(1904—1907),插图及叙述,似皆不及斯坦因《古代中亚的通道》之精彩"[2]15;"这两天阅毕Penniman:A Hundred Years of Anthropology[彭尼曼:《人类学一百年》(pp. 1-354)]……颇佳,较Haddon[哈登]的书为详细,持论亦谨慎"[2]126等等。

这种等级评判,其实也是一种对于资料的逻辑整理。如此一来,夏鼐所吸收的知识便经过了基于时间、空间、对错、异同和优劣的五重整理,等于他至少颠来倒去地记忆了五遍。而各种资料和资料库间还相互链接,一旦有新的知识进来,大脑便能及时地做出最快的处理。

要不说人家年纪一大把了,学新东西还不比年轻人差呢。要不说人家记了那么多东西,还思维清晰呢。夏鼐简直天赋"学神脑",笔者等便只有艳羡的份了。

二、自信乐观的"随意判断"

可是,拥有如此强大的大脑,又勤奋认真的夏鼐,为什么不愿钻牛角尖呢?难道他就不好奇最接近真实的真相吗?在资料全面和准确的基础上,他为何不愿进一步深入呢?笔者认为,这恐怕和夏鼐的另一个思维习惯有关:快速判断。

---

① 笔者按,图坦卡蒙墓。
② 笔者按,吴雷《挖掘发现过去》。

说好听点,他是快速判断,而说难听点,他是随意判断(以下简称随判)。这一点,叶兹教授倒是注意到了,委婉地批评他"下结论似过于迅速,常缺乏相当根据"[1]392,笔者真是举双手赞成。读《日记》时,仅笔者发现且来得及标注的"随判"情况就多达 70 余处,可见夏鼐"随判"的频率之高。

比如跟随埃及考察团发掘时,夏鼐孤军寡人,随判功力大杀四方。他看到所挖穴中淤土下"未烧制之陶片、slug[金属小块]及人头骨碎片"[2]195,就觉得"当为被扰起的墓葬"[2]195。万一其人是被谋杀后抛尸于此,本来就没有墓呢?

又比如他去庞培古城参观,看到爱西斯神庙"形制颇特殊,与普通希腊、罗马之庙宇不同"[2]207,又随意判断"或由于此神来自埃及,故庙制亦为洋式,与普通者不同"[2]207。虽然乍一看他的判断很有道理,但万一只是换了个建筑师,或者换了个统治者呢?

再比如西北考察时,他一个人在兰州城里逛,看到田陇中的农作物苗上盖着瓦罐,便毫不犹豫地随判道:"或以防霜雪欤!"[3]171 然后即忘却此事,继续高兴地逛去了。而在金塔县的旧寺墩田间考察时,夏鼐更是根据少量的证据立刻得出结论:"不见古代陶片或石器"[3]183 和"沙堆断面常显淤土"[3]183——证明"(古时)此间皆为水底"[3]183,或为"北海子"的一部分;北山麓有石器古物——证明湖岸当在北山麓[3]183。其后过了两天,他听到一条河叫"打璧河",又理所当然地认为是"古代制璧之所"[3]330。

从西北回史语所时,夏鼐走的是水路,和船夫们处得不错。而当看到他们要在周口停留时,他又想当然地认为是因为"周口以酿酒出名,俗谚有云'要喝酒,到周口'"[4]15,船夫们是要在此停泊喝酒。

在史语所时,他在《大公报》上看到"傅先生小公子致傅先生一函,其中提及傅先生 6 月中将出国"[4]29,立刻觉得这是由于"外间谣传其将任教育部长"[4]29,而傅斯年"借此以辟谣也"[4]29。

在考古所工作后,一日,夏鼐与郑振铎所长商量让历史组独立成所的问题,郑不允,说会"影响历史组同仁的工作情绪"[4]364,夏鼐再次随判并腹诽道"实则彼好大喜功,不肯放手而已"[4]364。

　　此种事例不胜枚举。其实每个人每天都会进行随判,即基于自我考虑到的因素进行快速分析,然后得出较为随意的结论。但别人可能是放在心里,且不那么自信,想想就算了。而夏鼐不仅写在了日记里,更对自己的判断极为自信。这或许是因为他有强大的资料库作支撑,又或许他天生就是如此。而这种思维方式当然给夏鼐带来了很多好处。

　　首先,它使夏鼐少了很多没必要的担心。隔了四年在家中写作博士论文时,夏鼐绝不会想"万一博士论文寄到了,格兰维尔教授嫌我花的时间太久,不给我学位怎么办",因此他才能安心地写好论文并寄出去,最后成功得到学位,还使那篇博士论文成为了起码能流传半个世纪的经典[2]387。

　　做胃切除手术时,夏鼐也不会去想"万一手术出现意外,我死了怎么办",于是他才能放心地让现代医学彻底终结自己的胃病,使他扛过"文革",过上幸福的晚年。若他也和妻子李秀君一样担心得要命,那么胃疾恐怕会缠绕他一生。

　　同时,夏鼐的应急能力很强,可能也得益于这种思维。他曾从劫匪的枪下[4]3和日本兵的刀下[3]47完整逃生,除了胆子大,应当也有不乱想所维持的冷静从中起的作用。始终进行"遇到问题——解决问题——没事了"的良性循环,夏鼐才不会"杞人忧天",才能遇事从容,方可在大部分时间中心如止水,从而踏踏实实地做事和过日子,活得幸福安宁,如此,他对世界的善意揣测才有生长的环境。

　　其次,这种思维方式使夏鼐很少进行过于发散和深入的思考。严格来说,考古学算是一门综合性大科学,在技术尚未到位之前,很难做出精确的分析,得到无懈可击的结论。但对于夏鼐来说,哪怕没有充足的证据,他也不会去想"几千年间发生了这么多变革,怎么说得清呢? 万一北山麓的石器古物,是迁移途中遭到抢劫丢下的呢";哪怕神话传说再迷人,他也不会想"万一真的有神仙呢",他听到神话传说,或觉得有趣,或觉得是"附会之谈"[2]199,但总会将之与科学事实区分对待。正因为他不会天马行空或钻牛角尖,在学术研究上,他反而能削减细枝末节的"万一"的干扰,大胆地由点推及面,运用自身才智得出较为合情合理的结论——如此,他的考古工作才能进行得下去,中国考古学在 20 世纪中下旬,才能取得对错不论,却非常辉煌的成绩。

历史本来就是未知的,而这种未知在目前看来将是永远的。探索历史的学科们的使命,其实就是在有限的条件和线索之中,进行最合乎情理的逻辑推演,考虑得越全面则越佳。而真正的"真相"是什么,没有人知道,或许也不重要。在那个物资缺乏、时局诡谲的时期,正需要合情合理的"简单粗暴"方能进行考古学研究。坐拥"资料库"的夏鼐则恰好拥有这一特点和魄力。这或许,亦是他能成为中国考古学核心领军人物的原因之一。

再者,这种思维方式使夏鼐少了很多自我怀疑,从而确保了他的心安。因此,特别相信自己的夏鼐,才能在很多事情上不学即会、无师自通,成为学术研究和田野技术兼长的一代考古达人。前文夏鼐超强的动手能力便是很好的例子。而 1935 年他在殷墟实习时,也曾因技术过人给大家留下过深刻的印象。石璋如回忆说"夏鼐先生虽然是首度参与,但是他很会画图,由于车零件叠压得厉害,一天只能作一部分,他就把各天进度以分层、分色的方式标示以资区别"[23]21。并没有人教他该怎么做,他也未受过什么训练。可正因自信又随判,他才能在各种事情上迅速判断出怎样做才比较好。

不过,凡事总是双刃剑,"随判"这一思维方式也有着很大的缺陷。

首先,那些少掉的担心里,有一些可能是会成真的。像判断错"打墼河"的用途这种事也就罢了(经查文献,夏鼐发现人们只是从"打墼河"中捡玉[3]330),但 1973 年,夏鼐在秘鲁当地坐车行进时,他和一位夫人及翻译"坐在后座"[7]345,"三人都呕吐了"[7]345。当时,他只是随意地判断为"地势较高,我们不适应"[7]345,其实竟是汽车的废气管漏气,他们中毒了才会如此。幸亏发现得早,否则一氧化碳中毒是非常容易危及生命的。

不多想带来的麻烦和危险不是一次两次,不过幸好夏鼐明白一个人不可能熟知天下事,他在知识面前仍是谦虚而敬畏的。出了岔子,他会立刻吃一堑长一智;进行学术研究时,他更会多方询问其他专家、学者和老师等。

其次,在考古学方面,虽然夏鼐合情合理的"简单粗暴"能够将考古工作完成得很好,可那是因为他是他,有着强大的资料库、聪明的头脑、吃苦耐劳的精神和一丝不苟的谦虚态度。那么,并没有他这么厉害的其他人,继承了他合情合理的"简单粗暴"以后会怎样呢? 今日,中国不少考古现场的发掘工作进行得十分粗糙,是一个有目共睹的现象。比起五米乘五米的探方挖一年的日本来,我国对于数千平方米的遗址可能只需要半年,或许是太快了一些。哪怕中国历史悠久,遗存丰富,经得起折腾,但如果全是如此不加改进地按老方法挖,恐怕会把考古学的老前辈们气得从坟墓里活过来。中国田野考古技术的细致化和科技化,始终是一个迫在眉睫的任务。而主导了新中国成立后的三十余年中国考古学的夏鼐之随判的思维方式,对于今日局面怕亦是少不了影响的。

再者,那些因缺乏自我怀疑而引起的心安,使夏鼐很难做到居安思危,极少能发现隐患。

他在武威被困时,地方士绅非要他留下出土物。当时,地方政府的马县长似乎处处在帮他解决此事,可那时的地方乡绅与政府的关系岂是简简单单便能说得清的? 一开始,夏鼐十分相信马县长,按他说的做了后,即判断"大致此事可无纠纷"[3]411,便安心睡觉。结果,夏鼐第二天再去县政府时,马县长已经借故下乡了。迷信中央力量的夏鼐没有多想什么,只是呆乎乎地发电报给省政府,希望其来电解决此事。可省政府的电报是那么容易能来就来的吗? 夏鼐便陷在了武威城不得脱身,且并不自知。在他的判断中,他已经正告地方:"中央人员奉有执照采取古物,不能扣留"[3]414,那么就"不至发生纠纷"[3]414了。于是,安心的夏鼐便公开和地方机构打了个招呼,打算自顾自走人。

然后,他果然再次遭到了阻拦。

夏鼐再去县政府询问时,马县长倒是回来了,却佯装放行地说"希望能由县府派人点查后再起运"[3]414,这分明是借故要留下古物的节奏。可夏鼐对他有了先入为主的好印象,仍旧浑然不觉马县长在坑他,只是上演了"处事"一章中经典的"怕麻烦不肯开箱"[3]414一幕,并以"古物保管法令"[3]415为挡箭牌。马县长一看,说不过他,便采用缓兵之计,说再与地方士绅商量。夏鼐就再次高高兴兴地判断"此事谅可如此解决"[3]414-415,还庆幸自己"抄有古物保管法令"[3]415。

结果,不日他便收到了县政府的条子,要求留下一方墓志。之前夏鼐还可以用马县长下乡了来为其开脱,现在马县长就在县政府,还把又生变故的原因推到了夏鼐"公开与地方机构辞行"一事上。夏鼐再怎么善意揣测,这会儿也终于懂了,他被地方乡绅和地方政府联手坑了。

然而,车行在即,无奈的夏鼐终究被地方坑了一个志盖,才得以走人——必要时他是有小心机的,只给人留一个志盖,不留志石(图 6.3)。但若他从一开始就意识到,地方乡绅和政府不让他留下点古物是不会罢休的,不主动招惹麻烦,偷偷溜走,那么谁也奈何不了他,古物亦当不致被留在武威城。可是,夏鼐对这种事随判习惯了,又特别自信乐观,总觉得中央做事地方无权阻拦,终被地头蛇缠上,还被咬了一口。

不过,虽然夏鼐对于那些在他的"资料库"和才智能力范围内的问题,习惯性地进行着随判,但对于那些用他的"资料库"

图 6.3 武威出土的四方慕容氏墓志[16]61

和才智无法做出判断的事情,夏鼐主张不判断,这或许也是他对知识表达尊重和敬畏的一种方式。1980 年,他读了一篇外国学者写中国玉器的文章,称赞其"颇有见地"[8]447的同时,又道其"对于花纹的意义,以为出于自然现象,如日、月、星、云,加以引申,又谈图腾崇拜,皆未免求之过深"[8]447。可见,对于暂时无法解决的问题,夏鼐不主张去牵强附会和钻牛角尖,而是主张把问题搁在那里,等能判断了再行解决。

如此做法固然保险不出错,却也留下了许多悬而未决的问题。比如"考古学文化"究竟如何与中国的历史时期完美地进行对应,是一个亟待当今中国考古界发声的问题。不过,这倒也怪不到夏鼐头上,他已经解决了一个大阶段内的诸多重要问题,下阶段的问题,还是留给后辈青史吧。

三、谦虚的要强者

虽然曾昭燏曾说夏鼐是她生平认识的人中"最谦虚"[4]447的人,可成就非凡的人,大多是怀着要强的心的。而夏鼐的这一份要强,使他离圣人远了一些,离可爱倒近了不少。

刚进大学时,未曾长离南方的夏鼐不会说北方话,遇到北方人"竟一句话也不敢说"[1]29,他便要强上了,下决心"今年非拼命学会北方话不可",否则居然严重到"对不起自己"[1]29。

这下知道夏正楷为了口音而泪流满面的基因是从哪来的了。不过仔细想想,这话也挺眼熟,无论是责备自己不读书、蹉跎光阴、对不起自己[1]73,还是不想让别人指责自己不努力[2]89,夏鼐那颗要强的心,始终渗透在他生活的方方面面里。

前文提到,转至清华历史系后,夏鼐为导师蒋廷黻的著作写了书评,希望能在《大公报》上发表,其自信可见一斑。结果"《大公报》副刊不能登载,理由是'非名家撰述之文'"[1]136。夏鼐当即被刺激到了,说"谁叫我不是名家呢? 不能登载岂非活该"[1]136,还哀叹"呜呼! 中国今日之著作界,名家,名家,出版界之垄断者,著作者之独占者!"[1]136-137可以看到,要强的夏鼐把被退稿的原因,都先推到了"名家"头上。

后来,《图书评论》登载了他的这篇书评,还回给他一封信,说"大稿已略读过一遍,颇觉有所胜于若干业已成名之投稿者之稿件"[1]145,夏鼐在日记里承认"闻之颇觉得意"[1]145;但信里又说"惟文辞待修饰处甚多,吴先生或因此故退稿不愿说出"[1]145,夏鼐"有些脸红"[1]145了,但还是为自己辩解了两句:"这几年来很少做文章,文笔当然生疏了……一总不过费了半天的工夫便写成。"[1]145 然后,他才肯吐露被《大公报》退稿时的心里话:"吴宓退稿时,我曾想到此层,但少年人是不肯认输的,所以不曾说出来。"[1]145 这也就是书评终于被接收了,他才肯服软一些,否则这些心里话,要强的夏鼐怕是怎么也不愿意说出来的。

而为了买火车票与友人产生争执一事亦是。起初,有黄牛在售票处排着队,等旅客来了便把队伍里的位置卖给旅客,由此赚钱。而前面的位置卖得太贵,末尾的位置夏鼐又不想要,两厢一纠结,车票很快就要售罄了。友人见他没买到车票,便怪他没用,要强的夏鼐就"负气"[3]16 坐在队尾,还劝旅客不要买黄牛的票,一番努力下来,终于买到了票。夏鼐证明了自己的能力,就去唤友人,满以为就算没有称赞,总不至于抱怨了。未曾想,友人仍怪他不止。能力没得到认可的夏鼐着急了,据理力争,表示自己一个人在"寒气"[3]17 里等了那么久,买了两个人的票,已经"将功抵罪"[3]17 了。友人这才不提了,而夏鼐争到了这口气,也再次开开心心地踏上了旅途。

如此像小孩子一般可爱的时刻虽不多见,但平日里,夏鼐只要受到了老师的表扬,也会记进日记里,虽不说什么,但显得十分开心。

李济去欧洲讲学的那次,夏鼐和他闲聊着,听说李济"从前遇到惠勒博士及格兰维尔教授谈及余时,均谓余颇努力,除叶兹教授外均赞许余,而叶兹教授之所以不满意于余,以余去年弃之而去,尚怀余恨也"[2]102 。可以看到,他先是羞涩谦虚地接受了由李济转达的夸奖,然后又要强地对叶兹的不满进行了一番解释,这才满足心安。

这里需要提到的是,夏鼐的"要强"和"骄傲"不能画等号,跟"野心"更不是一个词。他的"要强"是想变得更好,而他的心态又总是很好——善意揣测,所以,"要强"在夏鼐身上基本是一种正能量。他的"要强"是努力的推进剂,总是不要名、不要利地默默干出一大票成绩。不过,人不犯错枉少年,夏鼐的"要强"也有负能量的时候。

西北考察正是夏鼐在志向上渴求成果之时,而他确实也在西北考察中取得了不少成绩,其中就包括汉代玉门关的发现。有很多人奇怪怎么夏鼐一找就找到了玉门关的汉简。下面的论述虽主要与"要强"有关，但应当亦能顺便解答此问。

　　起行之前，夏鼐趁着写博士论文的间隙，把加起来总共 2 680 页的斯坦因的《塞林提亚》和《亚洲腹地》"从头至尾"看了一遍[3]151，还做了摘记。功夫不负有心人，他按图索骥，认出小方城城北的小丘即为斯坦因当年获得汉简处[3]242，随判立刻发挥了重要作用，他认为"这是汉代边防要邑，所弃置的汉简，绝不仅仅斯氏所检去的那几根"[3]242。

　　如此一判定，夏鼐就激动了起来，文艺的心似乎还听见"汉简在地下伸懒腰"[3]242，还会叹气，更告诉他想"出来见一见日光"[3]242。于是，情感和动机都满格的夏鼐，决定开挖了。夏鼐他们果然在此处挖到了不少汉简，其中就有写着"玉门都尉"[3]243的。夏鼐高兴极了，触摸着汉简瞬间穿越了时空，"似乎自己也回到汉代去，伴了汉代的戍兵在这里看守烽台，远处沙尘腾起，一匹飞骑，送来故乡家人的信牍，或京师近郡的公文，低头看着手里所持的汉简，墨迹如新，几令人不敢相信这是二千余年前的东西"[3]243——夏鼐当然不会真的去怀疑"这不会是谁伪造了丢在这的吧？"

　　按说此次汉简之行大获丰收，应当满意而归。然而，夏鼐由于小试牛刀骤得成果，"太兴奋了"[3]246，要强的他想一鼓作气来个更惊人的发现，没想到中途竟错过了斯坦因的"T. XXⅢ F—T 等 15 墩"，"殊失去一好机会"[3]249。忽得如此重大打击，夏鼐的心就像被《大公报》退稿一样，受到了刺激，开始出现偏差。他极不开心，不仅不检讨己方，还归纳了五个理由，把大部分过错都推到天时、地利、引路人和同行士兵的头上——是不是又特别眼熟，跟被《大公报》退稿后，把原因推到"名家"头上，如出一辙？ 这次已经没有补救的机会了，下次亦难有机会再来此处发掘，因此，夏鼐对此事耿耿于怀了很久，这就是上文所提到的夏鼐由于志向受阻而造成性情大变的那一次。少了"菜刀和铜面盆"[3]252，夏鼐就觉得是已经告别返营的士兵偷的，"黑化"了的他完全没有想到，在哈萨劫掠严重的敦煌沙漠中，能平安地发掘汉简、判定玉门关的位置，多亏了士兵们一路的保护与警戒。他想看看当地的象牙佛,人家说已经丢了,夏鼐又怀疑是托辞[3]258。这次打击对夏鼐的刺激颇为严重,大约过了一个多月,夏鼐的心态才慢慢好转。而恢复常态的他又开始美滋滋地把汉简和在武威挖到的金马鞍展示给别人看,人家都表示"颇赞赏"[3]298,430,他便又开开心心的了。

从此事件中,我们不难看出,"要强"本身并无过错,只是受到人的心态的影响,方拯救或毁灭世界,而这世间绝大多数的性格又何尝不是如此呢? 解放后,在考古所工作的夏鼐依旧保留着要强的性格,下属后辈的夸奖,他也都美滋滋地写在日记里,却未曾想因为一次政治运动,闹出了个"大乌龙"。

1951年,夏鼐率领考古队从河南回所,开工作总结会时,夏鼐开心地记录道,"河南组对余之领导表示满意"[4]411,不多想的他完全不曾想过"大家不会是有不满而不敢说吧?"

结果,"三反运动"的时候,参加了河南考古的马得志说他"态度太急躁,教过一次后,如第二次又患同样错误,即发脾气"[4]465,吓得安志敏不敢问他第二回同样的问题。王伯洪也说他"自己辛苦而工作仍做不好,又不能了解群众……即闹情绪"[4]465,说队里的陈公柔是第一次参加田野工作,出土物拿回去以后掉了号,夏鼐为了此事便发脾气,弄得陈公柔不高兴,但夏鼐却不知道[4]465。王伯洪还说"安志敏在琉璃阁遇到汉墓,即推给王仲殊做,王心中不满意"[4]465,但夏鼐又不知道,更说"洗陶器,大家皆不喜欢做,夏勉强要人家做,大家趁夏不在,便不做了"[4]465,不过夏鼐还是不知道。

笔者觉得夏鼐当时的心情大概就是"万万没想到"。

不过其实,这些"缺点"是夏鼐的思维方式必然会引起的。"三反运动"虽然难免"鸡蛋里挑骨头",但这些意见如此具体详尽、情真意切,可见是憋了挺久的真实感受。幸亏夏鼐的要强是一种良性要强,会听取有道理的意见,亦不会记恨给他提意见的人。

而晚年的夏鼐有时也因要强变得特别可爱。比如,他是何时当了名誉所长的,竟在《日记》中完全未提及。直到某日夏鼐记载,王仲殊告诉他王明在院中座谈会中提到"有的所领导,年龄虽超限,但身体健康,工作负责,经验丰富,何必一定要使之下台退到第二线"[9]129,而梅益说"这大概指夏某"[9]129,笔者才惊觉夏鼐已经退居二线了。不知夏鼐是觉得此事不重要忘了写,还是出于要强,下意识地不愿提呢?

而对于朋友的夸奖,夏鼐也是很得意的。他所写的悼念吴晗的文章中,曾提到王庸的两位得意门生,一位是吴晗,另一位他"不点名"[9]408,但"读者自然知道是老谭(笔者按,谭其骧)"[9]408。结果,1984年夏鼐看《吴晗纪念文集》时,发现谭其骧"公开点名"[9]408说"清华历史系中有吴晗、夏鼐两个最出色的学生"[9]408。夏鼐顿时奋起,说谭其骧这是"一报还一报,还要加上利息"[9]408,要"写信向他抗议!"[9]408甚至还把这发现给王仲殊看,怪不得连谭其骧的学生——复旦大学的周振鹤教授看了都说"夏鼐先生对于谭先生的嘉许是很在意也很得意的"[42]。那时,夏鼐都七十多岁了,这点一受夸奖就开心的小心思还是完全藏不住。

回到节首,曾昭燏曾说夏鼐是她平生认识的人里最谦虚的[4]477。夏鼐确实很谦虚,不过他那么要强,谦虚自然有虚有实。

对于自己应受的夸奖,夏鼐总如"孔融让梨"一般推让着。明明十分优秀却非要过度谦虚,明明听到夸奖很开心却要抗议别人的真心夸赞,对于应得的名利官职更是再三推却,这确实是一种值得商榷的"谦虚"。

谦虚,是中国传统文化中重要的美德,但笔者认为,它的本意是不希望受到夸奖的人变得飘飘然,所以让他们自行泼冷水,给自己降温,避免骄傲。然而,在中国几千年的历史中,谦虚似乎演变成了一种重要的人际交往手段。当别人夸奖你时,你好像就应当退让和拒绝,否则就显得"不要脸",谦虚成了一种顾全他人自尊心的礼貌。当这样的中国式谦虚习惯成自然时,难免给许多事务带来不必要的麻烦。《处事》一章中已经反复提到,夏鼐对于给志向的达成带来巨大好处的"官职",顾虑重重,犹豫不决。除了确实有理的担忧之外(如因年轻而产生的不自信),可能还是中国式谦虚在作怪。

不过,这种谦虚在当今的中国人身上亦不少见,更何况那个时代,如此爱惜羽毛、明哲保身、洁身自好的精英知识分子？但这种矛盾的品格，往好了说是"礼貌懂事"，往坏了说，却逃不出"虚伪"的范畴，到底如何，大概还要很久之后才能有所定论。毕竟，"木秀于林，风必摧之"，在地广人多的中国，谦虚意味着低调，谨慎自守一些总是没有坏处的。

而对于自己不懂的领域，夏鼐则是真的谦虚，不耻下问。

比如，虽然邹衡是夏鼐的学生辈人物，可他在殷墟文化的分期上颇有创见。夏鼐在这一领域的问题上便会"一再征求他的意见"[31]74，而且特别欣赏他年少有为。1956年，邹衡在兰州大学当助教，夏鼐路过时，就背了个自己特别喜欢的西北大西瓜去找他聊天，甚至引起了"兰州大学的震动"[31]75。

再比如，夏鼐把当时还是"右派"的仇士华夫妇调来考古所筹建碳十四实验室，可谓对他们有知遇之恩，但他自己完全不觉得。夏鼐只知道仇士华夫妇是自然科学的专家，碳十四实验室一事要完全仰仗他们二位，便时常找他们讨论问题，请他们校对数据[29]145，可谓在自己不那么懂行的领域极其真诚谦虚。

又比如，夏鼐解决大家都无法解决的问题时，难免也有力不能及之处。有一次，他不认识故宫外国丝绸品上的"阿拉伯字母文字"[5]240，便专门跑去请教伊斯兰协会的某同志[5]240。

综上可以看出，夏鼐在自己不擅长的领域里相当谦虚，因着对知识的敬畏，他对于掌握着自己所不懂的知识的人，亦是十分尊敬的。这便是他显得无所不知的另外一个重要原因——"对症下药"，不耻下问。这大概又是夏鼐身上的一种大智慧，是一种真实而值得推崇的"谦虚"，即每个人都应对万事万物怀有基本的敬畏之心。

"要强"和"谦虚"并不是两种矛盾的性格，能兼而有之的夏鼐，只不过是在不同的境遇下，都想把自己变得更好，因此产生了不同的心情与态度。"要强"使他遇到赞扬便开心，在生活中永不放弃向更好迈进的希望；而"谦虚"则使他在沉入谷底和遇到困难时不至沮丧，反而能认识到自己的不足，继续努力奋进。这恐怕便是"文革"中，夏鼐不咒骂、不消沉，积极乐观地坚信这次运动能使自己变得更好，最后得以全身而退的重要原因之一。

大抵能把生活过好的人,在无论怎样的境况下都能活得很好。夏鼐如果是那个从监狱中向外看的人,那么,他不仅能看到星星,或许还能把星辰的运作轨迹研究出来,更和狱警打好了交道,了解着外面世界的动向,离出狱早已不远了吧。

四、书斋中的英雄梦

若说夏鼐有什么地方与一般学者不同,恐怕就是胆大爱冒险,无惧生死劫。

欧战蔓延至英国时,尚在留学的夏鼐十分希望"看到一次德国飞机空袭"[2]260,结果"等了一个月,不但不见炸弹乱下,连飞机的影子也不见一只"[2]260,夏鼐感到十分失望。声明着"只要一次便够受了"[2]260的他,暴露了心中对不平凡生活的渴望。

前文提到大学时,某次夏鼐在女生的包围之中十分尴尬,情急之下解释"自己的性格反近于横戈跃马的莽汉子"[1]260,这在日后倒成了真。而这还是得托福于留学的经历,让夏鼐爱上了徒步旅行;更得益于他对事业燃起的雄心,让他多愁善感的蛹得以开裂,挣扎着伸出翅膀,经过考古生涯中黄土淤泥的磨砺,变得更为强壮有力,亟待一飞冲天;而避战的生活则激发了夏鼐体内的冒险因子。因此,回国后的夏鼐,再也不会抱怨"路上泞滑"[1]21,"刮风有点讨厌"[1]322,而是从防空壕里伸出头来"欣赏"空战①,更对着侵略故乡的日军练起了日语。

1942年夏,温州沦陷。夏鼐回岳母家取东西,遇上了日军向他要香烟。他没有香烟,倒用日语问人家,你是日本人吗?[3]46对方"瞠目不答"[3]46,反问他"你也懂日本话?"[3]46就如这般,前几次夏鼐遇到的日军都没有对他动手,还与他交流,他的胆子便大了。第二天他仍回李宅,又遇到日军,便故技重施地用日语问人家是不是日本人,还想交流一下[3]47。没想到,这次的日本兵看他会说日语,以为是中国兵,扬手便要打他,还拿出了刀来,想要杀他。夏鼐挣脱了出来,想逃跑,

---

① "少顷,敌机入市空,银白色的机身,反映着阳光,甚为清晰,吾军高射炮弹射,响声起后,空中一缕白烟,没有中的。"[2]353

日军举着小刀和菜刀便追了上来。此时夏鼐的反应十分从容冷静，他说"我看形势不妙，今天也许便死在刀下……但是心中仍很镇定，不过有点茫然，觉得自己不应该这样毫无价值地送了性命"，"看他行近，便拔腿飞跑"，最终谨慎地逃出了生天[3]47。

而由水路从西北返回史语所那次也是。夜船遭劫，匪徒上来乱翻东西，夏鼐镇定地"计划着怎样可以减少损失"[4]2。拿着武器的匪徒让他打开装古物的箱子，问他木头标本是不是沉香木，夏鼐反让劫匪"一嗅便知"[4]3；匪徒拿走了他相机的反光镜，并把他赶到岸上让他教用法，夏鼐在心里超拽地想着"不怕我要收你学费么"[4]3，嘴上则敷衍地让匪徒拿回去"请人家慢慢地教你"[4]3，完全没把拒绝劫匪可能会招致的危险放在眼里。

这些遭遇其实都是险境，夏鼐的父亲亦曾怪他"轻践险地"[3]56。但我们却不难看出，夏鼐遇到险境是镇定而兴奋的。他一遇到紧急情况就会冷静这点，给他创造了活着冒险的条件；而凡要强与具雄心之人，恐又多数着迷于"万军之中取上将首级"的故事。当夏鼐终于等到了类似的险境与机会时，自然便会兴奋了。他的一生都在书斋中度过，因此，他或许更为强烈地渴望着动乱刺激的生活，就像河那边的人看这边的风景时，总是心驰神往。因此，遇到险境时，夏鼐才会流露出依依流连的感觉，除非真的危及了生命，否则他定要心里痒痒，哪怕获得一些惊险的经历过过瘾，那也是好的。

可能就是因为这种性格，夏鼐才能很快地融入解放初期共产党那种开天辟地的大时代氛围中。这或许亦是他坚信共产党的原因之一，因为民国风采矫健的大师们，多已去到大洋彼岸，而后起之秀的夏鼐，亦渴望着属于自己的时代，终能来临。

五、单纯的聪明人

这一节就要接近尾声了，夏鼐天生固有的性格却远不止这一些。人性是多么矛盾而复杂，仅凭文字岂能说清道尽。

上文提到，夏鼐经常乐观地判断别人的行止，又对自己的判断深信不疑。可是，当他人别有用心，并有意遮掩之时，被如此对待的夏鼐难道真的看不出来吗？这个问题笔者反复思考了很久，最后认为，这不是一个看不看得出来的问题，而是一个选择的问题。

夏鼐出生于富商家庭，哪怕个人生活再单纯，也免不了为大环境所渲染。他很懂人情往来，在英国时常请房东和同学吃饭①②③；和别人打交道时，他亦会察言观色④⑤。前文，他总在聊天时"乘机"提出话题，又怕和向达"决裂"而与之妥协，都是很好的例子。

另外，1946年夏鼐还在史语所之时，美国大使来找李济谈"普林斯顿大学二百周年纪念"派中国代表去做学术讲演的事。李济便为大使介绍了恰在其处的夏鼐，让他与大使"谈西北考察事"[4]29。谈话中，夏鼐很快听出了大使"暗示此项材料与上述之普林斯顿大学所要求者殊为适合"[4]29的意思。

又，1980年，夏鼐带团访问罗马尼亚，在一次学术会议上，他的论文由于种种原因被排在最后，他上去演讲时已12时半了。夏鼐说"为了照顾大家的疲倦和饥饿"[8]454，便"只讲了不到10分钟即结束"[8]454。这不仅在于他本人怕麻烦，同时也饿了，更在于他是懂得察言观色和卖人情的。

所以，夏鼐并非粗枝大叶，他是懂得人情世故的，且会观察别人的脸色与整体氛围。但是，由于他自信乐观的随判早已习惯成自然，他的这些人情技能只刚好够用，并非他的长处。他不愿深想，怕自己"成为神经病"⑥，亦不太多想，觉得何苦搅得自己心神不宁。所以，哪怕夏鼐懂得这些人情交际、权宜之计的小心机，一来他不会刻意使用，二来他并不喜欢这些技巧，这就造成了他仍察觉不到一些事情，

---

①　"晚间请房东夫妇到中山楼吃中国饭。"[2]100

②　"晚间请陈君至北平楼吃饭，贺其得硕士学位也。"[2]215

③　"今日我请房东夫妇到中山楼，去吃中国饭，因为自己不久便要离英了。几年居住此间，感情颇洽，未免依依也。"[2]261

④　"司机允许我们改搭明日开出的车，但能否成功，或系敷衍语仍不可知，因为他有'明天之车或作容不下这么多'一语。"[3]6

⑤　"格兰维尔教授允代设法，观其意颇欲留我在这儿。"[2]246

⑥　"我越想越有点气，怪自己为什么投他的门下为学生。我不敢再想下去，怕想得过度，成为神经病。"[1]390

或者,就算察觉到了,他也当作不知道。

笔者在读《日记》时曾打过一个比方,傅斯年看到令自己不爽的事情时,是特别激情而正面地解决的,时隔一个世纪,仍能感受到他说着"你们来啊!来啊!来一个我打一双!"的挑衅姿态;而夏鼐看到令自己不舒服的事情,有时在心中默默腹诽两句,有时则直接捧着书淡然地走了过去,你连他到底看没看到都说不清楚。今日看来,这个比喻还是挺合适的。用王世民的话来说,虽然外界的勾心斗角很严重,可夏鼐对此一直是"嗤之以鼻"[24]的,因此,拉帮结派的活动与他无缘。

那么问题就来了。既然夏鼐从不打算形成任何小团体,清高保身,为什么最受史语所大佬们青睐的他,不仅没有去台湾,反而在新中国成立后近似于"倒戈"地投入了中国共产党的怀抱,并要为其革命事业奉献一生呢?对于此问,笔者颇不敢言,因此事题材敏感,证据易被修改。但是,笔者还是希望根据所掌握的材料和所了解的夏鼐天性,尝试一答。

夏鼐并不是什么墙头草,在刚刚解放时,他对最初接触到民众的共产党成员——解放军,并没有什么特殊的感情。刚解放时,他家作为富户地主,要筹"2千6百余斤"[11]301军粮,夏鼐东奔西跑了10多天才搞定,"心神交瘁"[11]300。并且,那时的国民党还在做最后的挣扎,时常跑来轰炸,他家房子大,解放军有"三十余人"[11]317驻扎在他们家,一有空袭警报即"持枪作射击状"[11]317,把他们家吓得不轻。

那时,夏鼐顶多觉得"浙南游击队"等解放军部队纪律较佳[11]297,比临走前据说还"沿途焚掠"的国民党军阀①好一些罢了。至于其他夏鼐写在那时的解放军的好话,笔者就不敢信了。

当时,在家陪伴着病重的母亲、处理着各种家务事的夏鼐,收到了三处抛来的橄榄枝——北京大学、中研院和浙江大学。在这个特殊时期,从不多想的夏鼐也犹豫了。

---

① "返家后,闻少兰姊丈云:国民党李延年部下二师,有从金华下丽水来温之消息,纪律甚坏,沿途焚掠,如不幸来温,恐有一番蹂躏……"[11]290

一方面,战争引起了交通堵塞,他较难北上去到北大和中研院的所在地——现在的首都北京;另一方面,他对新政党还处于观望的阶段,这次的去路很可能会彻底决定他未来人生的走向,而继续选择直属中央的研究机构,是否对自己未来的人生和志向的达成有益,还是个未知数,且一旦选择之后,怕是不好脱身,而年逾 40 的他,也没有多少试试的时间了;还有一方面,作为富户的夏家在新中国成立初期并不好受,杂务繁多,且夏鼐的母亲已显病重,有了父亲的前车之鉴①,夏鼐不敢走远。于是,他跑去和友人商量[11]313之后,又自己斟酌了一番,走了一步谁都想不到的棋——先去浙江大学任教。因他"不应北大之聘而来浙大"[4]267,他的浙大同事都"颇惊异"[4]267。

然而,这就是夏鼐大胆又聪明的地方。首先,浙江大学离家很近,返家方便,万一家里或母亲有什么事,也可及时归家。其次,不像北大和中研院,夏鼐在当时的浙大是相对自由的,想走就可以走。再者,任教浙大后,夏鼐还有一段时间可以观望中研院和北大的动向,到时若佳,再走不迟;若不佳,人类学系惨淡的浙大[4]267亦有他施展拳脚的余地,不致失业。

大概就是这么想着,夏鼐跟浙大人类学系的主任吴定良,说清楚可能不会久留之后②③,便安心地在浙大打了一年酱油。说他打酱油真不是冤枉他,一会儿请假去上海了④,一会儿让学校"将考课排早一点,以便返里"[4]281-282,一会儿为了陪伴母亲,在家待至五月下旬才回学校[4]299,回校后更把每星期的课增为六小时,"以便赶完功课"[4]300。比起在任何一个地方工作,夏鼐在浙大都显得要随意和不上心些,幸好负责和认真还是一贯的。

1950 年 5 月 27 日,夏鼐的母亲去世。夏鼐悲痛以极,哀叹"余在家三月有半,而出门不及一星期,即遭此变,岂冥冥中真有命定者

---

① 父亲去世时,夏鼐先生不在其身边,且较久之后方得此噩耗,这成为了夏先生心中永远的痛。

② "晤及吴主任,将中研院沪方来信交之一观。"[4]265

③ "将郑西谛君来信与吴主任一观……希望能住上一年。"[4]272

④ "向吴主任告假,适吴主任亦今日夜车赴沪。"[4]272

图 6.4　1950 年夏,夏鼐与浙江大学人类学系师生的合影[16]69

乎!"[4]301回家料理好丧事后,尘埃落定,已经收到梁思永三封急信和中科院及北大聘书①的夏鼐,也该做出选择了。

　　这里需要说明一点,其实夏鼐不去台湾史语所,除了不愿与家人永隔,和"怕傅延命所长"[30]178之外,还有一个重要的原因,那就是,那时他打心里觉得北京的考古所是史语所的大陆"分所"。新中国成立初期他在家逗留之时,台湾同事曾来信说"终日苦痛(已非苦闷),焦急如待决之囚,两鬓顿成斑白,皆台湾之行所铸造成者也"[11]302。台湾的前途如此不乐观,大陆却百废待兴,雄心壮志的夏鼐当然不愿意去了。台湾同事还劝他早日去北京,和梁思永等一起,重振史语所考古组[11]302,更告诉他这是"天将降大任于斯人也"。而夏鼐在那时的日记中,仍称其为"所中同事"[11]302,可见他仍把自己当作史语所的一员,且与同事有着共同的认识:梁思永和夏鼐等人留下来的史语所考

_____

　　① "……科学院已发表以余为考古研究所副所长……"[4]300

古组,仍是原来史语所的一部分,在大陆振兴,也是振兴史语所,更是振兴中国考古学。而梁思永的第一次电报也是这么说的:"……盼仍来平,主持史所。"[11]304第二次电报方说:"不止为共同支持史语所残局(此残局似乎在短期内即将结束),更为今后(尤其是今后一二个月中)中研院等研究机关合并改组为科学院(此殆成定居)之过程中,亟须兄亲自在场……"[11]323

　　因此,对于夏鼐来说,当时大陆剩余的史语所考古组,只不过是为了适应新的政权而改了个名字,并且变得更加独立而已。梁思永还在,考古学还在,去哪振兴不都是振兴中国考古吗? 更何况,聪明如夏鼐,很清楚中国大陆才是真正拥有无尽藏的神州宝地,潜力非同小可。反正还是原来的工作,只是名义不同而已。因此,在夏鼐的心中,一开始就完全不存在"背叛"史语所这回事。既然台湾"分所"前途惨淡,那么他就从善如流地来振兴可以大展拳脚的大陆"分所"吧!

　　当然,百般不情愿地代理了史语所所长的夏鼐,对于中央任命他为考古所副所长一事,自然是很不情愿的,"拟辞去副所长,专任研究员"[4]300。此外,谨慎的他怕政务缠身,无法学术,同时还接受了北大的聘用,似是给自己留了一条专心于研究的退路。

　　在这个过程中,夏鼐对共产党的感情还是没有什么实质性的变化,顶多是解放军治安有效,保护人民,给夏鼐留下了不错的印象①而已。到达北京之后,或许是因为考古的工作已经停顿了太久,夏鼐便马不停蹄地率人向河南进发,开始了田野工作。

　　就在河南考古的过程中,"三反运动"开始了。而就是这次运动,成为了夏鼐对共产党情感的转折点。

　　前文说过,在"三反运动"的批评会上,夏鼐被大家直言直语的批评说懵了,因为以前可能从来没有人跟他直言过他的缺点,因为他真的够能干又够谦虚。但他没有恼羞成怒,反而觉得很不错,并欣然接受。同时,共产党初期所提倡的各种"反腐败、反贪污、反官僚"等,正

---

　　①　"我们上岸找到驻军,询问前途安静否? 据说昨日捕获土匪20余人,内有一大队长,今日下午有解放军一船上去,绝无问题,余等心中大慰。"[4]263

是国民党政府曾严重存在的弊病①②③,这"三反"是反到了夏鼐心窝子上的。

同时,托福于不多想的性格,虽然当时的中科院副院长吴有训(即吴正之)④、考古所所长郑振铎⑤等人在自我检讨时,都情感冲动、潸然泪下,夏鼐却颇觉新鲜,坦然接受批评,完善"缺点资料库"。

于是,在当时那种集体检讨的大环境里,在必须通过政治改造的要求下,哪怕是假戏,很多人做着做着就当真了。夏鼐虽然聪明,可是政治,尤其是操控人心的事情,他确实一窍不通。他看到政治运动对那些他确实有点看不惯的人竟触动这么大,恐怕是极度地诧异于共产党的能量,便开始觉得共产党非常了不起,更觉得他们都是由"特殊材料"[6]15制成的了。

从他在心中神话了共产党的那一刻起,偶像崇拜的情结便随之滋长。夏鼐看专业书和闲书的时间变少了,他捧起了红色读物。而对于自己热爱上了的事物,夏鼐又特别容易情感丰富,心潮澎湃,时空和皮囊都无法阻隔他的心之向往。当时的他,就这样将单纯又热血的自己,主动送到了正在招揽人心的专业组织面前——这下,一个愿打,一个愿挨,效果立竿见影。

夏鼐彻底相信起这个组织了。并且,他觉得这个组织是真的有能力,有希望。他开始相信起这个组织真的能带领中国走向更好的明天,真的能开创一个新风气的大时代,而他的身体里关于开天辟地的血液,也流动起来了。

---

①　"可怜小民有断炊之虞无限,而专员之香烟,非派克或白金龙则不肯入口,殊可一叹。"[3]52

②　"归途在大街遇及迎神,系城隍爷,闻岳武穆及威灵仙今日出巡。闻专员之意,系欲借此振兴市面,但敌人仍据金华,况萧条,徒耗费金钱耳。"[3]60

③　"闻黄绍竑主席来温,留宿二宵,由张专员拉皮条,以妓女阿柳荐枕,每宵1 000元左右。"[3]67

④　"下午吴有训副院长做自我检讨,对于过去反动思想及行为做一检讨。尤其是对1945年'一二·一'事件,自告奋勇赴昆明镇压学潮,及后来在中大的经过,感情激动而下泪。"[4]497

⑤　"……接着吴晓铃提意见,并提及燕京大学于1934年冬驱逐郑先生事,此时郑情感冲动,近代史漆侠提意见,郑已提笔下泪,主席刘桂五即宣布休息,郑凄然离席返办公室。"[4]299

这一切在他被接受成为预备党员时体现得淋漓尽致：

> 今天是我生命史上划时代的一天，我已被所中党支部大会通过接收为预备党员。……下午在家，继续阅《怎样做一个共产党员》一书，记日记。孔子云："四十而不惑，五十而知天命。"（《论语·为政》）我今年虚岁已过五十，而实足年龄尚不到五十。从前四十岁，尚未能做到"不惑"的地步，但望在五十之年，能知天命。我自己以前的看法，觉得共产党员是由特殊材料制成的，具有特殊性格的人，我自己没有经过革命斗争锻炼，没有希望。后来渐渐感觉到我虽然有缺点，只要决心改正，决心向工人阶级投降，仍是可争取入党的，今日竟能将梦想实现，光荣地被接收入党（虽尚未经上级批准，当无问题）。今后当更严格地要求自己，努力学习马列主义，提高政治水平，努力推行与贯彻党的决议，联系群众。[6]15

笔者心中"夏鼐参加政治运动只是为了敷衍了事，乃权宜之计，其实他也很苦闷"的怀疑，终于被这一番天真热烈的宣言给彻底抹杀了。如果夏鼐只是想在日记里表忠心，那么显示了他超级的迫不及待和激动兴奋的"（虽尚未经上级批准，当无问题）"[6]15的那句话的存在便是不合理的，夏鼐完全可以等成为正式党员时再假模假样地激动两句。可是，他一来不是一个习惯在日记里说谎，以写给别人看的人；二来，他不是一个擅长拍马屁的人。所以，只有一种解释，那就是这段话里的每一个字，都是他的肺腑之言。

"大跃进"时也是。彼时，夏鼐正在住院，正因自己不能加入这为新时代奉献的阵营而失落，还"诵刘禹锡诗：'沉舟侧畔千帆过，病树前头万木春'"[5]379，诵着诵着更是怅然了，特别可爱地说："相信自己只是漏舟不是沉舟，只是病树不是枯树，好好地医疗一番吧！"[5]379

而1963年，夏鼐的胃病彻底被根治的例子更无须重提。在共产党的领导下，他在正规的大医院里得到了现代医学的治疗不说，组织还又送水果又送钱，更夸他是忘我地工作、积劳成疾才住院的[5]70-71。

不得不说,共产党的表现真得非常好,习惯了贪污、腐败和官僚的国民党政府的夏鼐,何曾受到过这样的待遇？卡片上的每一个字,不多想的夏鼐都相信了,还被感动得一塌糊涂。后来,他多年的老胃病居然还真就在受共产党领导的医院里被治好了,夏鼐激动得再一次心潮澎湃,乃至于精神失常后,再没有什么能将他的心与他所信仰的党和毛主席分开了。

此外,前文还提到过,第一代党的领导人对科学家很尊重,因此,对他们进行学术研究的硬件也有所保障。同时,由于治安力度的加大,考古工作的风险也相对降低了。所以,尽管写文章时要加许多作者自己都不一定理解的马列主义,有时还得为政治执笔写批判文章,但研究总还是可以进行的,总算还是有了一个太平盛世。这一点,又比夏鼐经历过的经费缺乏的史语所,和考个古都能遇上抢劫的国民党乱世要优越许多。

综上,在各种因素的作用下,夏鼐终于坚定地踏上了信仰共产主义的道路。途中虽不是一帆风顺,单纯又聪明的夏鼐却最终学会了寻找最正确的路来走。

"文化大革命"是不得不提的一笔。

"文革"一开始,夏鼐看上去似乎并没有被打击得很消沉,而是多次乐观自信、雄心壮志地表示"我很愿意引火烧身,在这次文化大革命中受一次洗礼"[7]223、"我是决心想在这次运动中引火烧身"[7]224、"希望通过这次运动,能引火烧身,根本改造……我相信自己能受得起考验"[7]224、"继续阅读毛主席著作,希望能由其中吸取革命的精神,增加自我改造的决心"[7]224、"我虽犯错误,但自信还是真正愿意医治,愿意改正"[7]226……

不知诸位发现没有,这种"我要引火烧身、彻底改造"的话语,夏鼐几乎每日都要神经质地提到,这显然已经有问题了。没错,他最热爱和信仰的组织,突然说他是大毒草、走资派,要打倒他、斗争他,他岂能不痛苦？他一再地表决心,就说明他心中那份坚定的信仰一再受到了严重的冲击,他才不得不每天强迫性地提醒自己,让那份信仰不致垮掉。大概，他心中对党的热爱有多少，痛苦就有多少。

但若要问笔者在这其中读出了什么，笔者会说，读出了一颗虽然无比痛苦，却仍誓死捍卫光明念想的心。

他也有因为终于受不了而承认"这场运动，真可以说是触及人们灵魂，至少对于我这摧整的人而言"[7]225的时候，也有快支持不住了说"我扪心自问，这十几年来并没有反党、反社会主义"[7]225的时候，但他很快就会重拾信心，说"不管别人对我的看法如何，但是我仍当勇敢地进行自我检查，决心投入这次运动，将资产阶级思想的学术路线打垮。在过程中，与群众一起，把资产阶级所谓'权威'、'专家'，包括我自己在内，统统搞臭，丢到垃圾堆中去"[7]225，还会明明说服不了自己，却硬要说服自己回到党的路线上："当然，我认为一个人被搞臭后，仍应该为人民服务，献出自己的一点滴的力量。"[7]225

当你选择并决定为之奉献一生的信仰，突然要抛弃你，消灭你之时，不崩溃的人能有多少，转投了阴暗的人又有多少。夏鼐也是在苦苦支撑，坚持不让自己认为是共产党做错了，坚持不让自己认为共产党根本不值得他奉献一生，而是不断地疯狂地从自己身上找原因，在心中不断给"文革"以台阶下。

最后，他终于做到了，他死死守住了心中光明的想法，坚持着"要克服从前那种单纯依靠好环境和靠别人帮助的思想，自觉地改造世界观，自觉地开展积极思想斗争"[7]268这样咒语般的念头，直至被解放。后来，夏鼐虽然也明白了"文革"的错误性，但起码在那样黑暗的时期里，他维持着心中的光明之火未使其熄灭，"文革"对他来说，倒可能真的成为了一种好的磨砺也说不定。

所以，为什么他经历了"文革"，还是忠实地拥护着共产党，因为，对单纯的夏鼐来说，意识到共产党的阴暗面，让自己的心中充满怨恨和负能量，对他并没有任何好处。这就是夏鼐用以补全单纯的聪明之处，既然已经做出了选择，并且没有退路可走，那就秉持着光明走到底吧。无论事实真相如何，那份途中的光明，永远都是属于自己的，将不间断地滋养着心灵。

就这样,在外部环境和内部想法的共同作用下,夏鼐忠实地拥护和信仰着共产党,直到最后。这并不是因为他愚忠不明或奴性拍马,而是因为他始终在选择对自己最好的做法,那就是心存善意。而风平浪静之后,夏鼐再也没有明确地描述过对共产党的情感,但他心中必有着不乏善意的定论,这还请各位读者自品了。

与其相信这是一个精细谋划、步步为营、忍辱负重、终获成功的励志故事,笔者更相信这是一个单纯的聪明人不断选择和坚持着对自己更好的东西的正能量故事。夏鼐不可能感受不到来自世界的恶意,只是在绝大多数的时候,他都选择了善意地去揣测一切,选择了心安与幸福,也选择了放过自己。

第二节 命 运

但是,哪怕夏鼐聪明勤奋,才智爆棚,拥有着每一个命运节点所需要的才能——可命运的节点若不存在呢?

清朝不战败,没有屈辱的"庚子赔款",就没有公费留美;

国民党不夺取政权,就没有中博院和史语所;

共产党不打跑国民党,就没有中科院和社科院;

不是毛泽东执掌共产党,这个政党将如何行动尚且难说;

郑振铎和梁思永长命百岁,也就没有夏鼐那么多的事了;

夏鼐若一直到"文革"结束才被放回,考古所或许已另有主人了……

个人始终是渺小的,被命运的狂潮大浪裹挟着,每一个人都身不由己。而个人的天性,也只有与命运相碰撞,才能迸发出生命的火花,最终方可绘出每个人一生明暗起伏的行进之路。

所以说,孔子和夏鼐是聪明的,"子不语怪力乱神"[1],而夏鼐不深究这些问题,生怕变成"神经病"[1]390。

---

① ［春秋］孔丘:《论语·述而》。

因此,笔者也只能怀着敬畏的心情,以自己薄弱的感受力,捕捉夏鼐生命中那些执着得有些生硬的诡异转折,巧合到很难解释的神奇机遇,来对造物主的安排进行一次大胆的窥探。

一、功不可没的梅贻琦

上文提到,夏鼐最初的工程师梦想破灭后,便想一心研究史学,尤其是史学中的近代史。

所以,他考上了公费留美的考古学之后,悲喜交加。尤其是看到来年的公费留美竟有经济史一门时,他的心简直是骚动了①,嘴上说着"既已无望,死心塌地地去干考古学"[1]312、"只好咬牙硬干"[1]319,私下却蠢蠢欲动地想再考经济史。不过此事,在夏鼐看来,需要通过专司留美公费生考试的清华最高行政长官——梅贻琦校长点头才有可能。

但是,梅贻琦出于种种顾虑,只给了夏鼐一个根本算不上选择的选择,竟把夏鼐堵死在了考古这条路上。

一开始,吴晗带来梅校长的口信:

> 寿民先生与梅校长接洽,梅意见如欲考经济史则必须放弃考古学,因兄为本校学生,如一通融,必将引起各方责备及纠纷也。梅校长并谓,拟别致函劝兄早日决定,如决考经济史则将去年这考古学取消,今年另增一名经济史云云。[1]319

梅贻琦的态度非常明确:你又想考经济史,又想保留着考古学的退路,这条件也太优待了。清华的公费留美生选拔是面向全国的,你作为本校学生,我若给你这种优待,岂不让外界说我校开后门、不公平?那若他人也不满意自己的专业,纷纷效仿,到时清华该如何收场?

后面那句话梅贻琦没有说,不过大概就是此意。于是,此时有两条路摆在夏鼐面前:(1)放弃考古学,为经济史孤注一掷;(2)继续念考古学,无甚风险。

---

① "又阅报,知今年留美公费生有经济史一门,殊自悔去年之投考考古学也。"[1]302

夏鼐对于关乎自己志向的事还是万分谨慎的,他不敢冒这个险。万一到时没考上经济史,又丢了考古学,那真是赔了夫人又折兵。一想到父母的失望,就算借夏鼐八百个胆子,他也不敢孤注一掷。

于是,他只好再与梅贻琦商量,看看有没有不这么冒险的办法。然而,梅贻琦一言驷马难追,坚决不肯松口①。

不死心的夏鼐,此时又显示出了从小就不会来事儿的潜质。梅贻琦再三回信说:"依校中规定:如欲投考经济史非放弃考古学不可"[1]322,把夏鼐纠结得"恨不得赌气抛弃考古学"[1]322,"但是仔细一想,却又不敢"[1]322——那确实是不敢的。

再三接洽后,夏鼐终于认识到了"此事已完全无回转余地"[1]327的事实,只好放弃。这一回合,做了相当无用功的夏鼐在与命运的斗争中败下阵来,"只好任着命运摆布了"[1]322。

似乎命运想实现一件事时,是无法亲自出手的,而是委托给现实中的某个人来进行。而将夏鼐退出考古学的后路彻底断掉的梅贻琦,身上就弥漫着被命运委托了的味道。梅贻琦是完全不了解夏鼐的,并不知道他不会来事儿,也不知道他不敢放手一搏,他只是为了清华的声誉考虑,因此不能答应夏鼐在转考经济史的情况下,还给他保留考古学的位置。

可是命运知道啊。命运知道夏鼐绝对没有能力找到梅贻琦的顶头上司来解决此事,也知道为了志向和家庭考虑,夏鼐绝对无法做出如此高风险的事。于是,借梅贻琦之手,夏鼐哪怕再无可奈何,心有不甘,也只得咬牙走上了命运安排好的考古之路。

之所以觉得这个转折点很有命运的味道,一是因为这个转折太生硬了。夏鼐不是想当工程师,就是想当史学家,压根没往考古的方向想过。他只是心焦于毕业的出路,才会连公费留美生一起考了,以求保险。所以说,他完全不是自己踏上考古这条路的,他本人的想法对此事不仅没有助力,还有巨大的反作用力,那么控制着此事走向的

_____

① "今日接到王栻君的来信,仍是说梅校长坚决拒绝我无条件的投考经济史。"[1]320

正作用力,只能归到命运头上了。

二是因为这个转折中出现的"经济史事件"太巧合了。考上了考古就考上了,第二年不出现夏鼐感兴趣的科目,也就没有这一小节了。怎么偏偏就在夏鼐打算接受考古时,就出现了经济史门,这才引发了夏鼐强烈的挣扎,方使梅贻琦给出了强硬而没有余地的选择,才让夏鼐撞得头破血流,以完全没用而收场。这简直令人疑心,是命运故意要显示自己的威力,让世人知道自己的存在,"经济史事件"不出现的话,夏鼐明明会更顺畅地去读考古。由于这一事件唯一的作用只是引起了"夏鼐的挣扎",让笔者感觉到了命运的力量,所以,这份巧合实在有些命运的"司马昭之心"的味道。

二、"非鼐不可"的傅斯年

另一件让人感觉特别到不可思议的事情,就是傅斯年的"非你不可"。

傅斯年把夏鼐从中博院调到史语所后,又想让他代理所长,使他在才学之外的能力亦得以展示,后来留在大陆史语所的梁思永才会对夏鼐如此倚重,力保他当副所长。因此,傅斯年把夏鼐调来史语所的这一步,可说是决定了夏鼐人生方向的一大步。否则,夏鼐一直在中博院工作的话,后来的故事会怎样发展尚不可预料。

而命运的奇妙之处就在于,常令你想都未曾想过之事发生在你身上。夏鼐明明就与李济更亲密,英国留学回来便自然而然地来到了李济所主持的中博院内工作,想跟着亲老师好好做出一番事业。但傅斯年却像被命运指引着似的,半路杀了出来。

先是调史语所一事。夏鼐的才学在英国时便已为远程遥控的导师们所看好。一开始,据说是因为中博院"闹穷"[37]272,傅斯年就让李济调个人过来以减轻中博院的负担,但他其实是以此为借口调夏鼐过来。没想到,李济也很爱夏鼐,明确表示不给,说"我也要留个好的"[37]272,只调了吴金鼎给他。那就算了吧,少了夏鼐,史语所考古组又不会灭亡。换作别人可能就这样想了,但对方是当年考古组成立时,非要李济当主任不可、为了事业能跟全世界撕破脸的傅斯年。要不到夏鼐,傅斯年自然不会罢休。他便写信给重庆中研院的总干事,一会儿说考古组没人才了,夏鼐不来不行,一会儿又说现在只能请得起夏鼐这个级别的,本人病得很严重,没精力弄钱也没有钱①……总之,他软磨硬泡,最终使中研院同意了把夏鼐调给史语所。最高行政机构做出了人事调整,李济就算生气,也没有办法了。

真不知道那时傅斯年是否就盘算着,如果考察夏鼐一段时间,觉得他确实不错,就让他来代理史语所所长,自己则去美国看病。总之,夏鼐调去史语所后,并未多待,很快就和向达去西北考察了。获得了玉门关汉简等重要发现后,他回所稍事歇息,便又回家了。

而他再次回到史语所时,等待着他的就是傅斯年非要他代理所长的情节了。此事前文已详细展开,此处不再赘述。

因此,无论怎么看,傅斯年都是个半路杀出的程咬金,想方设法让夏鼐代理了所长,而此事完全在夏鼐的设想之外。但就是这种"强人所难"却又成功了的事例,才弥漫着一股强烈的命运感。

这回命运的委托,是通过正面出击的方式实现的。傅斯年不仅知道夏鼐学问好,脑子聪明,也和吴晗一样看得出他人缘好,"似乎没有很亲昵的朋友,但也没有反对你的敌人"[14]413。傅斯年还看准了始终举足轻重的梁思永和李济,唯独对夏鼐绝不会有异议,而小一辈的人,服不了夏鼐的,总还服他傅斯年。夏鼐天生的性格与后天的才能,傅斯年恐怕都看在眼里——就是这个人了,太适合代理所长了。于是,仿佛是命运利用了傅斯年顽固执着的性格和手眼通天的能力,硬生生地把夏鼐按到了代理所长的位置上。

但是,命运的厉害之处还不止于此。毕竟夏鼐丝毫不给傅斯年面子,拒绝了他那么多次,如果傅斯年仅仅是出于客观公正的判断,真的会非要夏鼐代理所长吗? 他的老脸都要被打肿了,答案应当是

---

① "二、为考古组前途人才计,本所目下应该请他。三、本所经费,用得超过。弟久怀疾疢,此时不敢提请大薪水之人……"[37]272

否定的。事实上，傅斯年还非常喜欢夏鼐，夏鼐温和无争、善于聆听的性格，对于傅斯年和胡适这一类性情强势激烈、表达欲望旺盛的人，大概有着致命的吸引力。

前文说了，夏鼐虽然要强，但主要是想做出一番事业来，对于名利一类的没什么念想；又因其在志向一事上无比谨慎，天上的馅饼掉得太大的话，他是避之不及的。并且，他的外在表达总是十分谦虚，又因平日里乐观自信的随判和不喜争执的习惯，基本小事上是让做什么就做什么，哪怕令其招之即来挥之即去①，他也不会有怨言。此外，夏鼐说话还有艺术，让人听着舒服，是那种不具攻击性，却还能说服你的人。

而傅、胡这类人，大概一生都习惯了重拳出击，煽动群情，为了说服对方，达到目的，不惜失态万分，可以用尽百般手段。夏鼐的世界他们不太懂，怎么他们需要全力以赴才能做到的事情，夏鼐好像轻轻松松，打个太极就做到了？因为不明白，所以觉得很厉害，殊不知夏鼐也有着他的全力以赴。同时，在他们眼里义愤填膺、彻夜难眠的烦恼，怎么到了夏鼐那里，简直成了不值一提的事情？殊不知夏鼐的关注点与他们不同，也有着自己的烦恼。夏鼐四两拨千斤的举重若轻，让不明就里的傅斯年和胡适看在眼里，赞在心里。这一点，从胡适和夏鼐的聊天中即可看出。

1948年，夏鼐代理所长期间，胡适来重庆暂住史语所。某天晚上，他自称无聊，要找夏鼐聊天。当天的日记中，夏鼐记录胡适的话有800余字，自己的话则只记了19个字，基本就是在听胡适说（当然，一般和胡适的谈话都是如此）。胡适先说自己有好多书要写，可是事情很多没时间写，好烦恼；又说自己年纪大了，可是学问没有传人，好烦恼；还说政务缠身，自己可能要当总统，那就更没时间写书了，更烦恼；更梦想最好有个闲职，又能吃饭又能做学术，可惜并没有啊[4]180-181……胡适"越说越有精神"[4]181，夏鼐便适时出言打断，劝他少耗心力于无用之

---

① "晚间胡适之先生早归，坐着无聊，叫老裴来喊余聊天，余正在读《殷历谱》，抛书去晋谒，谈至11时半始返室。"[4]180

事，多写些书来为后学楷模[4]181。

这番聊天总结一下就是，胡适满腹牢骚，找夏鼐吐槽；而夏鼐听了半天，总结陈词道：您别总想没用的瞎矫情，想这些的时间还不如用来写书。

笔者不知道胡适当时被震住没。因为 1948 年时，胡适已享誉世界，是顾颉刚等的伯乐，显赫的地位与昭然的成果摆在那里，他若主动找一般后学小辈聊天，他人不知要怎样地附和他、吹捧他。而夏鼐不仅完全没被他带跑，去附和他，拍他马屁，还清晰地表达了自己"学术为本"的观点，这份不卑不亢和冷静洞明真是足够独特。

所以胡适堪称"傅斯年第二"。在这次聊天之前，中央研究院开评议会的时候，代理所长的夏鼐因不是正式评议员，表决的那天原拟高高兴兴不去开会，上街购物，结果胡适因为人文组人不够，便一定要"拖着"[4]149-150夏鼐去参加。夏鼐记事不喜夸张，如果是被"拖"去的，可见其有多么不情愿，而胡适有多么执着。

言归正传，夏鼐与傅斯年他们太不一样了，他是一个随遇而安的人，对傅斯年等非要"强人所难"之人，是很有点无奈的。所以，或许是他那种礼貌尊敬中又带点不情愿的无奈，反倒激起了傅斯年等的逆反心理。别人都怕得罪他们，想巴结他们，夏鼐不仅不怕、不巴结，见到他们还轻松随意，完事走人。

正是同时出于私心的强烈倾向和公正的明智判断，傅斯年才会觉得由夏鼐来代理所长是最合适最好的，也因此，才会出现民国成名已久的大佬"非夏鼐不可"的一幕。

对于那些阴差阳错的意想不到，除了说是造化弄人，我们尚且不能多说什么；而对于这种性格的互补与吸引，就像谈恋爱一样，除了缘分，我们又能多说什么呢？

三、考古所诸将

傅斯年让夏鼐代理了所长之后，梁思永在解放初期，非要夏鼐过来当副所长，倒显得合情合理了。哪怕夏鼐并未解决齐家文化与仰韶文化的年代早晚问题，也未发现汉简且确定玉门关的位置，就凭他比起一般学者更为出色的行政能力和渊博学识，再加上梁思永与他甚好的私交①，昔日的老师也一定会力保这个确实出色又履历光鲜的学生来当副所长。因为那时在大陆，梁思永也并没有什么特别值得去信赖的人了。

这里要说的命运感，是指考古所所长和副所长们的人事变动。

考古所的第一套班子：所长郑振铎（兼任文化部文物事业管理局局长），第一副所长②梁思永，第二副所长夏鼐。

这个"第一副所长"是夏鼐非要这么说，而笔者照搬的。这套班子中，中国田野考古毋庸置疑的开拓者，夏鼐亲爱的老师——梁思永于1954年憾然去世。

于是，考古所有了第二套班子：所长郑振铎（兼任文化部文物事业管理局局长），第一副所长尹达（兼任历史研究所副所长），第二副所长夏鼐。

可是，没病没痛、生龙活虎的郑所长，竟在出国访问时死于飞机失事。夏鼐听到消息时，"怔住了"[5]407，回忆起了好多与郑振铎相处的往事，看得出来相当伤心。郑振铎是撑起了考古所行政事务的一片天的，没有他在，当时胃病缠身的夏鼐恐怕早就累得胃穿孔了。虽然之前所里已经来了一个从中央财贸部转来、专司行政的副所长牛兆勋，但是他不懂考古。这时，夏鼐再也无处可推，必须出任他口中的"第一副所长"了。

于是，考古所的第三套班子出现了：所长尹达（兼任历史研究所副所长），学术（第一）副所长夏鼐，行政/政治（第二）副所长牛兆勋。

夏鼐始终不肯称自己是"第一副所长"，轮到自己当了，又换称谓，说牛兆勋是"行政副所长"[5]422，那么他就是学术副所长了，避开了"第一"的名头。

然而，尹达还有历史所的所务，身体也不是很好，牛兆勋又完全不懂考古，夏鼐只能兼任行政与学术的工作。此时，考古所的大梁实

---

① "恰好梁思永先生在窗内听见，看见是我，便喊'作民，你回来了'。"[2]362
② "上午接院中通知，任命尹达兼任考古所第一副所长……"[5]99

际上已经完全落在了夏鼐的肩上，1962 年 3 月 29 日[15]507，他终于被任命为所长。但那时，他还是尊尹达为所长，就同找梁思永商量一样，他时常去征求尹达的意见。

接着，"文革"发生了，身体本就不好的尹达被彻底斗倒了，后来在家休养的时间多，出来的机会少。夏鼐却在"文革"中被提前释放回了北京。因此契机，他终于成了考古所名义上与实际上确凿无疑的所长，在后来的工作中，不可避免地行政多、学术少，直至退休。

而此处要说的命运感便是，夏鼐本来完全有机会在考古所专心学术，不搞行政的，只要郑振铎不出意外。而郑振铎出事之后，夏鼐还是可以少干一些行政，多干一些学术的，只要尹达身体够好。可尹达不仅身体不好，竟还迎来了一场"文革"，把这位扛着半边天的老所长立刻斗垮了。而夏鼐不仅没被斗垮，还最早被放回考古所。当时的考古所中，不是工农兵斗士，就是后生小辈，夏鼐只好把大部分的活儿都干了。等大家陆续解放回所时，他的学术外交又已出名了，便在这条路上驰骋了下去。若是夏鼐有心回头一望，便会发现他后来的工作和他原来的志向，早已分道扬镳了。

夏鼐的一生，自己的志向本来是很坚定的，每次都是命运非把他逼到只有一条路的境遇时，他才不得已转换志向。然而，夏鼐或许真的没有想到，从来没有一个志向和行政沾边的他，最后"七国院士"、社科院副院长、社科院考古所所长和中国考古学会理事长的名声，甚至比他的学术成就更为耀眼。但若要说"天不遂人愿"，恐怕又不完全正确。上文提到，夏鼐的内心深处，有着对"对岸英雄豪杰"的无比崇敬和深深向往，他自己不敢或是不愿面对，但命运却听到了。

命运之所以为命运，便是总令做梦都想象不到的事情发生在人们身上。而最后，当你扪心自问之时，却又在恍惚中不得不承认，这就是你最渴望的一生。

四、救赎的李秀君

而至于为什么夏鼐能在"文革"中"最早"回到考古所，笔者也一直觉得相当神奇。

　　李秀君的昏厥症，本来怎么看都是有百害而无一利的，不仅让自己很痛苦，也给身边人带来了麻烦。然而，恰恰就是她又一次长时而严重的发病，才将夏鼐从艰苦的干校里解救了出来，并且再也不用回去。

　　1970 年，夏鼐仍在干校中，学习学习政治，捏捏包子，看看红薯地[7]268-269，他本人还是挺惬意的。由于他的心态很好，又习惯于野外生活，身体也因胃病的痊愈而相当不错，整个人在干校的状态很健康。一日，家中突然来电，催他返回北京，因为李秀君的昏厥症再次发作了，而且还比较严重。

　　夏鼐便只拿了床单被子什么的一卷就回去了[7]270。本来他只是想在家中照顾秀君，等她病好了就回干校。但是，考古所正要准备帮阿尔巴尼亚修复古羊皮书，而所中无人能主此事。这不，正好回来了个懂行的夏鼐，所中便决定他"不必返干校了"[7]270，留在北京为修复古羊皮书做准备。

　　夏鼐就这样阴差阳错地提前从干校"解放"了。

　　读到这里的时候，笔者心中一紧，脑中只有两个字："福报"。

　　特别爱家人又不乱想什么的夏鼐，在全家迁到北京之后，一直尽心尽力地照顾着秀君，仅有一次觉得发病率太高，有点麻烦[6]9，但从未嫌弃过什么，一直本分端正地做人行事。而这一次借由秀君的发病将夏鼐从干校中"拯救"出来的故事，或许就是命运给予正直善良不忘本的夏鼐，一次最明显的回报。

　　"幸亏你从来没有放弃过你的妻子，幸亏你一直心存善良和光明，不曾转投邪恶与黑暗。所以，现在我想悄悄地告诉你：这样做，始终是正确的。"

　　天道酬勤可待商榷，但起码在夏鼐这里，天道是酬善的。

　　至此，也想用这一节作为本章的小结。笔者相信，人性最初是一张白纸，同样是资料库，可以用来写书，也可以用来造核弹；同样是随意判断，可以是善意的，也可以是恶意的；同样是谦虚而要强，可以是良性的，也可以是恶性的；同样是胆大爱冒险，可以去救人，也可以去杀人;同样是单纯又聪明,可以信仰光明,也可以投向黑暗。

而夏鼐在这一切正义与邪恶、光明与黑暗的抉择里,都坚持选择了前者。其实他真的不是圣人,他也时常会为了自己的利益得失而谨慎考虑,小心斟酌。只是他在心中存有善意之后,哪怕利己也不会害人,这令他心安自在,并且愉快。有人不喜欢自己,那也没有什么关系;不开心的今天过去了,还有开心的明天等着自己。

历史给予每个人的待遇其实是一样的,它那么大,无法顾及身在其中的每一个人的感受,而事实上,它也没有任何的对错可言。在历史的演进中,选择自己的道路的,最终还是人们自己的心。这个"心"不是指表面上的言行,而是内心深处最考验人性的东西。父母病危,事业蒸蒸日上的你能否为了他们请假回家;伴侣顽疾缠身,你是满心怨言还是心甘情愿地照顾或抛弃;孩子不争气,你是打骂还是鼓励……多少人在这样的选择上出现了分歧,而这些分歧就是人生道路的分歧。命运大概就是看着你在这些事情上所做出的选择,为你精心安排了独属于你的道路。

看着夏鼐的选择和最后命运给予他的路,笔者不由得百感交集。不一定要机关算尽,也不一定要马屁拍青,非常成功的人,也可以是幸福而内心安宁的;没必要去精心计划,更没必要去见利而行,因为你内心最深处的渴望,命运都听到了,它正跟随着这些,为你安排着你最想走的路呢。

第七章
事功

夏鼐多年的同事和学生——考古所的王仲殊和王世民，曾为其撰写《夏鼐先生传略》[25]6-14 和《夏鼐先生的治学之路》[32]182-196，将其方方面面的贡献、成就和荣誉，书写得淋漓尽致。

但在各种名誉和光环加身之下，回到最根本处，夏鼐还是一个真挚的学者。他的治学之路严谨细致，渊博宽广，有着独特的夏氏风格。他的学术作品影响深远，解惑无数，多有肇始掌舵之功。他的写作平铺直叙，深入浅出，抽丝剥茧，条理清晰，顾全大局，真正做到了能以通俗易懂之语，讲高深精专之理。一个有趣的现象是，夏鼐的许多学术作品都是讲稿，有些是公开演讲的稿子，有些是给学生上课的讲稿。然而，若不标明讲稿是讲稿，将之和其他学术文章混在一起的话，读者根本无从分辨何为讲稿，何为文章，二者无论是在风格还是质量上，都没有太明显的差别。这已足见夏鼐所知之清晰渊博，表达之简明易懂，是一位极其优秀的学者。

另外，在本章中，笔者还想上升到一个较为宏观的层面来谈谈夏鼐的功，或许还有过。李济是"中国考古学之父"，梁思永是"中国田野考古学之父"，都有开拓与奠基之功；傅斯年则是"中国考古学之相"，有辅佐与兴盛之功；而笔者认为，夏鼐是"中国考古学之师"，此"师"不仅是"老师"，亦是"工程师"。迄今为止的中国考古学，大部分都是在夏鼐倾其毕生所学而设计的蓝图之下，由他一手指导、教授和审改出来的。

第一节　夏 氏 治 学[①]

夏鼐成为"中国考古学之师"的基础，自然离不开他作为学者的本职。夏鼐的治学风格很有特点，主要体现为以下两点：

一、化繁为简，快刀斩乱麻

若说夏鼐的学术风格比起他人来，有什么显著的不同，那便是他善于将复杂问题简洁化，然后解决之；亦善于将复杂概念清晰化，然后定义之。换言之，他人的学术研究或着重于分析，或着重于拓展，或着重于深入，或着重于细化，而夏鼐的学术研究却有意无意地更侧重于解决问题和制定规则。

确实，与理科研究相比，沉浸在人文关怀、浪漫主义和种种情怀中的文科研究，显得枝蔓横生，错综复杂。而能够直接触及千万年前遗物的考古学科，则比一般的人文学科更能唤起人们的强烈追思和无限遐想。在新中国成立初期，考古学科因其研究技术的局限性（发掘、清理、提取和分析等技术的落后，发掘者水平的参差不齐等）、研究对象的特殊性（遗物遗迹除去是研究对象外，还是重点保护对象，这就使考古学缚上了一层比一般学科更为沉重的锁链）、研究背景的复杂性（时间越往前，或无文字，或文献亡佚，或后世作伪，或流传混乱谬误；哪怕文献真实可靠，丰富全面，也尚需多方小心求证，方能将

[①]　本节在思路上，受到王仲殊和王世民二位先生《夏鼐先生的治学之路》很大的启发。

遗迹遗物与文献相对应等）和研究信息的庞杂性（发掘速度远超研究速度，一本考古报告花费十几年方可撰就并非罕见，一处遗址却常经几个月至几年的发掘便可完工等）与不对称性（并非所有发掘者都饱读历史文献与相关考古资料，因此，发掘者并不都具备足以鉴别和判断自己正在发掘的遗存的能力，常因此产生谬误与争论等），简直称得上是一团乱麻，非极渊博的知识、极丰富的经验、极强的逻辑思维和极广阔的视野而不能厘清。

　　夏鼐则正具备了领导新中国成立初期的中国考古学最需要的特点，并且几乎是"perfect match"。首先，他具有庞大精准的脑中资料库，一生嗜好书如命，又对工作认真负责，在考古相关知识的渊博上，鲜有人可与其比肩。其次，夏鼐田野发掘水平高超，参加考古发掘的次数亦多，在田野考古的经验上，又难有人可望其项背。再者，天赐的极强逻辑和"随意判断"的能力，单纯乐观的性格和务实肯干的精神，又使夏鼐很少纠结于某个问题，更少钻牛角尖，亦难为情绪所动摇，因此，他总是能够快速做出准确判断，以平常心看待一切问题，这天赐的好心态，亦是他人望尘莫及的。最后，在前文所提一切的基础上，脑中知识新鲜、丰富而整洁的夏鼐，很容易看到他人所忽视的角落。如他人发掘安阳，只关注殷代，夏鼐却能看到安阳附近的相州窑；他人发掘晋南，只关注仰韶文化和龙山文化，夏鼐却能看到晋南的古代盐池①……这是基于其知识的丰厚、做事的仔细和观察问题的面面俱到而日积月累出的"全局观"。

　　基于以上种种原因，夏鼐方能凭借一己之力，贯通当世之学，将渐成一团乱麻之势的中国考古学厘清脉络，削减枝蔓，使之化繁为简，又以极高的效率斩除了无数"疑难杂症"，有拨乱反正、查漏补缺

---

　　① "王世民：你在一个地方进行考古发掘，不能单打一，在安阳做工作，不能只关注殷代。有一年郑振香汇报安阳殷墟的发掘情况，夏先生对殷代一句话没说，却突然提出古代有个相州窑，就在安阳附近，你们去调查过这方面遗址没有？大家一下子被问得张口结舌。山西队汇报在晋南的发掘工作，夏先生没有问仰韶文化和龙山文化方面的问题，却突然提出晋南有个盐池，古代是非常重要的，你们去考察过没有？也被问住了。夏先生经常给你提醒一些问题，要你关心整个的全局。"[24]

和纠错指引之功。最终,在他的整理和指挥下,中国考古学的各个领域渐渐变得清晰、整洁、多元和全面,踏上了正规化和国际化的道路,规模得以扩大,学科的生命之火亦得以延续和旺盛。

所谓厘清脉络,夏鼐对于中国考古学基本课题的归纳可做一例。20世纪五六十年代,为配合国家基建,中国的田野考古开展得如火如荼,辉县琉璃阁、半坡遗址、明定陵、西周丰镐、汉魏洛阳城和隋唐长安城等重要遗址,都在这一时期开始了发掘。然而,挖了这么多,在田野考古技术和具体问题研究上,或许还有人可说一道二,但硕果累累的中国考古学科接下来应该往哪里走? 应当着重解决哪些方面的问题? 如何使学科研究更成一体系? 这些答案,尚需由总工程师夏鼐给出。

在1962年发表的《新中国的考古学》[12]71-78一文中,夏鼐根据已有的考古成果,提出了新中国考古学的六个重点发展方向:

(1) 以北京猿人和大量旧石器的发现为基础的"人类的起源问题和人类在我国境内开始居住的时间问题"[12]71;

(2) 以从新石器时代至宋代的大量陶瓷制品、冶金制品和纺织制品的出土为基础的"生产工具和生产技术的发展以及人类经济生活的问题"[12]71;

(3) 以居葬位置的布局,殉葬人、陪葬俑和明器等的出土为基础的"古代的社会结构和社会关系的问题"[12]73;

(4) 以从夏文化至唐代的都城遗址的发现为基础的"国家起源和夏文化问题及城市发展问题"[12]75;

(5) 以从新石器时代至宋代的出土物和随葬品中体现出的艺术价值和宗教信仰为基础的"精神文化(艺术、宗教、文字等)方面问题"[12]75;

(6) 以从新石器时代至元代的少数民族遗存的发现为基础的"汉民族和中华民族共同体的形成过程问题"[12]76。

并且在最后,夏鼐总结道:"除了运用考古学本身的各种研究方法(如地层学方法、类型学方法等)和运用文字资料和民族学资料外,我们还要运用自然科学的方法以解决考古学上的问题。"[12]78

　　此文几乎将 1962 年以前的中国考古成果一网打尽,并基于多方考虑(甚至是基本的政治考虑,如民族大团结等),合理地指明了新中国考古学的六大具体发展方向,并就研究手段给出了多层次的指导。此文观问题之全面,探细节之周密,可谓收放自如,字字珠玑。而将一个如此宏大的问题梳理得如此清晰切实,正是夏鼐的拿手好戏。

　　所谓削减枝蔓,夏鼐对于考古学文化命名问题的指导可做一例。"新中国成立以后,随着田野考古工作在全国范围的逐步展开,许多地方发现前所未知的新石器时代文化遗存,过去习用的几种文化名称已经难于概括。面对这种日趋复杂的情况,如何正确进行新的文化区分和命名,便成为考古研究进一步发展的关键"[32]186,夏鼐便针对此问题提出了一些他所谓"不成熟"[12]354 的意见,这便是《关于考古学上文化的定名问题》[12]354-358 一文的由来。在文中,夏鼐首先缩小和辨析了考古学中所谓"文化"一词的含义:"这是某一个社会(尤其是原始社会)的文化在物质方面遗留下来可供我们观察到的一群东西的总称……是表示考古学遗迹中(尤其是原始社会的遗迹中),所观察到的共同体。"[12]354 如此,削减了"文化"一词含义的枝蔓。

　　然后,他多方举例,列举了各种给新的"共同体"命名的方法,如"以第一次发现的典型的遗迹的小地名为名"[12]355、"以一地区或流域的名称来命名"[12]355、"以某一文化中特征的事物来命名"[12]355、"用文字记录上的族名来命名"[12]355 等,并分析了各种命名方式的优劣,提出了自己认为最佳的命名方案:"以第一次发现的典型遗迹(不论是一个墓地或居住遗迹)的小地名为名。"[12]356 同时,他将考古学上的"文化"一词再次与"时期"和"历史时期中的'殷周文化'、'秦汉文化',或'隋唐文化'"[12]355 中的文化一词进行区分,并对已有多个名称的考古学文化如何抉择唯一定名的问题(如"仰韶文化",又叫"彩陶文化"),提出了"群众路线办法……在全国性的考古会议上大家就某一文化的名称,展开争辩,然后得出基本一致的意见,决定采用某一名称,以求统一"[12]356 的解决方案。综上,他将考古学上"文化"一词的细枝末节再次削减,并通过逻辑分析削减了命名方式的重重枝蔓。

之后,他开始讨论"在什么条件之下可以命名"[12]356的问题,共有三点:(1)一种文化必须有一群的特征(一种文化必须是有一群具有明确的特征的类型品);(2)共同伴出的这一群类型,最好是发现不止一处;(3)在所发现的属于这一文化的居住址或墓地中,必须至少有一处做过比较全面而深入的研究[12]356-358。至此,夏鼐将满足给"共同体"命名的条件削减至了具有强烈内在逻辑联系的三点,并对每一点进行了详细的论述,将一团迷雾似的命名问题剖析得整洁而简明。

文章的最后,他更就对考古学文化进行命名,乃至对考古学进行研究的态度进行了辩证性的"削减":既不能踟蹰不前,也不能轻率浮夸;太保守会引起研究工作的迟滞,太冒失则又会引起研究工作的混乱;秉守中庸,灵活应变,广纳百家之声,方为上策。

谦虚的夏鼐道自己这是"未成熟的意见"[12]358,而实际上,我们可以看到,他对于"考古学文化命名"这一问题的思考,不仅深入,并且已经融会贯通到能用浅显易懂的语言表达出来的地步;不仅清晰,并且已经掌握了该问题内部的深刻逻辑联系,方能从其本质着手进行梳理和辨析。

多亏了夏鼐的存在,说不清道不明、纷争无数的"考古学文化命名"问题方在 20 世纪中叶,即得到一把利刃将之剖析,有了一记重锤为之定音,"统一了我国考古学界对文化命名问题的认识,从而极大地推进考古研究的健康发展"[32]186。然而,就算有了一篇如此清晰的理论指导性文章,实际应用时,发掘者们仍会碰到无数尚未被说明的问题。

针对这一现象,夏鼐再次撰写了《再论考古学上文化的定名问题》[12]359-366一文。在文中,夏鼐引用"黑旋风李逵"[12]364-365的命名问题,对考古学文化的命名问题进行了又一次深刻而生动的阐释与议论,甚至在文末就具体的细石器文化和小屯文化的命名问题给出了自己的答案。此文颇费口水,将《关于考古学上文化的定名问题》中已经论述过的问题,从另一个角度更为详细和清晰地重新论述了一遍,并举了大量例子,也算是再度有力地削减了关于考古学文化命名的纷争与疑惑。

熟读此文,笔者不由感慨,话语权掌握者并不好做,一个学科的总工程师、总指导者更不易做,往往是自身已深刻理解,并能清晰表达,他人却无法完美吸收,转化成自己的知识并应用于实际——很多时候已非表达者的问题了。有时候,无论话说得多么清晰明了,总有人无法理解;而无论例子举得多么生动准确,总有人无法学以致用。

不过,夏鼐有着天生的好心态为之遮风挡雨,这或许又是他能够称职地作为"中国考古学之师"一直至今,尚未招惹太多非议和不满的重要原因吧。

所谓斩除"疑难杂症",早在 20 世纪 40 年代初期,尚初出茅庐的夏鼐就已在这方面显示出了过人的能力。1945 年 5 月,在甘肃省宁定县半山区域内瓦罐嘴附近的阳洼湾,夏鼐发现了位于未被扰动过的齐家墓葬填土中的仰韶彩陶碎片,从而彻底推翻了安特生认为"齐家文化早于仰韶文化"的观点,这便是经典的《齐家期墓葬的新发现及其年代的改订》一文[12]257-268。

在文中,夏鼐首先指出了安特生 1943 年出版的 Reserches into the Prehistory of the Chinese 中的不足之处①,然后亮明了自己对于安特生观点的不赞同。其后,夏鼐对所发掘的阳洼湾墓地周围的地理环境进行了详细的介绍,并将之与安特生发掘报告中的地图进行了对应。之后,夏鼐详述了发掘阳洼湾第一、二号墓的经过及墓葬内的情形,论证了第二号墓葬的完整性。而决定了齐家文化和仰韶文化年代早晚的关键证据——两片仰韶彩陶碎片正发现于第二号墓中。夏鼐仔细描述了彩陶片的绝对位置,及其与墓主人骨架的相对位置(彩陶片近人骨),周密地论证了"两片彩陶是由墓穴中未被扰乱过的下半部填土中出来的"[12]260。

接着,夏鼐花费较长篇幅分析了墓中的陶器形制,详尽而合理地推

---

① "这报告没有深入阐明文化的性质,并且又没有墓葬方面的材料。"[12]257

测了陶器的制作过程和制作工艺,从而论证出第二号墓葬确属齐家文化时期。最后,夏鼐才小心地得出了一个谨慎的结论:"由于上面的叙述,我们知道仰韶式的彩陶确曾发现于未被扰乱的典型的齐家期墓葬的填土中。"[12]263同时,他还对该现象产生的原因进行了推测,并再次对安特生的结论加以了否定,大致推测了齐家文化的绝对年代。

如果说每篇论文都是一个战士,那么夏鼐的这篇文章便是一个从头到脚全副武装,还拥有着天下无双的至高武力值的战士。虽然文笔尚青涩,战士年纪尚幼,但却足以在齐家仰韶的年代之战中一锤定音,一战成名。可以看到的是,夏鼐在解决争议不断的"疑难杂症"时,根据的是自己亲手发掘的确凿证据,运用的是自己亲自阅读且有所论断的优秀材料,进行的是周密而细致的逻辑推演,更将问题的方方面面考虑得极为周到。他化繁为简的能力,是建立在不怕麻烦、不贪懒惰、不畏繁琐的天才、勤学和苦干之上的,不由得令人对他能够成为"中国考古学之师"的原因多了几分理解和崇敬。

而在夏鼐担任考古所所长之后,斩除"疑难杂症"之例似可举"玉璇玑"之辩。至1983年,考古界和天文学界还存在一种说法,认为一种"周缘有三节带齿的牙型突起(即叶星突起)的玉璧"[13]41是一种中国古代的天文仪器。夏鼐则认为它只是一种璧而已,与天文仪器没有任何关系,故撰《所谓玉璇玑不会是天文仪器》[13]41-49一文。

此文一开篇,夏鼐便开门见山地亮明观点:"我这篇论文,牵涉到一种被误认作天文仪器的古物,实际上它是和天文仪器毫无关系的。"[13]41然后,他便先将文献上"璇玑"(也可写作"璿玑")一词的含义,做了一由古至今的训诂综述。随后,他按照时间顺序,清晰地将玉璇玑被误认作天文仪器的过程,从100年前的吴大澂到1959年的李约瑟,做了一梳理综述,并指出了这些看法的谬误或证据不足之处。

接着,夏鼐展示了一张自己制作的"牙璧谱系图"(图7.1)[13]44,玉璇玑即为此图中商代中晚期的多齿三牙璧(即黑框处15器号,典型器物为小屯M232出土的一件牙璧)。

夏鼐由此图结合中国境内相应的出土物情况,按遗址的历史时

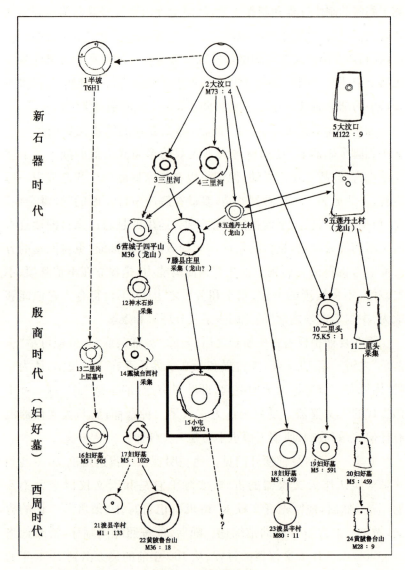

图7.1　牙璧谱系图

间顺序,将牙璧由"无齿无牙"演变到"多齿三牙"的过程娓娓道来,引
证翔实,逻辑缜密,可谓每一件相关器物都烂熟于胸,并能完美地结
合文献进行推理。我们可以看到,玉璧由"光滑无牙"演变为"有牙且
牙上有齿"的过程看上去十分顺理成章,15 号典型多齿三牙璧的放置

也很合乎逻辑,是一张成功的类型学成果图。夏鼐在学术研究中,虽不以类型学著称,但从图中却可看出其类型学功力之深厚。

既然璿玑在牙璧谱系图中找到了属于自己的精确位置,持天文仪器说者的证据或不足,或被推翻,那么,它是天文仪器的可能性自然变小了许多。并且,爱读书报的夏鼐还找到了"发表在英国伦敦大学东方和非洲研究学院的学报上"[13]48一篇"不约而同"[13]48地与其持同一说法的最新论文,玉璿玑作为天文仪器的可能性则更弱了。因此,在文末,夏鼐笃定地表示"在考古学文章或发掘报告中提到这类玉器时,'璿玑'一名今后可以放弃不再使用"[13]49,又是同样的干净利落。

在这篇文章中,夏鼐充分地利用了类型学知识,并不断找到持天文仪器说者证据不足或逻辑矛盾之处,加以攻击,最终以扎实的证据基本终结了"玉璿玑"一说的是非。笔者初读此文时,颇感觉类型学逻辑上所存有的难度,更别说作者写作时的难度了,便以为夏鼐必定是在多方准备的基础上,以身体良好的状态写下。未曾想读《日记》后,笔者发现夏鼐写作文时,似正发烧[9]301,随后便住院就医,全文乃是在医院写就的[9]302,花费时间则不超过两天。哪怕他之前在写作《商代玉器的分类、定名和用途》时,对此问题已有所准备,但这一如既往无视病痛的高效率和高质量,仍令人叹服,脑中"资料库"确非子虚乌有。

其实,斩除学科研究中的"疑难杂症",很大程度上是指将错误的研究手段和研究结果驳倒后,以有力的证据追求真相的过程。对于20世纪80年代考古学界仍存有的"以不可靠的文献资料或博物馆和私人藏品作为出发点的旧作法"[13]17,夏鼐运用了"以考古发掘品为基础,然后再去结合文献"[13]17的手法,将过去的谬误一一斩除。而能做到这一点,除却夏鼐本身实力过人之外,还需要他真正脚踏实地,实事求是,不为偏见所左右,不为利益所影响才是。如此,他所做出的辩驳和指令,方能服众。

二、实事求是,求真远偏颇

夏氏治学另一颇为显著的风格便是实事求是。为求真理,夏鼐只相信如山的铁证和公理,视偏见为禁忌。这亦是有许多例子可举的,在此稍拣一二叙述。

1957 年,发掘者在河南洛阳城外的一座西汉壁画墓中,发现了绘于"前室的顶脊"[13]377上的一组星象图。《洛阳西汉壁画墓发掘报告》中曾对其有所解释,但夏鼐认为"还有许多值得商榷的地方"[13]377,便撰写了《洛阳西汉壁画墓中的星象图》[13]377-386一文。此文中,夏鼐较真、客观、负责的治学态度,一览无余。

比如,原报告中将星象图称为"天汉图"[44]112,夏鼐便加以纠正:"在我国古书中,'天汉'是指'银河',这图中并没有绘出。至于全部先平涂白粉,乃是为彩绘打底……并不是代表银河。"[13]377小小称呼,尚如此细纠。

接着夏鼐便要放大招了。由于原报告将星象图中的星图与西洋星座生生对应,他便首先举例说明了西洋星座与中国古代星宿的异同,如"西洋的天蝎座的各星,在我国古代分属于房、心、尾三宿……我国古代壁宿二星,在西洋星座中分属于仙女座和飞马座"[13]377-378,并强调哪怕有西洋星座与中国古代星宿的主要部分相同的情况,二者也并非是"完全等同的"[13]378,将鉴定星象图的材料缩小到中国古代天文书籍中。之后,夏鼐细心地提出,"在我国天文学中,各时代的星座数目并不相同。因为恒星的亮度,有的曾有变化,而各时代选取的标准又并不相同,所以同一星座中的星数,也各时代不同"[13]378,因此,他认为应该选取《汉书·天文志》所借鉴的《史记·天官书》,并以时代相近的《晋书·天文志》加以补充。同时,他更指出"星象图的描绘者,不会自己便是一个天文学者;他大概是根据一个蓝本,'依样画葫芦,'"[13]379-380。

可以看到,在这里,夏鼐的"随判"再次发挥了作用,但如此是否便不佳呢? 非也。且不说历史真相是否如此,但起码,在没有明确的线索提示这里曾发生过小概率事件的情况下(如有意参照古本、星象图的描绘者确实很懂天文等),夏鼐以极细心的态度,用最严谨且最符合常理的逻辑,对星象图绘制的背景进行了推测。虽不能说他的推测能百分之百吻合历史真相,但无疑,他的推测是最有可能接近真相的。

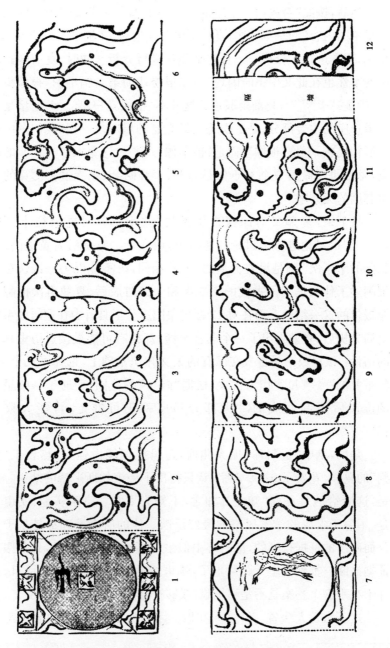

图 7.2 洛阳西汉壁画墓中的日、月、星象图摹本[13]379

　　然后,按照"否决西洋星座说→对照中国古代天文知识→联系相关星象图内容"的基本顺序,夏鼐不厌其烦地对 12 幅星图中的每一颗星星,逐颗进行了分析——真的是逐颗进行分析。同时,夏鼐幽默坦率的本性也在此文中不时闪现,如原报告认为第 3 幅星图"很像猎户星(参星)"[44]112-113,夏鼐辩驳道:"这并不'很像猎户星'。参七星是西洋猎户座的主要部分,是冬季北天最光亮的星座之一,和我们图中这星群相比较,不是'很像',而是'很不像'。"[13]381 这令人啼笑皆非的较真,恐怕也反映着夏鼐对于似是而非、牵强附会、糊弄过去便算的学术态度的无奈吧。

　　接下来,夏鼐又对原报告所做的"共十二幅可能象征十二时辰"[44]114 的结论进行了讨论。他指出,西洋十二宫是沿着黄道的,而我国的十二次①则是沿着赤道的,大不相同,决不能混为一谈。在详细阐述了什么是我国古代的十二次和十二时辰后,夏鼐再次推翻了原报告的这一结论。而在对 12 幅星象图进行了具有内在逻辑联系的全局分析后,夏鼐得出了一个非常平淡,却极有可能最接近历史真相的结论:该星象图是古人在已有的天文知识基础上,选择了几个"比较重要的"[13]390 星座作为代表,根据"画布"的范围,变通了一些星宿的位置后绘制而成的,"大部分星座都仍可推定,可能大致不错"[13]390。

　　是的,脑中"资料库"庞大渊博,逻辑推理能力强大,热衷于"随判"的夏鼐,花费了 9 000 多字,竟只得出了一个如斯平淡的结论。但是,这恰恰就是夏鼐"知之为知之,不知为不知",脚踏实地、实事求是、不急于求成的学术风格的最好反映。他的所有推理都是基于充足而确凿的证据得到的,他的心中似乎并不存在一种预设,只是跟着证据推断。推到哪里无路可走了,哪里便是他现下的答案。而且,他并不在乎这个答案是不是够抢眼,或够符合谁的期望。

　　这不由发人深省。许多人在做学术研究的时候,心中恐怕都是

---

　　①　"我国古代将周天分为 12 段,称为十二次(每次以二十八宿的二宿或三宿为标记),用它来观测日、月、五星的运行。"[13]388

带着预设的,所谓"大胆假设"。然而,若能在发现证据不足以支撑预设之后,将预设果断弃之,这"大胆假设"自然是有益无害的。只是,并非所有人都能在发现证据无法支撑预设时,断然将之放下,于是这学术研究中的牵强附会和似是而非,才会层出不穷。或许是无法面对苦苦寻觅真相却发现已走错好长一段路的局面,或许是放不下能得出新奇和重磅结论的虚荣,又或许是因为其他。而这种种人性的弱点在学术研究上的体现,却几乎在夏鼐的学术研究中绝迹。他对待自己曾费心得出的笃定结论亦不存偏见,错便勇敢认错,对便无惧坚持。

　　比如,夏鼐曾在《我国古代蚕、桑、丝、绸的历史》[13]338-360一文中,花费了极大的篇幅,分析了各种汉锦的编织纹理,甚至细致到"织物花纹单元的高度和纬线的密度"[32]193。结合对于纹理的分析,夏鼐与研究者们对汉代画像石中的织机图案进行了"多次讨论、反复试验和修改"[32]193之后,费劲地复原出了汉代织机的形态,以为应该带有提花设备。这一想法来自考古学泰斗夏鼐,自然很快就拥有了广泛的影响力。

　　然而,在经过更长时间的研究之后,夏鼐发现自己的推断或许有误,便于1983年在日本的一次公开讲演《汉唐丝绸和丝绸之路》[13]366-376中否定了自己原先的观点:"我从前曾根据我对于新疆出土丝织物的观察,推断有些丝织物需要提花综四五十片之多,因之推测当时织机已有提花设备,可能是'提花线束'而不是有长方架子的'综框'。最近我研究了马王堆汉墓的丝织物之后,我同意H.B·柏恩汉(Burhan)的意见,汉代提花织物可能是在普通织机上使用挑花棒织成花纹的,真正的提花机的出现可能稍晚。"[13]368是年,夏鼐岁过古稀,德高望重,声名斐然,却仍能做到有错便坦荡地公开承认,不得不说他确实拥有一名优秀学者应有的风骨。

　　又比如,前文提到,夏鼐坚定拥护中国共产党,甚至因此被人调侃为"又红又专"。然而,在面对学术问题时,他的天平却坚定地倾斜在真理这一边,绝不会不择手段地去维护以谬误为基础的"国家荣誉"。

《夏鼐先生的治学之路》中提到:"1953 年江苏宜兴周处墓发现 17 金属带饰,发掘者将其中一块碎片请人鉴定,分析结果为铝。由于炼铝是 19 世纪发明电解法后才被人们掌握的一种新技术,这项发现迅速引起国内外的广泛注意。"[32]193 按说,此发现能够展现中国古代科技的高度发达和其先进的生产力,亦能极大地提升民族荣誉感,"又红又专"的夏鼐当不做他想才是。

然而,夏鼐偏偏就敏锐地发现了其中的蹊跷之处,并一寻到底,最终亲口否认了这项中华民族的极高荣誉。

1957 年,考古所收到了宜兴西晋周处墓的报告原稿,在刊登以前"向南京博物院(笔者按,宜兴晋墓的发掘者)索来样品"[13]449。南京博物院所寄来的样品是"金属光泽的白色物(内层)和黯淡无光的灰黑色物(外层)各一小块"[13]449。经中国科学院物理研究所和南京大学化学系鉴定,"白色物"为铝,灰黑色物为碳酸钙。报告发表了,中国在西晋便能提炼铝的考古事实暂时震惊了全世界。

1958 年,东北工学院轻金属冶炼教研室的沈时英看到了这篇报告,"很是重视这个新发现"[13]449,便"也向南京博物院索来一小块带饰残片"[13]449进行分析,分析结果却是"以银为主要成分,其中含有铜,但是铝的含量极微"[13]449。

而与此同时,夏鼐的心中也一直打着这个问号,因为"铝是一种难于冶炼的金属"[13]448,"19 世纪才被提炼出来"[13]448。是年 7 月,夏鼐看到《人民日报》上刊登了一篇土法提铝的文章[5]385,对所谓"铝带"的可信度越发怀疑起来:"……我想起宜兴晋墓所出的那一套铝制饰物来,如果不用氧化铝而用硫化铝(将氧化铝与硫化铁加温 1 000 度左右),然后将硫化铝与氯化锌一起熔烧,在 1 100 度左右即可提炼出铝来。如以氧化铝提铝须 2 050 度,土炉子达不到这温度,仅能达 1 240 度(铝页岩加苏打及石灰加热 1 290 度)。"[5]385-386

1958 年,清华大学工程化学系再次检验了留在考古所的那片"白色物",证明其确实为铝而非银。这厢检验出银的沈时英也疑惑了,便向清华大学取去了那片"白色物"的一小块进行光谱分析,得到的结果为"基体是铝，杂质有铜、铁、镁、钙等"[13]449。

多次检验至此，我们可以看出，检验来检验去是铝的，就是那块南京博物院寄给考古所的"白色物"。至于沈时英另向南京博物院取的带饰样品，检验出来则是银。

1962年，沈时英将研究结果撰写成《关于宜兴晋墓的铝片问题》寄给了考古所。夏鼐早就认为这"铝带"有蹊跷，审查此文后，越发察觉到了其中的端倪："问题的关键所在是我们所分析的样品都是小块碎片，其中有银基合金，也有铝基合金（或者是'含杂质较多的纯铝'），而全部17件较为完整的金属带饰，都没有经过分析以确定其质料。"[13]450

需知当时，"晋代金属铝"已在国内外被作为一件"已经确定无疑的事实广泛地加以传播"[13]450，质疑之声并不多。夏鼐若不再追究，哪怕沈时英的文章发表，此事或许仍会不了了之，"晋代金属铝"则将作为中国古代科技高度发达的证据流传下去。

然而，建立在偶然与谬误上的事实终有一天会被戳破，更何况夏鼐是一位如此实事求是、心中不存偏颇、具有科学精神的学者。他遂组织从完整的金属带饰上取样（南京博物院和中国历史博物馆共有16件较完整的带饰，原为17件，有一件似在搬运过程中碎了），由中科院物理所再次检验，检验结果则为"全部16件较完整的金属带饰，都是银而不是铝"[13]450。

这下，差不多该真相大白了。夏鼐撰写了《晋周处墓出土的金属带饰的重新鉴定》一文，将此事的所有前因后果都大概交代了一遍，并在第三节中对银带饰的年代再次进行了考证，对小块铝片的年代进行了分析。他指出该墓"1952年以前不久的可能被盗掘和1952年初打开时闲人进去，都提供了混进近代物的机会"[13]456，结合原报告中提到的"小块碎片，是从淤土中尽可能拣出来的"，总结出"不能保证小块铝片一定不是后世的混入物了"[13]456，建议所有人都"不要再引用它作为晋代已知冶炼金属铝的证据"[13]456。

而1976年，北京有色金属研究院和北京钢铁学院，利用电子探针和能谱探针再次对金属带饰和小块铝片进行了重新检验,再次证明了夏鼐的结论,即完整金属带饰是银,而小块铝片的成分则与"第一次世界大战时期被击毁的德国的飞机上用铝的成分"[45]3是相当的,是"轧制出来的"[45]3,进行检测的柯俊"很肯定它是混进去的"[45]3。

一小块混进宜兴晋墓的金属铝,引发了一场世界范围的学术热潮,也再次向世人展现了夏鼐实事求是、不存偏见、追求真理的学术精神。

同样的例子还有河北藁城商代遗址出土的铁刃铜钺。一开始,该铜钺刃上之铁被鉴定为人工冶铁,这一发现比铝制带饰更为重要,不仅将标志着"中国是世界上最早能够人工冶铁的国家",还能成为马克思主义的宣扬利器,既是国之荣誉,亦为政治所需。

然而,"又红又专"的夏鼐再一次做了他想,经验丰富的他从一开始就质疑该"人工冶铁"的铁刃,是否实为陨铁所制,并即刻着手请专人检验。奈何此项具有"国之荣耀"和"政治需求"的"学术成果",遭到了来自多方的压力[33]247,在可靠的检验出来之前,《考古》编辑部不得不将此认为刃铁乃人工冶铁的文章提前发表。夏鼐自然不能容许此种未知确否的结论公之于众,便在简报后附一后记,并坦然署名,表达了自己对于铁刃之铁是否为人工冶铁的质疑,列举了诸多疑点。

然而,如此敏感、与政治相联系的话题,岂容轻易否决? 发掘者则更不愿意失此殊荣,连夏鼐都在1974年的日记中记载了一段河北省文管会的工作人员对铜钺铁刃的鉴定结果大为不满的事情:

> 一会儿,陈滋德偕河北省文管会唐云明来,取去藁城殷代铜柄铁刃。对于地质所切片,大为不满,对陨铁的结论,也不同意。谈得很久,由陈滋德从中调解,由陈同志出一收条,而告一段落[7]441。

可想而知,将该人工冶铁的结论推翻,存在着多么大的政治和人情上的阻力。然而,从夏鼐写作这段日记的语气来看,他似乎对此毫不在意,只是抱着一贯对于麻烦事的无奈态度,将之解决即大功告成。

不知是夏鼐的政治迟钝性作祟,抑或是坚持真理和相信科学依据的治学风格的影响,又或许是两者皆有,在如此敏感的话题面前,夏鼐似乎从头到尾都没顾忌过这一举动可能会给自己招来的罪名,据说"当时的政治气候极为险恶,所内所外都有人正罗织罪名,来'批判'夏先生"[33]247,那篇后记更"被作为他'反马克思主义'、'学阀作风'、'打击新生力量'等的证据"[33]247。可在夏鼐的日记里,我们只看到一如既往的平静与繁忙,钢铁学院的师生们在继续鉴定着铜钺的铁刃。

于是,还是上文提到的柯俊,还是当时先进的电子探针,"最终在这件已经锈蚀的铁刃铜钺中找到了镍钴分层的现象。这种分层现象是由于陨星在太空形成时,冷却及转变过程达 4×10^9 年,冷却速度约 $1-10℃/$ 百万年所形成的特殊魏氏组织,镍、钴呈层状分布"[46]147。柯俊根据这种镍在锈中的层状分布得出了结论:"可以确定,藁城铜钺的铁刃不是人工冶炼的铁,而是用陨铁锻成的。"[47]31 而他《关于藁城商代铜钺铁刃的分析》一文,是用"李众"一名发表的,在进行鉴定铁刃的实验时,又曾说服"中宣部派来的工作组",可见这藁城铜钺铁刃的问题,当时真是说不得。

柯俊的文章发表后,立刻引起了巨大的反响,这一错误得到了纠正,中国考古界和冶金界没有闹出千古笑话。这就是夏鼐实事求是的平常心,和要用确凿的科学证据来纠正一切学术错误、坚持追求客观真理的治学秉性,也是七八十年代风华正茂的中国学界,绝不少见的浩然风气。

所谓大是大非的选择,并不仅是指在毁灭和维护国家荣誉时如何选择,更是指当发现了建立在谬误基础上的国家荣誉时,有没有勇气和毅力将之坚决摧毁。然而,在夏鼐的心中,似乎并不存在如此艰难和沮丧的抉择,他只是相信着最真实和确凿的证据,忠心地拥护和跟随着由证据推导出来的结论,在真理面前,无所偏颇,无所袒护,一如既往。

这真是两个感人的故事,而它竟都发生在被称为"又红又专"的考古所所长夏鼐的身上。笔者本就不觉得夏鼐"又红又专",通过这些事例更印证了自己心中对于夏鼐的评价：他只是单纯乐观地追求着自己心中认为更好的东西，追求着他所定义的心安与幸福，从一而终。

第二节　授 之 以 渔

　　了解了夏氏治学的主要风格，一窥夏鼐的经典治学成果之后，笔者想总地来谈一谈夏鼐为中国考古学所做的一切。

　　俗言道："授人以鱼，不如授人以渔。"而夏鼐对于中国考古学影响最深远的贡献，便是他对于考古学方法论的指导，和对于考古学世界观的制定。这多半要托福于他侧重制定规则的研究风格。

　　前文提到，夏鼐擅长斩除"疑难杂症"，从另一个角度来说，就是他掌握着许多别人暂时还不会的具体方法，心中有着许多先于他人的定论。比如在田野考古中，通过观察土质土色和遗迹单位的叠压打破关系，来判定遗迹遗物的年代早晚等；比如在科技考古中，通过放射性元素测定遗物年代等；比如在文物保护中，坚持考古工作者不得收藏和买卖古物等；比如在考古声誉中，坚决不把研究权让给外国人等。夏鼐经过丰富的游历与逐年的积累，配合他不点即明的天赋，对于许多具体的问题，他都知道该用什么方法解决。

　　而方法掌握得多了，自然可以上升到方法论。方法与方法论之间的区别，就好比"鸡肉、白菜和草莓搭配着吃营养更均衡"与"健康的饮食需要营养均衡"之间的区别，方法论更为宏观，是指导性的理论。

　　夏鼐是很重视理论的，但正如前文所说，如果理论一经发表，每个人都能活学活用的话，那么夏鼐一定是理论高产者。然而，夏鼐在世时，中国考古学的各方面都不甚成熟，他面对的往往都是心急火燎的具体问题。在具体问题面前，他再与别人谈理论而不谈具体方法，马王堆女尸或许早就烟消云散①，而波斯的萨珊朝银币可能到现在还

---

　　①　解剖马王堆辛追尸体的主刀医生彭隆祥回忆，夏鼐对马王堆女尸的解剖给予了至关重要的指导和帮助。[27]92－97

身份不明。

因此，只有当由于方法论的缺乏或偏差而引起了方法上的大量错误时，夏鼐才有可能发表指导性的方法论，予以大方向上的纠正，这也是前文所述的《关于考古学上文化的定名问题》和《再论考古学上文化的定名问题》两篇重要文章的由来①。同时，当具体问题在短期内无法得到解决时，夏鼐也会给出大方向上的指导，以便后人更好地解决问题。如他在登封王城岗遗址发掘现场会闭幕式上的讲话，《谈谈探讨夏文化的几个问题》[13]3-5，从夯土城墙、地层文化、夏文化和夏都四个方面，归纳总结了夏文化今后进行研究的大方向和亟需解决的问题等。这些文章，都是夏鼐在考古学研究方面给出的方法论指导。

而中国田野考古方面的方法论，亦是由夏鼐亲自撰写和讲解，最后亲自推动其成为法令的。夏鼐于 1956 年便在考古所的见习员训练班上讲授《田野考古方法》[12]178-198，其中既有关于田野考古的方法论，亦辅以田野考古的具体方法。当时，该文收入了《考古学基础》一书中，此书便"在一个相当长的时期内，是全国青年考古工作者必读的手册"[25]8。而 1980 年制定的《文物保护法》中的第三章"考古发掘"，亦曾经夏鼐亲自修改[8]380。

此外，文物保护方面的方法论亦是。早在 1935 年游云冈石窟时，夏鼐心中就已有了清晰的文物保护意识[1]234，却直到目睹临潼秦俑坑的乱挖，才亡羊补牢地呼吁文物保护。后来，在《文物保护法》的制定期间，夏鼐亦殚精竭虑，东奔西走地提出了许多建议和意见。另外，像《考古工作者需要有献身精神》这类提倡考古工作者要"勤俭"[12]168和"不怕苦"[12]169的重要思想指导理论，夏鼐也在生命接近尾声时才发表了公开演讲②。

---

① "4 月，针对当时考古学界对待考古学文化的错误倾向，发表《关于考古学上文化的定名问题》，科学地阐述考古学文化的含义、划分标准和定名条件，从而统一大家的认识，极大地推进中国史前时期考古研究的健康发展。"[15]507

② "本文是作者 1985 年 3 月 1 日在中国考古学会第五次年会开幕式上的讲话。"[12] 166－169

这倒是有原因的。通过上文可知，退休前，夏鼐多数时间陷在"玉璿玑是不是天文仪器""星象图是不是代表十二时辰"和"晋代是否已能制铝"等具体问题之中，无法脱身，因此，直到退休后，他才有精力和时间发表更多更系统的方法论。并且，也因夏鼐单纯乐观活在当下的性格，他很少察觉潜在的隐患，所以，在具体问题变得严峻，影响范围变得广阔之前，夏鼐很少有需要发表指导性方法论的意识。除此之外，对于脚踏实地、实事求是的夏鼐来说，像《文物保护法》这样至关重要的法令，他在心中大概是不能允许其于一朝一夕间成形的。这不比具体问题的解决，为《文物保护法》做出修改，需要他具备丰富的相关知识，集思广益，更需要他在心中形成强大体系，拥有卓越的表达能力，以说服当权者。因此，夏鼐至少应是花费了一些时间来收集关于文物保护的优秀意见的。

首先是李济的一贯主张，夏鼐记住了。在《考古工作者需要有献身精神》一文中，他明确提及："我国的田野考古工作者有一个优良的传统，私人决不买卖和收藏古物。……这个传统是有一段历史的。50 年前我参加安阳殷墟的发掘，当时的发掘队便有一个非成文的规定，队员个人不得买卖和收藏古物。这是因为你是主持发掘的，谁知道你收藏和出卖的古物是从地摊上收购的呢，还是挖出来私自收进腰包中去的呢？"[12]168这说的就是李济在殷墟发掘时和考古队的约法三章。虽然碍于种种原因，夏鼐没有说出李济的名字，但李济身体力行的教诲，却渗透到了他思想的方方面面。

其次，当时的文物局局长王冶秋，其余不论，在文物保护和国家声誉维护方面，还是有着独到的见解的，有些观点亦与夏鼐不谋而合，或有增强夏鼐信心之功。解剖马王堆女尸之前，王冶秋说："日本有二个专家提出要一根或半根尸体的头发作研究，我们没有给。我们要争口气，自己研究，不让外国人插手，千方百计把工作做好。"[27]94当时夏鼐亦在场。而 10 年后，夏鼐坚决反对哈佛大学和四川大学合作考古一事时，用来劝说童恩正的"考古工作不能与外国人合作，不能贪小便宜，将研究权拱手让人"[9]73一语，恰与王冶秋"英雄所见略同”。

王冶秋还“反对故宫出卖处理品文物，反对门票加价，反对故宫中盖外宾招待所，反对文物作为商品出口”[8]389，苏秉琦亦曾因“文物出口”而发脾气[9]39，这些或许都是夏鼐在 1982 年推动《文物保护法》时，主张“文物市场和文物商店不要放进去”[9]173 的底气之一。

而夏鼐在发表指导性方法论的工作中，最值得被商榷的是他具有领导者的能力，却较少拥有作为领导者的自觉。这既是他谦虚淡定、不摆架子的正面，也是他易于满足、缺乏霸气的负面。

比如，夏鼐在机缘巧合中知道了一些考古上的新东西时，作为社科院考古所所长，他不会有非要推而广之的热情，更别说像傅斯年那样，有着硬要别人按自己的想法去做，不听话就暴跳如雷的固执。夏鼐会先自己看看，觉得好就写个文章介绍一下，教教大家。然后，他看看没人响应号召，既不生气亦不沮丧，直接亲自花上十几年慢悠悠地来做，怎么着也能看出点“长事”拖延的影子。

夏鼐对于中国考古学科技应用方面的指导，就是一个好例子。早在 1954 年夏天，夏鼐就意识到放射性碳素在测年上的应用对考古学大有裨益。慢慢地搜集了一些最新材料之后，直到 1955 年，他才写了一篇《放射性碳素或碳 14 的断定年代法》[12]375（后更名为《放射性同位素在考古上的应用》）介绍了一下，建议大家“建立实验室进行测定工作”[12]375——然而，当时谁能做得到，谁又有勇气第一个吃螃蟹？

往后的三年间，夏鼐看看没有人建，觉得碳 14 还是重要，便把仇士华和蔡莲珍夫妇从中科院物理所调到了考古所来建实验室[29]144。实验室的工作除因“文革”严重中断外，一直运行良好，1965 年测出了第一批数据，1972 年便陆续发表了一批测年数据[12]375，引起了国内外的重视。由于数据的积累过程较为漫长，直到 1977 年，夏鼐才发表了一篇较为系统的《碳-14 测定年代和中国史前考古学》[12]375，又陆续发表了《中国考古学和中国科技史》等演讲和文章[13]299，现代科技在考古上的应用这才在中国普及兴盛开来。

不过，在这些科技考古的相关文章里，没有一篇是专门的方法

图7.3 《中国考古学中碳十四年代数据集(1965—1981)》[16]87

论,都是具体方法甚至成果。但细读这些文章,不难读出夏鼐所说的"要搞好考古学的研究,一定要对许多关系密切的学科有一定程度的了解,例如科技史、狭义的历史学(包括文献学和考据学)、民族学、地质学、体质人类学、生物学、化学等等"[13]302的方法论。若夏鼐能就这一方法论,专门写一篇如《关于考古学上文化的定名问题》般的文章,必定又是另一篇考古学方法论上的经典传世之作。

另外,新中国成立后,我国在国际上声誉最佳的学科便是考古学,可谓中国学界的"乒乓球队"。这与夏鼐频繁的学术外交及与国外学界的密切来往是有很大关系的。在他的带领下,中国学界的良好形象得以塑立,我国考古学的成果亦得以发扬光大。显然,保持和提高学科国际声誉的方法,夏鼐也是懂得的,比如上文所说的不能将研究权让给外国人等。但夏鼐从未就此事作过公开的演讲,也未发表过文章。一来,此事有不便之处;二来,还是没有一个合适的因,来激起夏鼐觉得需要做此指导的果。

最后,夏鼐对完善考古学的世界观有着"定音"之功。新中国成立初期,国事百废待兴,学术研究也是如此。考古学"是什么",夏鼐知道,一些考古工作者可能也知道,但并没有一个权威的官方版本。于是,夏鼐作为主编,亲自审定和修改了《辞海》的考古学条目修订稿[6]80;作为编委会主任,亲自架构和审定了《中国大百科全书·考古学》卷(图7.4),更与王仲殊合写了"卷首的概括性长条《考古学》"[15]513;作为社科院考古所的名誉所长,他还于1984年在《考古》

上发表了《什么是考古学》一文[12]30等。在夏鼐所生活的年代,对考古学"是什么"做出最权威的官方解释的文件,几乎都曾经过夏鼐审阅、修改和定稿。

总体来说,在中国考古学方法论上的贡献,是夏鼐有些无心插柳的必然成就。那些指导性的方法论思想,可能并非是他有意地在做纲领性的领导工作,而是他侧重解决问题和制定规则的学术风格所必然能够达成的阴差阳错。其实"三反运动"时,郭宝钧[5]464、苏秉琦[5]464和冯家昇[5]465等人对夏

图7.4 《中国大百科全书·
考古学》[16]95

鼐提的意见,在今日看来颇有道理。夏鼐虽知道"中央地方有矛盾"[30]179,但领导和组织全国考古工作的力度较弱,有意"考古所[设]分所"[30]179却最终未能设成,没能打通中央考古与地方考古之间的壁障;虽然开设了好几届考古培训班,却未能从根本上解决中央与地方的矛盾。而对于配合基建进行考古发掘工作,夏鼐也是听从党的指挥,毫无异议。后来,他虽奋力推动《文物保护法》的制定,也加强了对全国考古工作的领导,更为中国考古学做了一些较长远的打算,但那更像是他看到事态严重、问题严峻,而时机合适才做出的应激反应。

总的来说,夏鼐是把中国考古学当作自己生命中最重要的事业没错,以他的聪明才智,自然知道中国考古学界所存在的问题与弊端,他也曾精心规划,希望其欣欣向荣地发展。但是,就如同夏鼐教育孩子的方式一般,他是放养型的家长,忧患意识浅淡、善意乐观,问题严重了便去帮助解决,解决不了,没那么严重也就作

罢,没有问题则各自安好度日,这倒也是命中注定、无可更改的。归根到底,夏鼐作为"中国考古学之师",有他自己的处事方式,优点很多,缺点也明显;功绩无数,遗憾亦不少。再加之种种外部因素的影响,或许,即如王世民所说,"在他身边缺少原则性强、政策水平高,能够协助他做好组织工作的得力干部"[24];又或许,这就是命运吧。

其实,最后的功过论断如何,并没有那么重要,因为夏鼐对中国考古学"授之以渔",这是有目共睹的。无论如何,夏鼐是一个功勋卓著的学者型领导,我们应当永远为其所具备的卓越智慧、认真态度、求实精神、高尚品格和开创性勇气,而深深鼓掌。

第三节 授 之 以 鱼

然而,考古学是一门复杂严谨的科学,从前文所列举的夏鼐的学术作品中就可以看出,其涉及文、理、工甚至医科的各方面,并不是"授之以渔"之后,就人人都能钓上鱼来的。而且,有些专属于夏鼐但他自己都说不清的"渔",他也无法传授。比如说,他的各种思维方式;又比如说,他一生阅书的累积等。

因此,在没有办法的情况下,夏鼐只能"授之以鱼",而他直接贡献给中国考古学的成果主要分为两类:

① 史学作品与综述概论

夏鼐坐拥庞大的资料库,有几十年的脑中图书馆傍身,还有极为丰富的田野经验。他从新中国建立前就开始参与重大的田野发掘工作,建国后的重要田野工作更由他亲自主持。因此,在夏鼐生前,现代中国考古学的发展历史和各项专题,以及各项专题所研究之物的发展历史等,他全都了如指掌;就算有不清楚的,他再通过找人和看书,也能很快补全相关资料。因此,像史学作品和综述概论这般资料库型的文章,正好能将夏鼐的优势发挥得淋漓尽致。

史学作品方面,他的代表作有《六十年代后期的中国考古新收

获》[12]100《我国古代蚕、桑、丝、绸的历史》《中国考古学和中国科技
史》[13]299和《中国、巴基斯坦友谊的历史》等。这些文章又可以分为现
代中国考古学史、古物古迹发展史、中国科技史和中外交通史等类
别。但由于这些作品的出现是为了满足不同工作的需要，因此，每个
方面的文章数量极不均衡，笔者只是聊作分类，其实将这些文章看作
"史学作品"一个大类即可。

　　而综述概论方面，则可以分为三个方面：（1）遗物专题综述，代
表作有《商代玉器的分类、定名和用途》[13]17等；（2）地域专题综述，代
表作有《长江流域考古问题》[12]153等；（3）具体问题专题综述，代表作
有《中国文明的起源》[12]402（图7.5）等。

图7.5　《中国文明的起源》的日文和中文版本[16]88

　　这些史学作品和综述概论类文章，除了时常具有无可避免的
时代局限性之外，其史实之详尽、材料之全面、逻辑之缜密、知识
之渊博，文献、田野与现代科技结合之紧密，都达到了同类文章的
巅峰水准，是十分出色的资料型文献。

② 疑难问题的解决

夏鼐给中国考古学最重要的"鱼",自然是解答了无数无人可解的"疑难杂症",并就此开拓了这些研究领域,使后人得以站在巨人的肩膀上前进。而究其原因,自然是说过无数次的,他那强大而又无限向外链接的资料库、高效又聪明的大脑、用事实说话的认真、开明的态度以及谦虚的心。

正如前文所说,解放前,年轻的夏鼐就曾依靠细致的田野发掘手段和超强的逻辑推演能力,解决过齐家文化与仰韶文化的年代早晚问题;同时,他依靠去西北考察前对大量参考资料的阅读和熟记,与在现场时的孜孜不倦和快速判断,一举确定了玉门关的确切位置①;从武威将唐代的墓志保护回所后,夏鼐更以长篇大论考证了墓主的身份②,其"考据之精严"显露无遗。

新中国成立后,夏鼐更成为了中国考古事业的"步步高点读机",大家哪里不会就"点"夏鼐。在中国部分,夏鼐看得懂谁都看不懂的墓中星象壁画③,认得出谁也没见过的珍稀遗物④,搞得定《长沙马王堆一号汉墓的棺椁制度》[13]72-79 和《〈梦溪笔谈〉中的喻皓〈木经〉》[13]481-487,更认得了竹简⑤和铭文⑥,对古代玉器⑦和织品⑧也了解匪浅,还懂得人类学⑨和科技考古⑩,跨度之大,涉猎之杂,前无古人。

---

① 《太初二年以前的玉门关位置考》[13]87
② 《武威唐代吐谷浑慕容氏墓志》[13]119
③ 《洛阳西汉壁画墓中的星象图》《从宣化辽墓的星图论二十八宿和黄道十二宫》《另一件敦煌星图写本——〈敦煌星图乙本〉》[13]377－420
④ 《关于"金缕玉衣"的简介》[13]80－84,《西安唐墓中出土的几件三彩陶俑》[13]149－153,《我国出土的蚀花的肉红石髓珠》[13]458－464,《元安西王府址和阿拉伯数码幻方》[13]488－495
⑤ 《汉简中关于食粮计量的"大"、"少"二字释义》[13]85－86
⑥ 《最近长沙出土吕不韦戈的铭文》[13]16
⑦ 《有关安阳殷墟玉器的几个问题》《所谓玉璿玑不会是天文仪器》[13]34－49
⑧ 《新疆新发现的古代丝织品——绮、锦和刺绣》[13]305－337
⑨ 《〈从古猿到现代人〉的商榷》、《"辟尔当人"疑案的解决及其教训》[12]414－425
⑩ 《晋周处墓出土的金属带饰的重新鉴定》和"碳14"系列文章[13]448－457

而国内考古界一头雾水的外国部分,夏鼐则认得出金①银②货币,看得了外语铭文③,对墓志的考据④也不在话下,更别说他精通的古代埃及串珠了。对于四十多岁还在自学俄语[5]102的夏学霸来说,语言并不是障碍。

夏鼐在解决疑难问题上的成就不止于此,还有一些成果以非文章的形式显现,比如由他参与主持的阿尔巴尼亚古书修复[7]270-277等。另外,这里还有个小故事值得一提。"文革"期间,夏鼐成了"黑帮",据说"天天在考古所院子里扫地、抬脏土"[34]371。某日,有后学拿了"几柄出土的铁质刀剑,打算拿去去锈",路过院子时,"故意放慢脚步",悄悄地给不允许看文物的夏鼐和苏秉琦看了看。结果,据说夏鼐"眼睛突然亮了",立刻悄悄告诉后学怎么去锈:"国外的资料介绍,用车床车出的铁屑刮锈效果挺好,另外还可以用电解法,你们可以试一试……"[34]371看到这里时,笔者简直疑心夏鼐对于解决问题也有瘾了——这当然是个玩笑。有着脑中"资料库"的夏鼐,无论是刚刚饱读诗书,还是已经扫了好久的地,各种资料都是信手拈来,令如今信奉考前临时抱佛脚的后生们汗颜。也许,再疑难的问题,很多时候在夏鼐眼里,也就是"啊这个我会"而已。

言归正传,"渔"和"鱼"不一定是割裂的,在一些作品中,夏鼐将史学作品、疑难问题解答、具体方法、方法论和世界观等,有机地融为了一体,堪称其成果之集大成者。而这样的作品,往往是他上课时的讲稿或对外的演讲稿。夏鼐的随机应变能力很强,习惯因事制宜,或许就是因授课和介绍时,他不得不兼顾系统和全面方能将此事做好,才使读者得见这些极具"碾压"气息的精彩文章。

这类代表作有《中国考古学的回顾和展望》(对日演讲稿)[12]141-149和《新疆考古学概说》[12]199-222(给新疆考古工作人员训练班上课的讲稿)等。尤其是在《中国考古学的回顾和展望》中,夏鼐所提到的"展

---

① 《咸阳底张湾隋墓出土的东罗马金币》等一系列文章[14]82-98
② 《综述中国出土的波斯萨珊朝银币》及其一系列文章[14]18-70
③ 《外国字铭文的汉代(?)铜饼》等一系列文章[14]3-17
④ 《唐苏谅妻马氏墓志跋》等文章[14]108-116

望未来"的六个方面：（1）"要加强理论水平的提高"[12]148；（2）"考古学的理论和综合研究，都要立足于大量的可靠资料"[12]148；（3）"要继续引进自然科学方法到考古领域中来，以解决考古学上的问题"[12]148；（4）"历史时期考古学中，要尽量采用考古实物和文献记载相结合的方法"[12]149；（5）中国考古学今后需要解决的具体问题(旧石器时代、农业和畜牧业的起源、制陶术的起源、夏文化、抓紧发掘古代重要都市的遗迹、新疆西藏内蒙古考古、华南及长江中流以上的史前文化等)[12]149；（6）继续开展"对外学术交流"[12]149，是他生前给中国考古学界留下的最重要的叮嘱和最详尽的规划之一。在这篇演讲发表之后的两年多，夏鼐便溘然仙逝。

而在给予了中国考古学如此丰富的"渔"和"鱼"之外，夏鼐还培养了很多"人"，并且，他培养的这些"人"，同样也撑起了考古相关的全新领域，使之得以开枝散叶，绵延不绝。比如，在夏鼐的指导下解剖马王堆古尸的彭隆祥，后来成为了著名的古病理专家；比如，在夏鼐的指导和约请下进行各种金属成分鉴定的柯俊及其团队，从此涉足中国古代科技史的研究领域，成立了国内外闻名的中国古代冶金史研究中心，柯俊更被称为"钢铁大师"；又比如，在夏鼐的领导下研究碳14的仇士华、蔡莲珍夫妇，后来成为了碳14测年的开创者，仇士

图 7.6　夏鼐(右)与彭隆祥交谈[16]84

华更是国家重点项目"夏商周断代工程"首席专家,荣誉等身……而这些领头人在考古方面的启蒙者,无一不是夏鼐。夏鼐堪称一位全时期、全领域的考古学家,如此能力、如此眼界和如此心胸,称其一声"中国考古学之师"绝不算过誉。

第四节　"批改"之功

同时,作为"中国考古学之师","批改"大家的文章自然也是少不了的。前文已多次提到,夏鼐在审阅和修改重要文献上的功劳很是惊人,此处将从简提及。

除了过早去世的梁思永,在考古所的所长和副所长中,夏鼐是最懂考古的。因此,只要是考古所编辑的著作和主办的刊物,夏鼐都会非常认真地审阅和修订。

杂志方面,《考古学报》和《考古》等自然不在话下;发掘报告方面,"除《辉县发掘报告》《长沙发掘报告》等由夏鼐先生参与编写并担任主编的以外,其他如《洛阳烧沟汉墓》《西安半坡》《沣西发掘报告》《长沙马王堆一号汉墓》《满城汉墓发掘报告》等都经过他的仔细审阅和修改"[25]11;而许多其他学者的重要作品,如陈梦家的《殷墟卜辞综述》[5]11、黄展岳的《人殉与人牲》[5]11系列文章、徐苹芳等的《居延汉简》[8]11系列文章、邹衡的《试论郑州新发现的殷商文化遗址》和《试论殷墟文化分期》[31]74等,全都曾经他详细审阅;另外更有许多重要的大型编撰工作是在夏鼐的主持下进行的,如《殷周金文集成》和前文提到的《中国大百科全书·考古学》卷等,只要是在他生前就出了稿的,他都曾悉数审阅。

夏鼐以一人之力"批改"了几十年的中国考古学著作,既是审阅,也是学习。他在"批改"的过程中,对每位学者所精通的领域都有了更为深入的了解,已有的资料库被不断地完善和补全着,他亦以自身资料库校对着所审阅的文章,如此形成一个良性的反馈循环。而"夏氏资料库"的更新和升级,便日日都可进行。因此,哪怕学霸如夏鼐,也需要"活到老学到老",方能以一人之力真正成为"中国考古学之师"。

表 7.1　1953—1974 年经夏鼐审阅后出版的考古学专著一览表(共计 30 种)[16]97

审阅时间	书　　名	作　　者
1953 年 10 月	汉魏南北朝墓志集释	赵万里
1955 年 3 月	泉州宗教石刻	吴文良
1955 年 7—8 月	殷虚卜辞综述	陈梦家
1955 年 8 月	望都汉墓壁画	北京历史博物馆
1956 年 1 月	汉石经集存	马衡
1956 年 5—6 月	埃及古代史(译稿)	
1956 年 6 月	白沙宋墓	宿白
1956 年 11 月	塔里木盆地考古记	黄文弼
1957 年 6 月	郑州二里冈	安金槐
1957 年6—7 月	洛阳中州路	苏秉琦、安志敏、林寿晋
6—7 月	洛阳烧沟汉墓	蒋若是
10 月	浙江新石器时代文物图录	浙江省文管会、博物馆
10 月	江苏徐州汉画像石	江苏省文管会
12 月	山彪镇与琉璃阁	郭宝钧
1958 年 3—4 月	三门峡漕运遗迹	俞伟超
1959 年 2 月	埃及考古学(译稿)	
5 月	庙底沟与三里桥	安志敏等
6 月	上村岭虢国墓地	林寿晋
6 月	唐长安大明宫	马得志
1960 年5—6 月	西安半坡	石兴邦等
7 月	唐长安城郊隋唐墓	马得志
1961 年2—3 月	沣西发掘报告	王伯洪等
5—7 月	新中国的考古收获	科学院考古所集体编写
1961 年 12 月	武威汉简	陈梦家等
1962 年 8 月	前蜀王建墓发掘报告	冯汉骥等
1964 年 5 月	西安郊区隋唐墓	卢兆荫等
1972 年 10—12 月	长沙马王堆一号汉墓	湖南博物馆、科学院考古所
1972 年 12 月—1973 年 2 月	中华人民共和国出土文物展览展品选集(中文及英、法文本)	出国文展工作组
1973 年 10—12 月	中国古代天文文物图录	徐苹芳等
1974 年 6 月	满城汉墓发掘报告	卢兆荫等

第五节　宇宙星辰般的著作

　　然而,从上文中可以看到,夏鼐虽然写了很多文章,却往往各自为阵,不见体系。这就仿佛是夏鼐从自己脑中许多不同的小资料库中,抽出些大家即时需要的知识来,写成了文章。因此,他的作品如繁星满天,虽无法汇聚成太阳与月亮,却浩瀚深邃,仿佛宇宙。

　　这首先是因为,夏鼐给自己定的志向是非常大的框架,如"工程师"和"学者"等。但他从来没给自己定过小框架,比如"专门制造火箭的工程师",或"专门研究夏文化的学者",甚至是"专门研究考古学的学者"。这一来是因为,他的志向既是人生目标,也有兴趣的成分在内。他可能觉得已经把自己框定到了很专门的某一职业内了,在这一职业内,他仍喜欢兴趣广泛、思维跳跃,并"短事"高效、"长事"拖延。因此,就像他的所有兴趣一样,他的研究广泛涉猎却难见体系。

　　就拿不是正式工作,而是他自己要写的文章来说,如《〈真腊风土记〉校注》。1962年公历的最后一天,夏鼐接触到了《真腊风土记》,便开始校对[6]234。校着校着,他便来劲了,不仅搜集了各种相关材料来帮助校对[6]238-242,还打算画个插图[6]240。校出了心得和水平之后,夏鼐便开始写作《〈真腊风土记〉校注》,其间继续收集不同版本的《真腊风土记》,以作版本考[6]254-263。

　　而之后,因着"文革"中的一些惨痛变故①,夏鼐已成的《真腊风土记》合校本初稿佚失了。虽然他也曾寻找文稿的下落,但直到1976年,中华书局的工作人员听说他有"《真腊风土记》合校本"[8]23,向他约稿,他方才依着"自己藏本的眉端和行间所作的校注"[49]191开始重新整理——然而,这距他初做此事已有14年之久了。若此前可说是

　　① "从前向达先生(1900—1966)主编《中外交通史籍丛刊》时,曾有一个拟目,把《真腊风土记》也收进去,并且拟用《古今逸史》本。我从前家居无事时,因为周达观是我的老乡,我对他的书发生兴趣,曾整理了一个合校本。后来向先生知道后便借去,想过录一副本。'文化大革命'中向先生被抄家,他自己也因为受到迫害而发病去世。他的藏书发还后,现归北京大学,但已有许多抄本散逸。我的合校本也遍觅无着落。"[49]191

由于时代的不可抗力,那么,已整理过一遍的夏鼐忙里偷闲,写写改改,直到 1980 年 4 月才将更完善的《真腊风土记校注》清稿交给中华书局[8]398,便是因为他没有外力刺激,实在难以对长文心急了。

而上文提到的碳 14 实验室,夏鼐虽然很快就写出了介绍文章,但也是三年后才开始正式建设,测年数据更是直到 14 年后才开始发表。在数据发表的 5 年之后,夏鼐才写了一篇《碳 14 测定年代和中国史前考古学》,之后便再也没有写过关于这一领域的专门文章。这中间固然有政治动荡和技术困难的原因,但主导此事的夏鼐对"长事"不紧不慢的悠然态度和其跳跃的兴趣点,亦是造就此情形的重要因素。

可以看到,对于没有外力刺激的工作,夏鼐不是忘了,就是习惯"长事"慢悠悠,"短事"心血来潮地一做,然后就将兴趣转投其他领域。当然,这也不能只归结到个人的习惯和天性上,夏鼐的工作中,外力刺激太多也是一个重要的原因。夏鼐太聪明、太博学且太重要了,有太多的东西亟须他处理、解决和发声,不得不说,这对他完善自己的学术体系造成了较大的阻碍。

拿 1961 年的 1 月[6]143-149来说,他先为碳 14 仪器制造的事情奔波,然后关心郭沫若主编的《中国史稿》"原始社会"二稿的修改问题,接着审阅所中刊物的稿件,之后送秀君去医院看病。再主持"十年考古"(即《新中国的考古收获》)的编写计划,然后继续关心《中国史稿》"原始社会"部分,又讨论考古所今年的工作计划,继续校阅《中国史稿》"原始社会"部分,又给返所的田野工作队队长开会。终于将《中国史稿》"原始社会"部分定稿之后,又陪秀君去看病了。突然汉代铜饼上的铭文问题又要他解决,他便立刻花几天解决此事。与此同时,他继续审阅着"十年考古"的部分稿件。而最后一天,他还在"抗议美帝劫运我国存台湾珍贵文物赴美"的座谈会上发言。

这仅仅是夏鼐一个月的工作,其间还穿插着无数政治学习和政治自修。可以发现,他所有的工作几乎都是时间紧、任务重、要求高的,夏鼐跟个陀螺似的,一会儿转到这,一会儿转到那,几乎无缝旋转。这也多亏了他强大的"资料库"、随判的能力和谦虚求实的态度,若换做旁人,不知要多么手忙脚乱、力不从心和错漏百出。

　　不知是夏鼐确实很适应这样的生活,还是他遇到什么样的生活都能随遇而安,总之,除了短时的休养和必要的住院治疗之外,如此忙碌无停歇的生活,从解放前持续到了夏鼐生命的尽头。在无休止而又随机的外力刺激中,夏鼐跟随外界的要求工作着,真正变成了我国学术界和外交界的一颗"螺丝钉",哪里需要去哪里。而这些要求又并未商量好要成为一个体系,跟随其做事的夏鼐,所写的文章自然成了东一摊、西一摊、散布广袤的样子,这实在是一种必然。不过,因此便断然说夏鼐的学术思想不成体系,似乎有待斟酌。毕竟,一个人的学术思想并不只体现在学术作品上,尤其像夏鼐这般身任重职的,他所直接领导和执行的学术相关工作亦能说明许多[①]。更何况,我们从前文中不难察觉到夏鼐的学术作品中强烈的内在逻辑联系,隐隐约约囊括了整个中国考古学科的方方面面,正如宇宙中的漫天星辰一般。

图 7.7　夏鼐著作集[16]184

---

　　①　此问题太过宏大,在此不便展开论述,笔者将在博士论文中作进一步探讨。

夏鼐年轻时曾说过的那句"我以为在工作中可以得到快乐,用不着休息"[2]78,大概是被命运听去了吧,他的一生都献给了中国考古事业。而能够维持如此繁忙的生活几十年的夏鼐,从未因此而抱怨过,除了吃苦耐劳和勤奋努力之外,他大概也是乐在其中,过了满意的一生吧。

第六节　考古学泰斗的科技梦

第二届中国科学史研讨会的主席说,"中国大陆上的中国考古学家和中国科技史专家之间对于古代文物研究方面的密切合作和中国考古学家特别重视中国古物的技术史方面研究",都归因于夏鼐对于技术史感兴趣[13]299。这话说得倒不是完全没有道理。

夏鼐对高科技和机械设备相当感兴趣,从他最初想当个工程师的志向[1]15中就可见一斑。而当高科技和机械设备结合在一起,成为高科技设备时,夏鼐的态度就只有一个词可以形容:求之若渴。

夏鼐在大学毕业去英国留学之前,就已萌生想买一台照相机的念头[1]294。照相机在如今是随处可见的寻常物品,在 20 世纪 30 年代的世界中却尚属高科技产品,价格昂贵。夏鼐考虑了 6 年,直到快离开英国时才用奖学金购得一台[2]335,而他被抢劫的那次,劫匪也是特意要抢走他的照相机[4]3。

而 1944 年,夏鼐去西北考察前夕,刚领了经费就"将前次所见之拍卖行中 Reflector[反光镜]照相机,以 1.2 万元购得"[3]168。民国三十三年,物价飞涨且混乱,当时的 120 胶卷"未过期者售1 500元"[3]168,而相机的价格竟只有胶卷的 8 倍。如今,相机胶卷已经罕见,京东商城的售价大概为 20 至 30 元一盒,而普通相机至少需千余元,达胶卷价格的 30 至 50 倍。怪不得连对钱精打细算的夏鼐都说"此架照相机不能算贵"[3]168。该相机价廉物美,又尚属高科技,夏鼐自然迫不及待地在与李济商量之后[3]168,便火速买下了。

图 7.8 夏鼐的一台佳能相机①

　　再有，1950 年夏鼐才去考古所报到，竟先马不停蹄地和苏秉琦讨论起了买相机的事，更一口气买了 5 台 Leica［莱卡］相机[4]323。Leica一直是相机之王，技术始终走在时代前列，就算是出于工作的需要，夏鼐对高科技设备的浓厚兴趣仍可见一斑。

　　后来，夏鼐始终没有失去对相机的兴趣，看说明书自己研究[7]15，去国外特别留意更高科技的相机[8]427，"节约"这一特质更在买相机时变得十分不好使[9]30。不过，夏鼐在相机方面的运气不太好，西北考察归途中，他携带的三架相机全部被抢[4]2-3；晚年在国外刚买了一架进口相机，又立刻和行李一起被窃[9]30……当然，这都是题外话了。

　　还有一个与夏鼐关系密切的高科技产品则是打字机。20 世纪 30 年代，打字机虽在欧美国家已是平常物，但对刚从中国出来的夏鼐，还是新鲜玩意儿。夏鼐喜欢先进的科技，也看到了打字机为英文写

---

　　① 笔者摄于夏鼐故居。

作所提供的巨大方便,在英国留学的第四年,他便花大价钱买了一架打字机[2]226,从此就带着这架重量不轻的打字机四处奔波。

夏鼐对于高科技设备之喜爱的重要体现,便是很舍得为高科技产品花钱。而科技的更新换代如此快捷,夏鼐便跟着科技"买买买",那个时代的高新科技,他该是一个也没落下地体验过了。

比如,电视机。电视机在1962年时绝对属于稀罕物,凭票买取。夏鼐应是有票,便买了一台回家,朋友和邻居常到他家看电视①,夏鼐也一度"天天看电视"[6]275,十分着迷。

又比如,录音机。录音机于19世纪末20世纪初才在欧洲出现,"二战"期间为德国广播电台所用,中国则至20世纪50年代末才开始用来播放毛泽东和周恩来的讲话录音。20年后,估计录音机刚面世开售不久之时,夏鼐便又兴冲冲地先去买来"试行录音"[8]274了。

而他去国外作学术交流时,也总是格外留意他国的科技发展情况。尤其是1983年访德,夏鼐看着西德大学的实验室,有"(1) X-ray diffraction[X射线衍射]实验室;(2) 结晶学(Crystallogeny)实验室;(3) 电子探针(Electron Probing);(4) 电子显微镜;(5) Atomic Absorption[原子吸收],及DNA实验室"[9]254。面对如此丰富和高科技的实验室,他就像小孩子来到了新世界一般惊奇不已。而他发出的"仪器价格昂贵,我国现下只好'望洋兴叹'"[9]254的叹息,更是真切地反映了他对高科技的热爱,以及希望在学科发展中结合高科技的渴望。

以上就是夏鼐能够建立中国第一个碳14实验室的背景。热爱古物,又着迷于科技,大概是所有对世界充满好奇心的人之"通病"。毕竟探索过去和未来,都是对未知世界的探索。

上文已经简单提到,1954年,夏鼐看了一本利比写的《放射性碳素测年方法》[5]108,对高科技比较敏感的他,立刻明白过来,这对考古来说是个绝好的东西。随后,他便慢悠悠地搜集着材料,在第二年的

---

① "下午张山樵同志来自家,与楷儿一起安装天线。晚餐后,仇士华同志亦来,弄到9时许总算将天线安装好了……大家一起看电视,10时许始去,张山樵同志即宿自家。"[6]274

5月，花费了两个半天便写成了《放射性碳素或碳14的断定年代法》[12]375（发表时改题为《放射性同位素在考古上的应用》），这应是国内第一篇由考古学者写就的碳14测年文章。不愧是拥有强大"资料库"的夏鼐，脑中的材料整整齐齐，再次拾起大半年前的思绪也是分分钟的事。

上文又已提到，虽然夏鼐在文中建议了大家建立实验室[12]375，可别人没有知识储备，也没有资金，更没有专业人员，便没有人建。于是，夏鼐看看真的没人做，就自己开始想办法，毕竟，这对考古学科的发展太有裨益了。要房间，所里有房间；要资金，可以想办法；要专业人员，他一个考古研究所的，去哪里找放射性元素的专家？

夏鼐大概在"资料库"里搜索了一遍，决定还是信任官方途径，便去中国科学院的物理研究所求援。在物理所第五研究室主任杨承宗的推荐之下，夏鼐发现物理所有两个"人人喊打"[29]144的"右派"青年学者——仇士华和蔡莲珍夫妇，正处于前途渺茫的忧难之中。

仇士华后来回忆，当时，夏鼐对所长钱三强点名要他们二人，还说："你们的工作保密性强，不能用了，我们考古工作不保密，可以用。"[43]95这番话真是颇有夏鼐的谈判风采和不多想的特点。在物理所"受着严格的人身控制"[29]144、"难逃随时有无缘无故的谩骂和侮辱"[29]144的"右派"，在夏鼐眼里就是"保密性强的工作不能用"的专家而已。这一次，真是多亏了夏鼐的不多想和随判，他不仅从根本上拯救了仇士华夫妇的人生，也改写了中国考古学的进程。

一到考古所，夏鼐就把那本利比的书给了仇士华夫妇，"简明地交待了建立碳十四实验室的任务"[29]144，让他们从零开始。他自己则帮着打打工，解决物资条件等问题。既然碳14实验室一事是他自己想做，又对中国考古学大有帮助的事，他便开启了"孜孜不倦"模式，困难都不再是困难。

然后，不知道是不是考虑到仇士华夫妇饱受折磨的心灵，也可能只是新同事来了之后的惯例，总之，在这对夫妇来到考古所的第一天，夏鼐就像"对待一般工作人员一样"[29]144，带领他们"到考古所各有关科室走了一圈"[29]144,把他们介绍给了大家。这下可把仇士华夫妇给感动到了,他们称"得到了久违的人格尊重,心情平静了许多"[29]144,自此开始一心一意钻研碳14。

在这件事中,政治敏感性很差的夏鼐,估计并没有想过"重用'右派'会不会对我的职业生涯有影响"。因为就算让他想,他也想不出来"重用'右派'"和"自己的前途"到底有多大关系,或者说,在他的判断中,他的这一行为根本没有什么。在夏鼐看来,他只是为他想建的碳14实验室找来了合适的学者,为中国考古学的光明前程添砖加瓦了而已。而这两位学者因为特殊的政治原因,在很长一段时间内又能安心地留在考古所,如此简直极佳。

于是,夏鼐成功地安抚了在政治运动中受尽折磨的仇士华夫妇,给他们创造了一心一意研究碳14的条件,自己则完全没有心理负担。

图 7.9　夏鼐(左)与外国学者参观考古所的碳14实验室[16]87

如此，中国方能在高科技物资匮乏的 20 世纪五六十年代，排除万难建成了非常先进的碳 14 实验室。要知道，当时这样的实验室连美国都少有，来参观的美国人竟"流连不忍去"[8]357。

大概政治运动中所谓的种种讲究，夏鼐真的不是太懂，也没兴趣多管。单纯聪明的他，目标简单又明确——就是要建成碳 14 实验室而已。在政治运动的狂风暴雨中毫不犹豫地保住了实验室的夏鼐，跟在武威士绅对古物的抢夺中，全力保住了遗物的夏鼐相比，确实未曾改变太多。

当实验室有了成果之后，夏鼐真是"喜形于色"[29]146。他虽然不懂怎么落井下石，但他懂怎么锦上添花。他自己写了文章就立刻求发表、挖到重要遗物总到处给别人看便是例子。碳 14 实验室的建成，代表着国家技术水平的上升；若由考古所建成，则能让考古学科得到中央领导的更多重视，对考古学的前途极为有利。所以，在仇士华看来，夏鼐是"毫无忌讳地公布我们的工作成果"[29]145、"还将我们在实验室里工作的照片，对外展示"[29]145，感觉"夏所长这样做要为我们担当多少风险"[29]145。其实，夏鼐可能根本没往风险上想，他的心情基本上就跟给别人展示重要遗物时是一样的："快看我们的碳 14 实验室厉不厉害""快看我们的碳 14 实验室里可有真正的原子物理专家"，笔者都能想象到夏鼐展示时美滋儿的表情。

并且，夏鼐还特别尊重他人的劳动成果①。1972 年他写"有关碳十四应用的现状（应当就是《碳-14 测定年代和中国史前考古学》一文）"[29]145 时，提出要和仇士华夫妇联名，让仇士华夫妇既震惊又感动，无形中又鼓舞了俩夫妇的士气。

另外，夏鼐作为领导，在安排工作时，除了"合适"和"不刺激到别

---

① "最不能叫王予忘记的是，夏鼐先生以身作则，树立了良好的学风。前几年，王予到云南考察少数民族的文化，发现他们使用的弩机很符合科学原理，这种民族学的资料对于历史学和考古学的研究很有用处。夏鼐先生仔细地听了他的汇报后，便鼓励他整理成文，公开发表。'夏鼐先生当时对我说，他想引用我提供的这个材料。我说，你就用吧，没有关系。他说，你发表了以后我再引用。但是后来我一拖再拖，一直没有整理出来，夏鼐先生就再也没有用这方面的材料。'说到这里，王予感慨万分地说：'他就是这么个人，非常尊重别人的劳动。'"[34]372

人",很少考虑其他。这在被打为"右派"的仇士华夫妇看来,又是每一次都冒着风险,或者在给他们以尊严,或者在照顾他们。大概也不能完全说夏鼐没有这样的想法,但这主要出于他单纯又聪明的善良天性。

可以说,正是夏鼐对高科技的热爱和他的种种性格,方急速推动了自然科学在中国考古学中的应用,普及了碳14测年等,为我国的考古界和科学界作出了永远值得被铭记的贡献。

不知夏鼐在写"我要把我的生命无条件地贡献给革命事业"[6]304时,知不知道自己到底在写什么。但从他生命后期的工作来看,他确实把生命无条件地献给了伴随他一生的中国考古事业,甚至把热爱的事情融合到了考古之中。尤其是碳14实验室一事,无论出于什么动机,夏鼐都把自己最爱的科技梦想,投射进了考古事业的现实之中。那么,在为事业奉献的同时,他的科技梦大概也得到了别样的圆满吧。

笔者学力太浅,自认无法完整而准确地归纳夏鼐一生的贡献,只能全力以赴。但是,有一点可以肯定的是,夏鼐的事功在现世被了解的程度,与他实际上所作的贡献,跟许多声名斐然的科学家比起来,是完全不成比例的。

夏鼐不仅用一生书写了辉煌的中国考古30余年,更书写了一个既能与世界和平共处,又能将每件事都做好的强大之人的生命轨迹。在夏鼐的生命中,随便抽取一件真实的事例出来,都可以当做小学生的励志课文,但如此正面积极的榜样力量,却并未在现代社会中得到基本的科普和传扬,细思令人惘然。笔者十分遗憾没能在幼时即识得这样一位普通又伟大的人,他绝不以"大师"和"泰斗"自称,总是对世界充满了善意,真实、真诚、又真挚,名声远比事功小,而胸怀更比事功宽广。

第八章
余言

谨以本章，献给天地间所有伟大无私的父母。

"竹杖芒鞋轻胜马，谁怕？一蓑烟雨任平生。"①如果夏鼐不为家庭期望所困的话，或许他会过上这样的一生。作为全文的最终章，想说的虽然还有很多，但对一个恋家的人来说，家人始终是最重要的。而家人之中，给了他生命，却又早早离他远去的父母则是他一生最重又最痛的念想。

　　夏鼐身上是留着很多父母的印记的。比如对钱精打细算，讨厌性价比不高的消费之类的习性，一定来自父亲："上午父亲步行来双屿山，由小南门至双屿山，船夫索价 10 元，所以父亲负气不坐船。"[3]36而他恋家如命的温柔，恐怕不仅是因为家中氛围太好，还遗传自母亲。他想出国时，母亲"坚执"[1]223让夏鼐找一个本地的工作，能常回家，不然宁可让他待在家里，哪也不去。而 1943 年夏鼐决定去史语所前，母亲也是"极不希望"他出门的。

　　另外，夏鼐去世时是毫无征兆地突发脑溢血，现在都认为是积劳成疾所致。但笔者却注意到，夏鼐的父亲去世时，似乎也是突发脑溢血，"晕倒，其后即失知觉，不能语言，次日运回城中延医诊治无效……未及一星期，于十月初六日病殒，始终未能开言，似属脑冲血"[4]36。这与夏鼐病发后"说话已经不清楚"[35]394，"昏迷不醒"[35]394，最终亦没有开言，何其相似。若真是如此，那基因的力量真是太强大了。因此，当我们专门谈论一个人的时候，怎能不谈及他的父母呢？

　　本章便想简单谈谈夏鼐与他的父母。

――――――――

①　[宋] 苏东坡：《定风波》。

据夏鼐记载,他的祖父是当时温州有名的富商(图8.1),属于一个庞大的宗族,夏鼐的父亲为其第四子,"善治生业"[1]2,亦成一方富户。夏鼐有兄姊各一,还有一个妹妹。因此,夏鼐虽非完全生活在宗族中,却是身上留着宗族印记的最后几代人。

图8.1 夏鼐的祖父(左)与祖母(右)[16]7

夏鼐的父母在世时,他们一家非常团结相爱。四个孩子的家庭,肯定不如当今的独生子女家庭一般,万千宠爱集于一人之身。当家中孩子较多,父母又较为公正时,自然就非父母哄着孩子,而是孩子讨好自己所仰仗着的父母了。

因此,当夏鼐的父母可能只是聊尽心意,宠爱读书有出息的小儿子时,夏鼐就会被感动得不行。比如,他小时候喜欢烟盒画片和铜钱,父亲帮他收集的事[1]9;比如,他上初中想看鲁迅的书,父亲不仅带回了书,还带回一大堆礼物的事[2]79……这些在今日看来稀松平常的小事,夏鼐却记得非常牢,记叙时,字里行间流露出对父亲的感激和爱。

夏鼐在北京读书时,家中每逢过年就会寄去年货①;夏鼐不主动

---

① "今日接到父亲的信及家中寄来的过年货。"[1]219

要钱,家里倒主动给他寄钱①;一旦听闻外界发生战争,家中便会拍电报叫夏鼐回去②……这些在如今看来似乎理所当然的事情,在夏鼐看来却是"父母的痛惜之心令我终身不敢忘"[1]144。

而当父亲仰慕的教育名人近在咫尺时③,夏鼐就会想方设法求得墨宝,以拿回去"讨老人家的喜欢"[1]333。如今的孩子给父母买礼物尚做得到,但为了对方所喜欢的名人而特意托人求字,像是今日的父母对孩子才会做的事。颠倒过来的情形,恐怕就是在多个孩子的家庭中方得见了。

因此,生活在如此家庭中的孩子,当其想做之事受到了整个家庭的高度支持时,孩子是绝对不敢叛逆的。前文提到,夏鼐连风险都不敢冒,只敢承受着期望,朝着家人所鼓励的方向不断努力,由此可见,夏鼐的家庭恐怕是对读书厉害的小儿子寄予了厚望的。

比如,夏鼐的祖父告诉他:"你父亲给你读书的钱是很快乐的,他只希望你将来能有出息。"[1]119而当夏鼐说起要出国时,其兄也一力支持④,还帮他说服父母⑤。

当夏鼐真的考上公费留美时,他父亲不仅不为昂贵的费用发愁,还无比地高兴,听到别人因此事夸奖自己的儿子⑥,更是"喜气满面"[1]340。

---

①　"昨天接到家中寄款,我并没有向家索款。因为近二月来收到40余元的稿费,现在箧中尚余60余元。家中以为我缴费后必所剩无所,且在现今之时局下更不可不多备,以供不时之需。"[1]162

②　"去年天津事变时,父亲曾想拍电报来唤我回去。"[1]144

③　"这两天蔡元培先生正在京,我买了二副联对,托章味三先生去请蔡先生写,上款用父亲的名……"[1]333

④　"家中虽不贫困,然留学费用之负担过重,非中人之产所能胜任,大哥曾劝我出国,父亲虽未发表意见,然颇有难色。"[1]204

⑤　"案头睹大哥复信,述及家中意见:'父亲意似默许,奈母亲坚执,以为己身年迈为辞,即欲投身职业,亦非本地不可,否则宁归闲居坐守。经兄[再三譬说]……最后母亲说,是否待弟暑假毕业归来,先择本地有无适当之职业,如无职业可寻,亦待姊妹出阁后再说,总之,留学似有希望,辛勿自萦心胸,此后如有机会,当再为双亲一请之。'大哥善意,殊可感也,母亲意见亦未可厚非,桑榆晚景,欲儿女待侧定省,亦为人之常情,即我自己之意,亦不欲远离家乡……"[1]223

⑥　"父亲谈到前星期在陈守埔家中谈到我的事,陈也听见别人提起,因对父亲说:'家私做到十万、廿万不算稀奇,有子能考上官费留学,这才算难得。'父亲客气说:'小儿愚笨。'陈的兄弟雨门说:'这样如果是愚笨,那么怎样才算是聪明?'"[1]340

　　而夏鼐留学在外时,父母虽然想念他,却仍劝他在英国安心求学[2]260,自己则在家中读着小儿子的信,更为其求平安,聊解思念①。

　　温州沦陷时,夏家总动员,齐心协力保家避难。这期间,夏鼐自己没怎么对论文的安危上心,反而是他的父亲怕燃烧弹把他的串珠卡片(图 8.2)给烧了,全帮他搬到了安全的地方②。

图 8.2　夏鼐为撰写关于古代埃及串珠的博士论文而制作的串珠卡片[16]45

　　前文说的董朴垞五顾"茅庐"请夏鼐出任温中老师一事,夏鼐的父亲和兄长也或许是觉得夏鼐能有更大的出息,都认为"坚辞不就为佳"[3]61。

　　甚至夏正楷出生的时候,父亲不仅不责怪夏鼐只知道看书,不知道照顾新生的孩子,还帮他做一些本该由生父做的事③。夏鼐的父母确实从不埋怨夏鼐不带孩子,反而都是帮着他带孩子④,让其安心看书。这些行为,与今日的父母不让孩子做家务而只让其好好学习是

---

　　①　"晚间在父亲房中箱内见余历年海外寄归之家信,共百余封,扎成束,依年月前后编号。大姐云,近数年来,父亲每思及余时,常取出家信诵读,以慰思子之心。母亲则常至庙中拜佛念经,祈求游子平安。"[3]22
　　②　"这半个月,扰乱不安,父亲怕燃烧弹,将文契等物及自己论文所用卡片,都携来乡下,但自己没有闲心整理。"[3]37
　　③　"今日父亲以婴儿八字托朱公亭算命。"[3]76
　　④　"晚间父亲率铮、暄二儿赴温中观剧,余在家未去。"[3]78

何其相似,看来由古至今,爱孩子的父母都是相同的。

　　1943年,温州形势暂时安定,但仍紧张,夏鼐犹豫着是启程去史语所工作,还是在家陪着家人。结果,这次连极度希望他陪在身边的母亲,都同意了让他回去工作,父亲更让他"不必顾虑家事,安心工作"[3]100。其实笔者觉得,父亲又何尝不希望在这分离即可能天人永隔的乱世中,让小儿子留在身边。但他即使再舍不得夏鼐,也不愿说出来而增加夏鼐离开的顾虑,只是什么也不说地让他自己决定"进止"[3]96。

　　然而,这一去,就真的是阴阳两相隔。

　　可以看到,夏鼐的父母,尤其是父亲,对夏鼐的爱是极其浓厚与无私的,他不愿让任何事情,包括自己的心情,阻碍了夏鼐迈向未来康庄大道的脚步。孩子如此出息,他怎么也不愿让自己的私心加以阻拦。天地间,最舍不得你却又最能包容你的离开的,大概也只有父母了。

图8.3　夏鼐的父亲(右)和母亲(左)[16]8

生长在一个给予了他无限包容与爱、坚决支持他事业的家庭中，夏鼐固然是幸运的。然而，这份幸运对于夏鼐来说，既是幸福，也是压力。父母如此爱他，对他实在太好，夏鼐想起来总觉得"亲思罔极"[3]22。背负着双亲重大期望的夏鼐，自然是一丝一毫都不敢令家庭蒙羞，让父母失望。否则，当他回到家中时，他将要如何面对父母虽然失望痛心，却又强装笑颜来安慰他的脸庞？ 夏鼐大学时的一番话，或许说出了所有既被家庭爱着，又被家庭寄予着厚望的孩子的心声："我真感谢双亲的爱我之心，替我想得这样周到。我替自己庆幸，庆幸自己有这样的好家庭。我又暗中替自己焦急，怕自己将来要辜负了家庭中对我的期望。"[1]162

恐怕就是在这股原始动力的驱动下，夏鼐才始终不敢松懈。他一路前进，积极向上，用一切合法、合情、合理的手段来使自己变得更好。这是"望子成龙"的美意所在，也是"望子成龙"的不轻松之处。哪怕夏鼐走到最后，早已模糊了最初的这股念想，但他那和睦友爱的大家庭和无私伟大的父母，留给他的要强与善良，却永远烙印在他身上。

谨以本章，献给天地间所有伟大无私的父母。

参 考 文 献

［1］夏鼐.夏鼐日记·卷一［M］.上海：华东师范大学出版社,2011。

［2］夏鼐.夏鼐日记·卷二［M］.上海：华东师范大学出版社,2011。

［3］夏鼐.夏鼐日记·卷三［M］.上海：华东师范大学出版社,2011。

［4］夏鼐.夏鼐日记·卷四［M］.上海：华东师范大学出版社,2011。

［5］夏鼐.夏鼐日记·卷五［M］.上海：华东师范大学出版社,2011。

［6］夏鼐.夏鼐日记·卷六［M］.上海：华东师范大学出版社,2011。

［7］夏鼐.夏鼐日记·卷七［M］.上海：华东师范大学出版社,2011。

［8］夏鼐.夏鼐日记·卷八［M］.上海：华东师范大学出版社,2011。

［9］夏鼐.夏鼐日记·卷九［M］.上海：华东师范大学出版社,2011。

［10］夏鼐.夏鼐日记·卷十［M］.上海：华东师范大学出版社,2011。

［11］夏鼐.夏鼐日记·温州篇［M］.上海：华东师范大学出版社,
2013。

［12］夏鼐著.中国社会科学院考古研究所编.夏鼐文集·上［M］.北
京：社会科学文献出版社,2000。

［13］夏鼐著.中国社会科学院考古研究所编.夏鼐文集·中［M］.北
京：社会科学文献出版社,2000。

［14］夏鼐著.中国社会科学院考古研究所编.夏鼐文集·下［M］.北
京：社会科学文献出版社,2000。

［15］夏鼐著.中国社会科学院科研局组织编选.夏鼐集［M］.北京：中
国社会科学出版社,2008。

［16］《考古学家夏鼐·影像辑》编辑组编撰.考古学家夏鼐影像辑
［M］.北京：中国社会科学出版社,2011。

[17] 夏鼐. 我所知道的史学家吴晗同志[A]//夏鼐著. 中国社会科学院考古研究所编. 夏鼐文集·下[M]. 北京：社会科学文献出版社, 2000。

[18] 夏鼐. 追悼考古学家梁思永先生[A]//夏鼐著. 中国社会科学院考古研究所. 夏鼐文集·上[M]. 北京：社会科学文献出版社, 2000。

[19] 夏鼐. 代序：我是怎样开始从事考古学研究的[A]//夏鼐著. 中国社会科学院科研局组织编选. 夏鼐集[M]. 北京：中国社会科学出版社, 2008。

[20] 夏鼐. 综述中国出土的波斯萨珊朝银币[J]. 考古学报, 1974, (01)。

[21] 夏鼐. 批判考古学中的胡适派资产阶级思想[J]. 考古通讯, 1955, (03)。

[22] 王世民. 生平事迹年表[A]//夏鼐. 夏鼐日记·温州篇[M]. 上海：华东师范大学出版社, 2013。

[23] 王世民. 夏鼐与史语所——《夏鼐日记》有关记载述评[J]. 古今论衡, 2011, (23)。

[24] 王世民口述. 胡文怡记录整理. 采访录音整理稿——2015 年 4 月 31 日胡文怡访王世民先生. 见附录一。

[25] 王仲殊. 夏鼐先生传略[A]//中国社会科学院考古研究所编. 夏鼐先生纪念文集——纪念夏鼐先生诞辰一百周年[C]. 北京：科学出版社, 2009。

[26] 胡乔木. 痛悼卓越的考古学家夏鼐同志[A]//中国社会科学院考古研究所编. 夏鼐先生纪念文集——纪念夏鼐先生诞辰一百周年[C]. 北京：科学出版社, 2009。

[27] 彭隆祥. 深情怀念夏鼐教授——教我从事古尸科研的启蒙老师[A]//中国社会科学院考古研究所编. 夏鼐先生纪念文集——纪念夏鼐先生诞辰一百周年[C]. 北京：科学出版社, 2009。

[28] 黄展岳. 难忘的往事——纪念夏鼐先生诞生一百周年[A]//中

国社会科学院考古研究所编. 夏鼐先生纪念文集——纪念夏鼐先生诞辰一百周年[C]. 北京：科学出版社,2009。

[29] 仇士华,蔡莲珍. 永远怀念敬爱的夏所长[A]//中国社会科学院考古研究所编. 夏鼐先生纪念文集——纪念夏鼐先生诞辰一百周年[C]. 北京：科学出版社,2009。

[30] 陈星灿. 夏鼐与张光直交往的一点史料[A]//中国社会科学院考古研究所编. 夏鼐先生纪念文集——纪念夏鼐先生诞辰一百周年[C]. 北京：科学出版社,2009。

[31] 邹衡. 永远怀念夏鼐先生[A]//中国社会科学院考古研究所编. 夏鼐先生纪念文集——纪念夏鼐先生诞辰一百周年[C]. 北京：科学出版社,2009。

[32] 王仲殊,王世民. 夏鼐先生的治学之路[A]//中国社会科学院考古研究所编. 夏鼐先生纪念文集——纪念夏鼐先生诞辰一百周年[C]. 北京：科学出版社,2009。

[33] 杨泓. 夏鼐先生对中国科技史的考古学研究[A]//中国社会科学院考古研究所编. 夏鼐先生纪念文集——纪念夏鼐先生诞辰一百周年[C]. 北京：科学出版社,2009。

[34] 张天来,金涛. 夏鼐的足迹[A]//中国社会科学院考古研究所编. 夏鼐先生纪念文集——纪念夏鼐先生诞辰一百周年[C]. 北京：科学出版社,2009。

[35] 李秀君原稿. 夏素琴等整理. 我们的心是相通的[A]//中国社会科学院考古研究所编. 夏鼐先生纪念文集——纪念夏鼐先生诞辰一百周年[C]. 北京：科学出版社,2009。

[36] 夏素琴,夏正暄,夏正楷,夏正炎. 我们的父母亲[A]//中国社会科学院考古研究所编. 夏鼐先生纪念文集——纪念夏鼐先生诞辰一百周年[C]. 北京：科学出版社,2009。

[37] 傅斯年著. 欧阳哲生主编. 傅斯年全集·卷七[M]. 湖南：湖南教育出版社,2003。

[38] 罗志田. 近代读书人的思想世界与治学取向[M]. 北京：北京大

学出版社,2009。

[39] (美) 江勇振. 星星·月亮·太阳：胡适的情感世界（增订版）
　　　[M].北京：新星出版社,2012。

[40] (英) 斯蒂芬·夸克. 夏鼐与古埃及串珠研究[J]. 考古,2014,
　　　(06)。

[41] 施雨华. 李济——失踪的大师[J]. 南方人物周刊,2012,(41)。

[42] 周振鹤. 跳读《夏鼐日记》[N]. 南方都市报,2011 - 12 - 18[2015 -
　　　05 - 26]。

[43] 张雪莲. 中国碳十四年代学的始创者——仇士华[A]//王巍主
　　　编. 考古学人访谈录Ⅰ[M]. 上海：上海古籍出版社,2014.

[44] 河南省文化局文物工作队. 洛阳西汉壁画墓发掘报告[J]. 考古
　　　学报,1964,(2)。

[45] 万辅彬问,柯俊答.“钢铁大师”的冶金史情缘——科技史学家访
　　　谈录之二[J]. 广西民族学院学报,2004,10(2)。

[46] 韩汝玢、石新明. 柯俊传[M]. 北京：科学出版社,2012。

[47] 李众. 关于藁城商代铜钺铁刃的分析[J]. 考古学报,1976,(02)。

[48] 宋广波. 从《日记》看夏鼐的学术人生[J]. 中国文化,2011,(02)。

[49] (元) 周达观. 夏鼐校注. 真腊风土记校注[M]. 北京：中华书
　　　局,1981。

附录　王世民先生访谈录

（2015 年 4 月 31 日）①

笔者：其实我觉得一上来就问问题，您有可能也说不出来，其实我就是想先问问您，您是一直在社科院考古所工作吗？

王世民：对对。

笔者：那夏先生去世的时候您是四十几岁是吗？

王世民：夏先生去世时候我……85 年嘛，我刚 50 岁。

笔者：哦 50 岁……那您当时进所的时候就是，我猜的，因为他（夏先生在日记中）没有写年龄嘛，我猜您进所的时候就是二三十岁的样子。

王世民：21 岁。我 1956 年毕业时是 21 岁，毕业以后一直在考古所工作。

笔者：那得有这个 50 年，快 60 年了。

王世民：到现在当然是快 60 年了。

笔者：哇，那您这已经跨越了半个世纪了呀。

王世民：嗳！

笔者：这个，其实就是想请您谈谈，夏先生您特别难忘的事儿，因为我没有办法接触到他了，我现在只能是通过日记……我现在也算是认识他，就是通过日记。然后怎么说呢，就是，有一些事情我想不太明白，就是他在日记里没有写得特别清楚，就是想问问您的意见。我感觉那个，从夏鼐日记里感觉，您是特别崇敬夏先生，爱戴夏先生

---

①　该整理稿已经过王世民先生的正式审阅。

的，就是，您能先谈谈有什么特别难忘的往事呀，或者是，夏先生在您心里，您感觉他是怎么样的人呀，之类的。

王世民：我在他的左右，应该是 30 多年，从 1953 年初开始。那年的入学比较晚，因为院系调整以后，建新的宿舍，建办公楼，建新的教学楼，整个那个什么，"百年讲堂"那周围的老房子，那都是 1952 年那年以后建的。对，原来燕京大学的房子，就未名湖周围那一点。本来应该 9 月份入学，我们准备要来报到的，学校通知说推迟入学了，有的呢，个别四川的同学没有收到通知，就先来了。我记得很清楚，是 11 月 24 日到校报到的。

笔者：哦，这么晚才报到？

王世民：嗳！11 月 24 日报到，12 月 9 号开始上课，上课也就是，上课一个多月就放寒假了。

笔者：那也不补课？

王世民：夏先生的课呢，是 1953 年 1 月初开始上的。他日记里面记载，可能是 1 月 5 号。就从那个时候开始，见夏先生，第一次见他。那个时候因为在中学的时候，原本和考古没什么接触，也不知道夏先生。那个时候，正好就是考大学以后等待入学的时候，正好那一年国庆，有个《历史教学》杂志，发表夏先生的一篇文章，《三年来我国考古学方面的成就》。那时候我是在我们家乡的文化馆看到的，于是开始知道夏先生。但是你想啊，知道第一次见到夏先生以前，心想他是留学回来的，一定很洋气，结果见到的第一面，上课呢，他特别朴素，穿一件灰布的短大衣，戴赵本山那种样子的旧帽子，然后他讲话呢，口音很重。

笔者：温州口音很重，我听说了，上课许多同学听不懂。

王世民：听不懂，并且他那时候身体不好，声音又低。

笔者：对，那时候还没动（胃部）手术。

王世民：对，没动手术，那时候的文史楼，有历史系、中文系、哲学系，三个系都在文史楼办公上课。文史楼呢，第一层的东西两头，是一个 101 和一个 108，都是很大的阶梯教室，我不知道现在是不是还是教室？

笔者：现在改了。

王世民：哦，我们那个时候在西头那间上课，西头可能是108。夏先生的课呢，是全系都听的，不同年级的，历史专业同学的也都要听的，必修课。听（他讲课）的时候他声音又低，年纪比较轻的同学呢，都是抢比较靠前面几排坐，坐在中间就已经听不大清楚了，坐后面就更听不清楚了。所以那个时候考古教研室就给他派一位青年教师（现在已经早已去世了）。

笔者：在旁边翻译啊？

王世民：在那儿记录。整理以后，经过夏先生本人又看过，然后油印了发给大家。

笔者：啊，这样啊！

王世民：这样好一些。这个讲义呢，三卷本的《夏鼐文集》里边儿没有收。那三本的纪念文集里面收的文章，每篇都是他自己亲自写的，记录稿一篇没收。编文集那个时候，我和王仲殊先生商量，考虑当时有的先生的文集，收入不少东西是记录稿，甚至是学生代笔的文章，这种情况都有的。有的先生的文集里面有不少这样的东西，很不好。……咱们编夏鼐先生的文集，记录稿一概不要收，绝对都是他本人亲笔写的。这个去年以来呢，出版社要求重印《夏鼐文集》，重印文集我们考虑三卷本出书时校对做得不好，有很多错字，而两份《考古学通论》记录稿还是有它的价值，并且根据日记的记载，确实经过他自己的审阅，并不是代笔，应该增订进去。另外还找到其他一些原先未收录的文字。于是将原来的150万字，现在增加到200万字。最新版的增加了50万字。现在我正在看清样，还没看完，看了一半多一点。

笔者：王老师您真是，就是快80岁了，每天工作量还这么大，太厉害了。

王世民：嗯！夏先生给我们上课那个时候呢，他那时候也很辛苦。那个时候考古研究所没有专车，有一辆车子，是考古所和近代史所合用的,合用的。就是一般呢,出去有开会时用,他去北大讲课从来不坐这个小车,都是坐公交车,因为他在日记里面记载,他坐公交车,在西直门换车,赶上春游啊,人很多,有时候赶不上车就迟到了。在北大,那时中午也没给他安排个休息的地方。他是上午两个钟头给我们讲考古学通论。下午带同学实习田野考古方法。

笔者:衔接得这么紧。

王世民:哎,下午又是上一下午的课,他日记里面就流露出,去北大一天,很累。

笔者:不过,他好像也不是很介意中午没有休息。

王世民:他不介意,他那个,一点架子都没有。这和有的先生完全不同。

笔者:是是,这个从日记里就能感觉出来,夏先生一点都没有把自己当成大专家。

王世民:所以他日记里面,曾经有过,看到没大概,哪一年我记不清楚了,有一年他到上海去开会,开《辞海》的编委会议,接他的人不认识他。

笔者:哎这个有,对! 对! 然而他也不介意啊。

王世民:不介意! 不介意! 那次接站的人把别人接走了,把他落下了。

笔者:哎,对! 对!

王世民:夏先生从来都是穿得最简单的蓝布中山装,平常就是穿布鞋。到了夏天,他穿的那个凉鞋,就是最最普通的那种黑塑料凉鞋,我就没见过他穿皮凉鞋,皮的那种前面带网眼的那种,我没看见过。

笔者:反正夏先生就是对生活质量特别没有要求。我看那个黄展岳先生写那个纪念文章,他分房子那事儿嘛,夫人说怎么还不分房,因为当时他们住房已经很紧张了,然后,他就问黄展岳说你分到没,黄展岳说我还没分到,夏先生对夫人说你看他还没分到你急什么呀。我就觉得特别可爱。

　　王世民：是，是。夏先生家里最紧张的时候啊，全在家，家里每间房子里都住有人，都有床的。就连有一次，到我们所里来交流的，剑桥的一个美国的一个女孩子，是副教授还是什么，夏先生在家里面招待她吃饭，就吃了个小简饭在家里。上午就这么讲课，下午呢，带着我们在未名湖边实习。他是这个老一辈的考古学家中，像夏先生那样，有关的各项考古技术全都自己能亲自操作的，很难找出第二个人。你像那个，他样样都很精。他，那时候就那个测量，测量当时他不是教我们怎样用平板仪，是用照准仪很简单这么一个尺子，那个进行平面的近距离的测量，他就那么教我们。我们呢，从中学刚刚过来，三角、几何这些还都记得，我记得那次是涉及三角的问题，我对他讲的有意见，我说有的地方没有听不懂啊，他讲的有个别不准确的地方，他就在未名湖边那个路边草地上，坐在地上，拿纸演算给我看。那个修复呢，从前不是用那个漆皮胶，在那个汽炉子上点，他把那个汽炉子点上，手把手教我们把陶片烤热，然后用漆皮胶粘合。记得他还特别随身带去辉县发掘出土的铁斧子，他说试验呢，用根据国外文献上的办法，用电解的办法进行铁器去锈，取得很好的效果。他说试验比较有效，带来给我们看。那个时候，就在镜春园，有个房子，是燕京大学时代由安志敏先生布置的史前陈列室，摆放裴文中先生捐赠的一批欧洲的旧石器，还有一些北京人、爪哇人的头骨化石模型等等。夏先生就在那里教我们粘对陶器。讲考古绘图呢，我记得他带去一种简单的工具，可以轻便准确地获得陶器的轮廓，一个框架中间有好多竹签或金属签，你这么……可以……（笔者按，王先生演示中）

　　笔者：啊我知道，就可以弄出这个的形状来，然后你就可以把轮廓线描下来。一量就知道他口径什么了，特别简便。

　　王世民：夏先生就这样子，花费一个学期的时间，在北大给我们上课。还有一件事印象很深呢。我们后来四年级去西安实习，1955年下半年到1956年暑假，先在半坡发掘，跟着石兴邦先生。就是我们在那个时候，考古所的西安研究室刚建好，建好我们是第一批搬进去住的，在那的时候，那个寒假比较长，因为所里搞肃反运动什么的，第二年开春啊，它得第二年1956年春天到三月份才开工，我们又去沣西，跟着王伯洪先生发掘。我记得寒假前，那个时候呢，有时候去石先生的住处聊天。那时候石先生才30岁出头，现在他90多岁了。在半坡的实习期，那个时期咱们国家的口号是"一边倒"，考古界也强调学习苏联，有一个计划，就是对苏联，学苏联，一面倒，在《文物参考资料》上，曾经发表《苏联大百科全书》上"考古学"这个长条的译文，这被大家当作经典著作来学习，回想那个时候，我们那个班的许多年轻同学热情很高，刚刚迈进考古学的大门，实际上还没有真正弄懂考古是怎么回事。《苏联大百科全书》上怎么说，由此可见我们就应该怎么做，就是这么个思路。当时有个说法，"考古学的任务是为历史科学服务"，自己很不理解，心想这不是把考古学的作用降低了吗？我就跟石先生讲，石先生说夏先生正在坐镇洛阳，主持黄河水库区的考古调查工作，因为他在那坐镇，派出去的队，三个省去调查，这阵子他比较空，你们可以给他写信，向他提出这个问题。给他写信，问他。你有不同看法，问他。想不到信发出去没有几天，就收到夏先生亲自用毛笔写的回信，可惜这封信没有保存下来。夏先生耐心地给我讲述他一贯的观点，这个历史科学是广义的，不是狭义的历史学。

笔者：是广义的，人类文明史？

王世民：所以这个，不要把为历史科学服务，错误地理解成为历史学服务。

笔者：夏先生很聪明啊。

王世民：这个观点后来在文章中不断地反复阐述，他认为考古学和历史学都是历史科学的组成部分，好比一个车子的两个轮子。

笔者：夏先生其实，当时很多事情他知道是吧，什么"三反"啊！"思改"啊！

王世民：对！对！

笔者：他知道，但他其实就是最大限度地做一个变通，让自己也得以保全，然后也不会太违背自己的原则。

王世民：他呢，他在理论上，他并不是不懂理论，不是像有的人误解他轻视理论。他的日记中记载,在燕京大学时读过很多理论著作,许多马列主义经典著作,他都读过,我相信,到现在为止,在中国考古学界,没有第二个人像他那样读过那么多马列的书。

笔者:我看他在燕京的时候就一直读马列的一些书了,他不是要出于什么目的看,就是自己在看。我看他那么年轻就看了。

王世民:完了因为他当时读的是社会学系,社会学系对社会科学的许多名著都要读,他不但读了,而且读得很快。《资本论》《反杜林论》,都是没几天就看完了。

笔者:他超级快啊!对啊!他看书这叫一个快,把人家都吓到。他说他《红楼梦》,他就看了三四天,然后就看完了,两天看了半本嘛,四天就看完了。

王世民:他的文章里面,有时候引用唐诗什么的,唐诗都是信手拈来。

笔者:有时候记错几个字。

王世民:是!他这样,在社会学方面有一部书是专讲当代社会学的流派的,他花很多时间详细阅读,所以他眼界开阔,站得很高。这点给人的印象很深。1956年我刚到考古所时,随王仲殊先生去汉长安城发掘。第二年(1957年)我被留在所里面,那个时候,我们就是年轻人希望能轮流留在室内读书,不要全部时间都下田野。1957年上半年我被留在所里,留所没两天,所里秘书室有空缺。

笔者:啊对对,您后来我看,您就长期在秘书室工作了。

王世民:对对,原来的所务秘书王明,一位老先生,调走了。他是研究道教的,归队到哲学研究所去了。这个时候呢,所里决定由四位先生,王伯洪、安志敏、石兴邦、王仲殊,轮流担任学术秘书,再配两个年轻人做他们的助理(上报中科院办公厅的报告称"助理学术秘书",但并非正式名义)。1957年那一届学术秘书是石兴邦先生,助理呢,开始没有我,是另外一位同志。后来呢,不知什么原因,他不愿意做了,他的文字能力也不强,临时改变为由我顶替;还有一位呢,是从温州调来的陈淮,原来是行政干部,工作能力很强,调来,我们两人在夏先生身边。后来1958年陈淮同志他下放去劳动一年,接着又去负责长江流域规划文物考古队办公室工作。比较长的时间呢,石先生有的时候因公出差,相当多的时候就由我一人盯着呢。1958年第四季度到1960年,我离开过一段时间,由别人来工作,1960年由一位是北大1959年毕业的同志工作,去的时间不长,那里接触财务机会很少,有一次来了转手的稿费,赶着"三年困难"时期他嘴馋就贪污了。贪污了,不能让他继续干了,1961年又把我找回去,那是协助王伯洪、王仲殊两位先生工作,除参加"四清"和劳动锻炼外,一直到"文革"都在所里的秘书室工作,也就是夏鼐先生身边工作(我想顺便说一件事:有人说自己做过"夏鼐的秘书",没有那么回事! 夏先生不是官员,他个人从来没有秘书。)"文革"以后呢,我不再在秘书室工作,但是所里起草重点文件(比如研究规划、评论性文章)还不时要我参与,再有考古学会秘书处的日常工作。考古学会的一些文件都是我来起草的。我长期在夏先生身边,一直到他去世,直到把他的遗体送进火化炉。夏先生病危的时候,我在医院值过夜班,值过夜班后没回家,就在自己办公室休息,在那里等候消息,电话来说他已经去世了。社科院和考古所领导感到夏先生没有转危为安的希望,就提前给我一些有关的材料,要我作好写悼词的思想准备。突然接到王仲殊的电话,夏先生真的与世长辞了,于是强忍悲痛撰写悼词。

笔者:你和夏先生长期的接触中,印象特别深刻的有些什么事?

王世民:在那儿呢,接触比较多的,印象很深刻的就是定陵发掘。定陵发掘的时候,发掘队那个管日常事务的,北京市的文物队的前身叫北京市文化局文物调查研究组,那个行政负责人名叫朱欣陶,是一位在北京做地下工作的老同志。后来他就一直在那主持行政工作。他呢,发掘工地上有什么特殊情况,有的时候给夏先生来电话,有时候亲自跑来找夏先生,就在办公室坐着等。有时候他看夏先生没在办公室,他就坐在外间的会客室等。我们那个办公室呢,是三开间的北房。夏先生在东间,北房东边通向一个小房子,一个耳房,另外开个门,是黄文弼先生的办公室。夏先生在这北房东间,中间是会客室,西边一间是秘书室。秘书室里,我坐在靠南面的窗户,石兴邦先生坐在靠北面的窗户。秘书室西面还有一个小套间,是郑振铎先生的办公室。那个时候,电话呢在我们这一间屋子里,一般进来接电话,但隔扇上有一个洞,在外间也可以接。电话那个台子下面有一个凳子,凳子上面放一个脸盆,脸盆有水,洗手什么的。那个时候,夏先生的办公桌前有一个痰盂,他那桌子在这,他这么一个长桌子,头上是一个痰盂,当时他胃病很厉害,经常会呕吐,吃东西不合适就吐。我就听见他呕吐的声音,赶紧过去看,他正对着痰盂吐,我就赶快跑到传达室,去找司机发动汽车,送他上医院。这种呕吐情况不止一次,有好多次。他呢,在日记里都有记载,几月几号吐了,这个月吐了几次。

笔者:对!他还计算今年吐了几次。

王世民:这吐得最严重的就是定陵发掘期间,他人去定陵作现场指导,定陵发掘时条件较差,是搭棚子住宿,吃的东西也不好。往往是请他过去,在那吃住一天两天,吐得不行就回来,回来稍好一点再去。

笔者:夏先生这太拼了吧。

王世民:那真是,那个定陵发掘,如果不是亲历的话,你根本想不到这种情况。定陵发掘告一段落,他就住医院了,又住小汤山疗养院,前后疗养了多少天,日记都有记载,好像两个多月吧!

笔者:他住疗养院住得还挺开心的,跟人家聊天啊什么的。

王世民:对,跟人家讲定陵发掘。

笔者:跟人讲考古什么的。

王世民:疗养院周围怎么样怎么样。

笔者:哎,夏先生太拼了,您要是这个不叫他去医院,他是不是还接着办公,他就不去医院了?就吐了就好了这样。

王世民:呕吐了那还是会去医院的。有的时候稍好一点,有外事活动,有什么宴会,他去参加,去了回到家又吐。日记里面说,今天几点钟吐了,喝了杯牛奶,过了一会儿又吐了。那个时候,传达室收到他的来信，都是先送到我这里，由他发出去的信，也由我交给传达室。《参考消息》刚刚创刊，他有一份，我们年轻人没有资格订阅，便看他的。

笔者：这个还得是到级别才能看的？

王世民：还有政协的《文史资料选辑》，经常我抢先看了再给他。有时候他在里面办公，要是高兴了，还把自己刚写完的东西，在往外发出去前，拿给我看看。印象深的有两次，大概 1962 年，他为母校温州中学六十周年校庆，写了一篇纪念文章，题目是《春草池边的旧梦》。

笔者：对对对，特别文艺的一个标题。

王世民：这篇文章呢，他给我看过，我记得大概总共有三千多字，回忆中学时代的往事，"五卅"惨案以后上街宣传什么的，富有浓郁的乡情，可惜这篇文章我没有抄下来。前些年编《夏鼐文集》的时候，想收这篇文章，未能从夏先生家里找到，去温州时曾去温州中学的档案室查找，年轻的教师不知道。当时经办六十周年校庆一位副校长人还在世，我没有想到与他联系，后来我再去温州时这位副校长已经去世，最终未能找到。夏先生家里面，他积存的有一些笔记、手稿，发现有学术价值的已增订到文集当中，但这一篇仍未找到。还有一次呢，就是他在《红旗》杂志发表的《新中国考古学》这篇文章。在这以前呢，考古所出版了夏先生主编《新中国的考古收获》，这本书的序言是我执笔写的。开始先后找过两个人执笔，写了好多天，都没有通过，最后要我执笔写，竟然一下子就通过了。

笔者：太强了。

王世民：通过了呢，这个时候《历史研究》杂志来约稿，要介绍《新中国的考古收获》这本书。来约稿的俞旦初同志是比我高两届的北大历史系同学，1954 届的，俞伟超、黄展岳那个年级的。我便按照历史发展的顺序，高度概括地介绍建国十年的考古收获对于历史研究的重要意义。夏先生应《红旗》杂志约稿的文章，发出去前先给我看，他说："你为《历史研究》写的文章，已经按历史顺序来讲，所以就改变为按专题来讲。"夏先生所写《新中国的考古学》一文，将建国十年来的考古发现与研究情况,归纳为六个专题进行评述,从理论的高度作了深入的分析,因而阅读的印象特别深刻。后来我在执笔撰写《夏鼐先生的治学之路》的时候,特别强调这篇文章的重要意义在于,通过总结已有的考古研究成果,提出了中国考古学的基本课题。

笔者:夏先生真是特别会抓重点,加上这些所有的发掘,所有的文章他都看过,所以他心里清清楚楚。

王世民:清清楚楚!而他的文章里面,注解很详细,出处交代得非常清楚。

笔者:我还听说,那个当时考古所可能有一些中翻英的事情,然后他往往把难翻的地方用英文给标出来,然后再送去翻译。

王世民:如果他不在日记里边记载,有的情况我们大家便不知道。例如,有人将"五铢钱"的"五铢",竟然错误地理解为"玉的珍珠"。夏先生对这种事情很生气,你看得出来他气得很。

笔者:我发现了,他每次一般把这种过失记到日记里,基本上已经很生气了。

王世民:对!对!

笔者:在长沙近郊发掘的时候,好像是谁,反正就是大概标签在陶片上面没有贴好,然后一下雨,又冲掉了,他特别生气,把人给吓着了,就是觉得他好凶,发脾气。

王世民:是!是!

笔者:夏先生其实是比较直率,他觉得我说了一遍你没听,第二遍你还犯错,太不应该了。

王世民:大概是安志敏先生,早年在工地看书,曾挨过他批。

笔者:然后(安志敏先生)就不开心了。

王世民:这可能是石兴邦先生的回忆文章里提到,还是……

笔者:是那个,"文革","思改"的时候,有人提意见说的。

王世民:是是是。但夏先生不摆架子到什么程度,在考古所来讲呢,你送稿子请他看,他呢,看完了以后,常常给你亲自送回到手里,而不是让秘书打个电话叫你到他这儿去拿。

笔者：对对，他都是亲自去送的，我就看他每天走来走去的。

王世民：因为那个时候，我们考古所和近代史所，院子里面是相通的。我的办公室在近代史所楼的六层，他的办公室在考古所这边的平房，那个平房现在还在。当时两个所之间还有通道，后来因为安全问题，外面有的人，从考古所进来，穿过近代史所出去，这么来回穿很不安全，后来把这通道就堵了。那时候，就是没有堵以前，相互之间有不近的一段路，打电话通知我去他办公室很正常，可他往往亲自送给我。他审阅稿子的习惯呢，往往是在你稿子的边上，用钢笔画一个很小的对勾，在那稿子边上，完了他在你稿子最后一页的背面，记出画有小勾的页码。他给你的时候，按照后面标出的页码，给你翻到画有小勾的页面，逐一讲述画对勾的地方应该怎样修改。

笔者：用嘴给你说呀？哎！我看到那个谁的纪念文章里说，他还用很小的字写个纸条或者在稿子旁边标注一下。

王世民：两种情况都有。

笔者：跟您是关系近啊，所以打个对勾亲自跟您当面说。

王世民：是啊！他一点架子都没有。

笔者：他真的是，从出生到最后，他真的是一点架子都没有，他不知架子为何物。

王世民：是。我有几年的时间和他住在一起，单元房子，三单元，干面胡同宿舍楼三单元，他住在一层东面那一户，我在西面一户，门对门。这一屋呢，我是和别人合住。我家三口只住一大间。那个时候，我们社科院的房子很紧张。

笔者：看出来了。

王世民：我家里没电视，节日的时候就去夏先生家里看电视晚会。

笔者：哎，夏先生怎么有电视呀，上面分配的吗？

王世民：那时候买电视要票，再说我们工资较低也买不起电视。

笔者：我看当时陈梦家先生家里也有电视。

王世民：那时候陈梦家先生有电视，徐苹芳先生经常带着孩子去陈先生家看电视。

笔者：那陈梦家先生也是有票呀？他应该稿费是很多是吧？

王世民：是！他的稿费很多，那个时候我的工资每月60多块钱，夏先生是300多块钱。

笔者：那相当于现在来说的话大概是多少钱呢？

王世民：那时候每月10多块钱到20块钱左右，在单位食堂就吃得很不错了。

笔者：就是一餐大餐20块钱。

王世民：哎，一餐，50年代末在翠华楼聚餐，10个人很丰盛的一桌，也就是花二三十块钱。所以那个300多块钱相当于现在的两三万。

笔者：夏先生后来捐出来的，他那个三万块的存款。

王世民：他那个钱呢，是"文革"以后补发的工资。

笔者：扣这么多啊！

王世民：那个时候，我和夏先生住得很近嘛，我们到他家去看电视，他呢！有时候出差回来，会赶上周末，礼拜六傍晚回来的，往往吃过晚饭到我家闲坐，问一下这几天所里有什么特别的事情没有。穿个拖鞋就过来了。我家地方很小，（他）坐在椅子上，脚就翘到我的床边，就跟在自己家里一样。

笔者：他跟您关系好，走得比较近，他特别信任您。从日记里看得出来。在日记卷十的《人名索引》中，提到您的次数是提到夏正楷先生的两倍，我统计过。

王世民：考古所的人，大概是王仲殊先生提得最多。

笔者：对对对，都在提工作。到卷九的时候，差不多每隔三四页就提到你们一次。

王世民：他是很信任我，那个时候，别人的眼里，都知道夏先生对我特别好。我因为长期在室内工作，缺少田野考古的经历，他考虑评职称时会有所影响，所以有一段时间，就要求我到野外去。后来我手上的工作确实离不开，他也就没有勉强。

笔者：其实夏先生对好多事情都是懂的，都是上心的，都是知道的。他只是觉得有些事情，并不是什么特别重要的事情。

王世民：对对对。

笔者：他就觉得学术重要，看书重要。

王世民：对！对！有时候所里的重点文章，往往交给我执笔。像概述考古的发现。那时候考古所里，建国35周年的时候，中宣部下达任务，要编辑出版一本纪念论文集，总结方方面面的工作。那还是先是在中南海开的动员会，中宣部长邓力群亲自讲话，所里派安志敏先生和我一起去参加，由我执笔撰写了题为《中国考古学的黄金时代》一文。这文章写完了以后，夏先生审阅时，对文章的内容基本上没有改动，只有文章末尾不让提他个人，只让提"老一辈的考古学家"如何如何。

笔者：对对对，您原本说"以夏鼐先生为代表的老一辈考古学家"，他说还是概括地提"老一辈考古学家"，就不要单单提到他个人。

王世民：他在日记里边儿记了是吧！最让我印象深刻的还有，那次以社科院名义发的纪念文章，里边有一大段提到社科院各研究所的方针任务，稿子送到所里来征求意见，夏先生要出国了，出国临上飞机，带了个条子给我，要我重写关于考古所方针任务一段，重新写完交上去，他就不看了。他人走了，放心让我写，知道我能写得符合他的意见。

笔者：王先生文字能力强呀。而且我当时发现考古所姓王的是大姓啊，好多姓王的。所以，其实夏先生，很多时候一般特别淡定，人又特别聪明，各种事情又特别清楚，就是顺路走着也能做事，坐着也能做事，飞机上也能做事，就一路上把所有的事给做了，所以他做的事特别多。我看几乎，反正我在我论文的序言里就这么写的，当时就所有重要的文献，所有重要的遗址，他都亲自看过，审阅过，校对过，全部都去指导过，这工作量不是一般人能承受得了的啊！

王世民：他到一个工地去，总要亲自下到坑里看看。他因为站得高，往往提出你考虑不到的问题。印象很深刻，所里每年的年终汇报,他都非常重视,听完汇报亲自提问,大家也可以提问,但提问的人很少。他就提问,往往问得报告人措手不及。你在一个地方进行考古发掘,不能单打一,在安阳做工作,不能只关注殷代。有一年郑振香汇报安阳殷墟的发掘情况,夏先生对殷代一句话没说,却突然提出古代有个相州窑,就在安阳附近,你们去调查过这方面遗址没有？一下子问得张口结舌。山西队汇报在晋南的发掘工作,夏先生没有问仰韶文化和龙山文化方面的问题,却突然提出晋南有个盐池,古代是非常重要的,你们去考察过没有？也被问住了。夏先生经常给你提醒一些问题,要你关心整个的全局。

笔者:如果是夏先生,他肯定就跑这些遗址去看了,他东跑跑西跑跑,什么都看。

王世民:夏先生厉害的是,发掘马王堆汉墓时期,纪念文集里面彭隆祥大夫的那篇文章,讲到马王堆女尸的解剖前夏先生给予他的指导,文章后面还附有夏先生为他开列的古尸研究书目扫描件。10年以前,我去长沙参加马王堆汉墓发掘三十周年纪念会时,第一次见到这位先生,他就主动找我,说夏先生"是我指路的老师"。

笔者:这个我有看到,太厉害了,夏先生他考古的还懂这个？

王世民:在夏先生影像辑里,还有夏先生鼓励他做好女尸解剖研究谈话的照片。

笔者:所以您这个图录也是多方搜集资料,现在能看到的夏先生照片都在这儿了。

王世民:夏先生家里有几箱照片,他儿子从里边儿作了精心挑选。有时候我提出见过的某一张照片来,他就努力去找。

笔者:夏先生确实什么都懂,只要你问到的,他没什么不懂的。看的书多呀！有心人啊！

王世民:这位彭隆祥大夫,好像比我大两岁。去年年末在长沙举行的马王堆汉墓发掘四十周年纪念会上,他又专门讲夏先生指导女尸研究这件事。这张纸条他一直留着,如果他不留着,我哪能得到呢,也就没有办法编进纪念文集和影像辑了。

笔者：我感觉夏先生在他心里建了一个资料库呀，这个世界方方面面的知识他都要了解到，而且了解特别清楚，还互相之间能联想起来。

王世民：再像马王堆汉墓丝织品的研究，是请上海纺织科学研究院的同志来做的。曾经担任该院副院长的高汉玉同志亲口告诉我，他们开始这项研究之前，第一步就是先读夏先生关于新疆出土丝织品的文章，作为入门。后来，纺织工业部组织编写一部《中国纺织科学技术史》，这个书开始工作的时候也曾请夏先生去作报告。

笔者：夏先生这个太渊博了。我觉得，从他在英国留学的时候开始，就显得特别渊博，到哪个遗址去考察，他要么先做过功课，做过功课他就知道了，要么他没做过功课，但他也知道应该看什么书。总之就是人家讲不出来的地方，他全能讲得出来。一开始那个老师好像是用阿拉伯语在那讲解嘛，后来就是跟他聊了几句，立刻就改用英文讲解，要让他们都听得懂。

王世民：他去那个庞贝，参观的时候，对每一个住宅，去埃及那个帝王谷参观，对每一座陵墓，都认真观察，仔细记录。

笔者：对对对，而且是一个人跑的，太厉害了，精力过人，智力过人，体力也过人。

王世民：他都是随手记录。

笔者：其实您刚才差不多好多都已经谈到了，我现在就挑特别具体的问题，您就按您理解的来说好了。首先，比如说，夏先生对尹达先生、牛兆勋先生，您觉得他态度是怎样的，就是因为当时尹达先生算是他的上级嘛，是所长嘛，我就是想知道夏先生就是比如说，对这个上级是怎么样一个态度，对同事怎么样一个态度。

王世民：他对他们始终是很尊重，后来尹达不兼考古所职务的时候，他还是去看他，有重要的事同他商量。当然这中间如有不同的看法，他也会坚持自己的意见。据王仲殊先生讲的，据说尹达去世以后，他写的纪念文章初稿，把对在某些问题上与尹达不同的看法，以及对尹达的一些批评也写进去了，后来定稿发表时接受其他同志的意见删去这方面内容。这个原来的初稿,我没有找到。因为他家里面没发现,他办公室东西打了包,我清理的时候清理得不够细。那中间呢,纪念梁思永的文章,我倒找到一份原稿,感到定稿时删掉的内容颇有史料价值,就把它收到增订本的《夏鼐文集》当中去了。

笔者:好!我一定买。

王世民:我呢,就是想找以前没有收录的文章,一篇是纪念尹达文章的初稿,一篇是前面提到温州中学校庆时写的文章,这两篇一直没有找到。

笔者:哎呀您真是费心了呀,这方方面面的,所以我现在已经知道了,王世民先生,您这个收集他的材料的时候,您肯定不去给他粉饰,就原原本本地把最原本的夏先生的手稿给他表达出来。因为您知道吗?这个估计你也知道,就日记第九卷里面,网上也有好多人说,我觉得您是刻意这样做的吧,就是在影印的日记原件里,他写华罗庚的一段说:"华公热衷于名,我党领导亦投其所好,使之忙碌。"但是在印本正文里的时候这句删掉了。您这是故意这样的吗?首先,正文里删掉,省得引起不必要的麻烦,或者让谁不开心呀之类的,但是他确实写了这句话,就给他放在影印件里,有心人自然会发现。是这样吧?

王世民:(沉默不语)是是是。

笔者:这才是高超的编辑手法啊,您放上去的影印件,肯定看过呀!不然您怎么可能不知道这儿有一句,那儿没一句呢?!

王世民:有些人在那儿乱讲,现在《日记》里面真正删掉的文字很少,那纯属个人隐私。比如他讲到读书的时候,同学之间讲燕京大学某位先生的绯闻,我们就把那个人的名字变换成×××。再比如他自己家里面和哥哥分家的具体财产情况、他和夫人之间小的摩擦。再比如"三反"和"文革"当中,某些未落实的似是而非的问题,也把人名隐去。这种删节,对日记的真实性并没有影响。为了避免误会,凡原本缺记的日子,都一一注明。

笔者:分家的事在《温州篇》里有吗?

王世民：没有没有。

笔者：我从夏先生的日记里，能感觉出来，当时分家的时候，他大哥好像是一个就比较凶的人吧？就当时有点摩擦是吗？

王世民：有一点摩擦。主要还不是哥哥，是嫂子的问题。

笔者：懂懂懂。这些都是家务事，就没必要让外人知道了。

王世民：他原来分家单都抄写在日记里，

笔者：所以说夏先生他真是一个不去粉饰自己的人。所以，您整理夏先生日记的时候，原件您看过是吗？他没有什么涂掉的地方吧，除了有时候保护人家隐私，叉掉人家的名字。

王世民：他就是解放前后这一段，对解放前夕的，好像有极个别的文字改动。

笔者：我看到他有后加的补注。但有没有大段涂掉的呢？

王世民：没有大段涂掉的，只有个别文字的改动。

笔者：我回忆起来，他提到尹达在延安出版的《中国原始社会》，原来写的是"以马列主义为什么"，"不免陷入幼稚"，后来改成了"以马列主义为指导思想，故有时颇多新见解"。

王世民：那一段，幸亏他涂改得还能看出原先的字迹，所以我把原来的话和改动的话都注出来。

笔者：这个我一定帮您写进去，让那些乱说您不保持手稿原样的人闭上嘴巴。

王世民：还有他对于某些称呼，比如解放前夕提到"土共"（应指游击队），解放后都改成了"解放军"。

笔者：这个他有涂掉是吗？

王世民：有涂改。

笔者：涂掉的就有一些小短句，一些用词，大的是没有涂的，只是在后边儿补记自己当时思想觉悟真不高啊，之类。

王世民：现在"三反"的时候，"思想改造"，别人给他提了什么意见，他都原原本本地全写下来。

笔者：不过这个就算换做是别人，我觉得夏先生本来就不想去掩饰什么粉饰什么,但是我觉得他涂掉些"土共"之类的,这个是必须要涂掉,哪怕是放在现在来讲,也不是很合适呀。所以这个肯定还是有他的考虑的,他要是连这些都不考虑的话,怎么好发展下去,也就没有中国考古学这么好的今天了。

王世民:你可以看出来,他有的时候他日记是,有时候在回忆往事,在不断地翻动自己的日记。如果他不是突然去世,或许晚年会写回忆录呢。

笔者:但是,我觉得他跟胡适先生肯定是不一样的,胡先生对他那个日记改得太大了,还修订,还把信烧掉呀什么的,为了留给后世,他想留给后世。但是夏先生就不是这样,他基本上日记里什么事情都写进去。

王世民:所以他在日记开头,不是有几句话嘛。

笔者:说鲁迅什么是吧,说生前不给别人看,怕看了让自己脸红呀。

王世民:所以恐怕他在世的时候,子女都没有看过。

笔者:我发现这个日记其实对他也很方便,什么时候做了什么事,花了多少钱,见了什么人,都特别方便,让人佩服。

王世民:整理日记开始的时候,夏先生子女比如夏正炎,从小是喊我叔叔的,到现在还喊我"王叔叔"。

笔者:他一直住在那个地方嘛。

王世民:那时候他上小学,夏先生有时领他去考古所看小人书。他挺淘气,还有点羞答答的,喜欢伸舌头做鬼脸,后来住在一起,就更熟了嘛。他今年六十几岁,比我小十几岁,他就喊叔叔喊惯了。他大哥和我岁数差不多,或者比我稍大一点,前年去世的。大姐今年八十五六岁了。大姐有意见,说你正炎总喊叔叔阿姨,让我们怎么办呢?夏正炎说我从小喊惯了,我就要喊。他现在从干面胡同搬到沙河那边住了,见面或打电话,还是王叔叔长王叔叔短。

笔者:现在还有来往对吗?真是太好了。其实我还想问您呀,夏先生平时给人的感觉是不是看上去比较凶呀,他不太笑嘛,据说。

王世民：他是不太笑，感觉比较严肃，有过接触以后，就会觉得他平易近人。他对人都是很客气的，外地的考古界的人士到北京来，拜访他，他经常会到招待所去回访。春节期间，同院的来拜年，他也都要回拜。考古学会开年会的时候，他不是坐在自己的房间等着人家朝拜，经常是四处走动，到别人的房间去转转，但他又不喜欢被人前呼后拥。

笔者：他也习惯了。夏先生就是从来没觉得自己是个官，他就是觉得我就是为人民服务，干活。

王世民：让他当副院长，他给钱锺书一首诗，自嘲，说有人问他是什么级别。

笔者：人家就是问他是不是什么级，他就说这个。人家还以为他年老了，升官了什么的。

王世民：有的先生开会时喜欢摆架子，深居简出，跟别人开会都是自顾自的，不主动找人聊天。

笔者：夏先生就拼命跟别人聊天。

王世民：素不相识人给他写信，他都是有信必复，所以他的办公室和家里没有阻挡，谁都可以随时进去。

笔者：我还看到日记里写，一个外地的青年，并不认识的，就给夏先生写信，希望帮忙调到文物单位工作，后来还找到他家里去了。

王世民：对对对，这个青年原来在江西，后来调到河南文物研究所，夏先生去世以后他也写过悼念文章，我在编纪念文集时没有收录。

笔者：这为什么呀？

王世民：这种人不懂事，他和夏先生说不上什么关系，对他并无好感。

笔者：懂了，他就是直接地来找夏先生，想跟夏先生攀上点关系，然后能在考古界……

王世民：夏先生跟他讲得很清楚，现在政策上有困难，考古文物单位的编制很紧张，暂时没有办法帮你调动工作。结果这个"冒失鬼"又来信了，竟然跑到家里来（王世民按，这是夏鼐日记中的原话）。

笔者：然后秀君女士就很生气，然后夏先生就说好好好，说清楚就让他走了。

笔者：所以现在这位先生还在考古界吗？

王世民：已经退休好几年了。你对夏鼐日记读得还是很细的。

笔者：我就是一边读一边做札记。夏先生有些地方，我觉得他太可爱了。我有时候看着看着，忍不住笑出来。其实我有一个特别重要的问题，我相信也是很多看夏鼐日记的人心中的问题，就是这个"文革"呀，"文革"之前的话，他在日记里，我相信他是真的特别地坚信共产党，他说我一定要接受这一次洗礼什么的。我相信他在"文革"结束前还是比较单纯地相信的，因为我感觉他虽然非常非常聪明，但其实他是一个单纯、坚定的人，他觉得这个东西特别正确，就会贯彻到底。但后来我看得出来，"文革"之后，他也知道"文革"是不对的，是有问题的，但后来他就再也没有提他对"文革"什么看法。所以我就是想知道，您的理解里，他后边到底就是怎么想的呢，他后边什么都没说，虽然我对此的解释就是夏先生觉得坏事嘛，过去就过去了，他就释然了，他也不再去想了。

王世民：这一类的，在我和他接触当中，就难能接触到他的流露。夏先生诞辰一百周年的时候，除掉那本纪念文集收录的文章以外，《中国社会科学报》等报刊还发表过几篇，严文明先生的一篇，好像在北大的《古代文明研究通讯》上发过，是他在纪念会上的发言，他说夏先生是中国考古学界的领航者和掌舵人，举了一些生动的事例，我后来写关于夏先生的文章中曾借用他的这句话。另外有两篇文章我记得，辽宁的郭大顺发表过一篇，所里的孙秉根发表过一篇。孙秉根说，有的人对"文革"当中受过的冲击耿耿于怀，夏先生在"文革"中被冲击得也比较厉害。那个时候，1966 年 8 月 23 日，考古所成立红卫兵，在考古所院子里游斗二十多人，夏先生在最前边打一面黑旗，牛兆勋在旁面弯着腰敲小锣，后面跟着一些所谓"牛鬼蛇神"。我大概是第五名，罪名是"保皇派"，曾经跟夏先生一起劳动过三个月。"文革"以后，所里有的同志要把家属调到北京，想请夏先生帮忙联系接受单位,夏先生一点也不推辞,帮忙写信什么的。这样的信,有的年轻同志不好意思直接找夏先生,托我代他们去求夏先生,夏先生马上写信,很快就调成了。孙秉根那个纪念文章讲到,牛兆勋对"文革"初期的冲击耿耿于怀,而夏先生却是一点都不介意。

笔者:我就记得在夏鼐日记里,"文革"刚刚开始时,夏先生就是在作检讨嘛,牛先生从外地刚回来,他还问夏先生说自己要做什么检讨呢?怎么着,然后他做了嘛,好像就被打成走资派什么的。然后夏先生是因为关于太平天国那篇大学毕业论文受到批判。我觉得"文革"太不讲道理了,人家大学毕业论文也拿出来说一说,还有什么跟外国通信等事。

王世民:夏先生的毕业论文,导师是清华大学历史系主任蒋廷黻。

笔者:国民党高官。

王世民:后来一直是国民党政府常驻联合国代表,蒋介石的智囊团,政务处处长,官做得大,夏先生说那个余论是蒋廷黻让他加的,后来我编文集的时候余论就删掉了。那时候正好就是1934年,正是蒋介石对苏区"第五次围剿",国民党政府搞二五减租,对苏区怎么样。

笔者:所以夏先生在日记里写的,也不是故意找理由做个检讨,是真的是那样。蒋廷黻让他配合时事写余论。

王世民:他的文章本身前面正文是很有价值的,我这次把余论可以保留的还是保留了。

笔者:反正就是研究太平天国前后历史的文章,我有看到。我当时还在想说,夏先生是不是实在想不出就是,因为我觉得他也没做错什么呀,他是不是实在想不出什么理由,就找一个题目来写一写。原来蒋廷黻他自己是在为政治服务,想他论文写得好一点,符合时事,他又不知道后来会那样。然后没想到国民党,这样,这到"文革"时期就成了夏先生的一大罪状。

王世民:夏先生去英国留学以后,仍然很留意太平天国的文献。

笔者:对,还在看,有收集。

王世民：有收集，并且有的还很重要。

笔者：夏先生写的学位论文，别人的学位论文都是出山后，设法给别人看，夏先生写得最用心的就是学位论文，太平天国的和古埃及串珠的。那个串珠论文什么时候出版呀？

王世民：去年出版的。

笔者：已经出版了？

王世民：已经出版了！

笔者：在哪能买到？

王世民：这个，最近要搞一些复制本。那个原版的，国外定价是500多美元一部。

笔者：3 000 多块一本啊。

王世民：将近 600 美元一部。

笔者：这可以看出西方书太贵，咱们书太便宜了。

王世民：这次要印制几十部复制本，将来会送给北大考古文博学院的。

笔者：北大也能分到一部，我到时候去借。

王世民：这个是北大历史系的老师帮忙整理的。

笔者：历史系的哪位老师？

王世民：颜海英老师。

笔者：我看到《考古》杂志去年第 6 期上伦敦大学斯蒂夫·夸克教授的介绍文章。

王世民：那是我托当时在伦敦大学亚非学院担任中国考古学与文化遗产专席研究员的汪涛博士，约请斯蒂夫·夸克教授特地写的。这个课题再没有人做过如此全面系统的研究。

笔者：夏先生这项研究做得太好了，后人没法超越他，这个我在论文序言里也引用了。我就说嘛，夏先生写短文特别快，哪怕稍微长一点的文章几天也写完了，后来他实在忙，没有时间写长篇巨论，他有时间写的时候基本就是不给别人饭吃了。一本书写出来就不给别人饭吃了。夏先生看的书又多，又特别较真，人又特别聪明。

王世民：你这篇论文是怎么样一个构思？

笔者：我的初衷是这样的，就是我们一开始就是想写一个比较真实的夏先生。这个真实，当然只能基于我个人的判断，再加上所有我听到（看到）的一些材料等。我想做一个比较公正的描述，因为夏先生的学术贡献已经好多人写了，您看我再写贡献能写得过王仲殊先生那篇文章吗？不能啊！那个文章写得太详尽了，夏先生学术上的贡献。所以，我想写的是夏先生这个人，他的性格、情感，然后从我们主流社会价值观看来，他的优点，他的不足之处，因为人无完人嘛！当然人有一些缺点是非常可爱的，因为其实每个人都是有缺点的，但是可以把这些写出来，就是有时候这样写出来，可以让读者更加全面地去了解夏先生，一个活生生的人。而不一样不行。我想让读者了解夏先生整个人，这是为什么？因为我觉得，现在别说是其他学校同学了，北大同学也很浮躁，大家都想赚钱，但是我希望大家能看看夏先生的一生，人家就兢兢业业地看书，好好地埋头写文章，清清白白、踏踏实实、正正直直做人做事，他就是可以得到相应的回报呀，这个没有问题的。还有夏先生从来也没有去恶意揣测这个世界，他都是很善意地去揣测这个世界，他这种就叫谦谦君子的风范。那我希望大家都能了解到，你好好地做一个好人，正直的人，你也可以过上很幸福的生活的。反正就是，大概就是这样的感觉，首先就是想让大家了解完整的夏先生。其次就是想让大家从夏先生身上学到真正的正面能量。当然，这是我想达到的目的，最后能不能达到这还是一个问题。但是我就是会努力去写。所以我就是需要了解夏先生全方位的资料，而不仅仅是他学术上的贡献。因为我觉得我自己其实不是特别擅长来归纳一个人学术上的贡献。因为我毕竟没有说，站在这么多年中国考古的眼界来看，肯定会归纳得有一些不到位，这个王仲殊先生那篇已经说得很好了。但是我比较喜欢去观察别人，也比较喜欢想，用一种怎么样的价值观、世界观、人生观，能够去过一个比较幸福的人生。而现在，好多人都鼓吹说这个必须有钱，必须有权，有一定的社会地位，这样的就是人生的追求了。我始终觉得这个观念有点问题。我觉得夏先生追求的就不是这些东西,追求的是更高的东西,但他一生也过得很幸福呀!而且别人有的他没有少呀!怎么说呢?很多人觉得天道不酬勤,我觉得这个也是不对的。因为夏先生是一个真实的人,活生生的例子,他真正在这个世界上活过,而且他的这些日记都是可信的。首先他本人不是粉饰的人,其次您作为编者您也没有去粉饰他的日记,这些第一手的材料都是可以相信的。就是差不多是这样的……

王世民:他那个日记啊,再就是节略了1963年大概有十多天半个月的日记,没有整理。有意把他省略掉。就是他做胃切除手术以后,过度兴奋,导致精神不正常半个月。

笔者:理解倒是可以理解,已经删掉了吗?

王世民:删掉了。那几天日记很乱。确实很乱,前言不搭后语。但半个多月以后,很快就恢复了,那一段有所交代。

笔者:我看到这个了,您在日记的脚注里是说,"由于字迹混乱,难以辨认,所以没有收录"。但我后来稍微想了一下,再难辨认也能看出来。

王世民:《夏鼐日记》曾两次印刷,第一次印本的脚注里讲过夏先生曾"精神失控"这句话,因为我事先没有跟夏素琴打招呼,出书以后她感到不舒服,所以第二次印本对脚注作了改动,你说的是第二次印本的脚注。

笔者:哦这样!没关系,其实我能理解素琴女士的想法。她毕竟对夏先生感情深,担心有损夏先生的形象。那您方便说说他精神失常都写什么了吗?因为我看他那时候特别热爱共产党,他觉得是共产党为他治好的胃。

王世民:那一段日记,我也就没有去看。

笔者:真没看吗?

王世民:没看,那一段日记字迹确实比较乱,就是乱写一气。……那个近代史所的一位宋广波,在《中国文化》第34期(2011年秋季号)发表过一篇文章,是我在日记出版前将电子本提前给他约写的。他还在台湾的杂志发表一篇专讲夏鼐与胡适的文章。

笔者：这个问题我也特别……因为傅先生和胡先生都特别喜欢夏先生，那个喜欢简直就是太喜欢了。

王世民：无所不谈。

笔者：胡适就喜欢和他聊天，还嫌和别人聊天不开心。……还有我看夏鼐日记，因为夏先生不会去注意一些特别小的事情，他都是关注一些大的事情，那他有时候可能……现在11点了，您是不是累了？这一聊起来太开心就忘记时间了。就是夏先生有时候没太能照顾到别人的情绪啊。他可能不是不照顾，而是他没留意到你不高兴了。

王世民：他在学术上对最基本的概念要求很严，是非常注意的，如果你连这些基本概念都搞不清楚，他会觉得不可容忍，毫不留情地直接指出，有时候可能就搞得别人受不了。

笔者：因为人家可能会用一些比较委婉的说法，但是夏先生就直接了当地说你这个不对，要改。

王世民：他就是这样。对于学生嘛，有时候在他面前只好俯首帖耳，连声回答"是是是"。

笔者：我就看日记里，就一次，夏先生好像也批评过您某一篇文章，有点问题。我忘记是哪篇文章了，就那么一次，您还记得吗？

王世民：是国际历史学会编辑历史学家辞典，约写李济的条目。

笔者：好像是的，他说您没有抓到要点还是怎么的……这个他怎么跟您说的呀？

王世民：那是在夏先生去世前不久，他并没有多说，只简单说我没有抓住要点，也就勉强放过去了。在这以前，另外一篇关于李济的文章，就是《考古》杂志要发表公开悼念李济的文章，夏先生开始是想让我们所安阳队的同志写。安阳队的同志，从来没写过李济，对于写这个文章感到为难，推托李济当年还不知道殷墟文化分期，这文章怎么写，没有接受任务。不写，因为李济所处年代比较早，那个时候殷墟分期还都没有，于是夏先生要我来写。我也感到不大好写，主要是对李济等人1949年去台湾怎么措辞。经过几天的思考，写定为"1948

年底,国民党政府将中央研究院和历史语言研究所强行迁往台湾省台北市,李济也就长期滞留该地"。这是实事求是的表述。在此以前,解放初期都是讲这些人为蒋家王朝殉葬去,这么个讲法。

笔者:这么难听啊?

王世民:就这么难听!郭老在《奴隶制时代》这本书中讲到董作宾的文章,骂他是"捧着金碗要饭吃"。《考古》1982 年第 3 期发表悼念李济的文章,是大陆刊物第一次正面评价李济的贡献,一些话也是说给台湾健在学者们听的。

笔者:还好是您写的。

王世民:这么一篇文章,我写好以后,因为事关重大,经过夏鼐和尹达两位先生审阅,最后定稿。

笔者:所以其实,因为您知道我是 1990 年出生,我对当时的时代不能感同身受的,就当时那个国内的情势是,贬低台湾国民党,那是贬低得不能再低了,什么难听的话都说。而对于咱们共产党,那是捧到天上去,什么好听的话都说。是吧?我听说有些先生拍马屁太直接了,拍马屁的诗写得特别肉麻,写毛主席怎么怎么,所以相比之下,夏先生已经属于那个时候什么话都不说的那种了,是吗?

王世民:嗯。

笔者:那后来他写批判胡适派资产阶级学术思想的文章,也是没办法,必须得写是吗?

王世民:因为郑振铎、尹达都是兼职的,他是真正管事情的常务副所长,首当其冲,必须得不能不写表态性文章,但他的文章里没有人身攻击。

笔者:没有难听的话。

王世民:1957 年"反右"的文章,他作了题为《考古工作的今昔》的发言,没有针对具体的某个人。

笔者:所以您觉得,他心里是不是也觉得要下狠劲去骂,不太对啊,毕竟以前都是他的老师朋友。那您说夏先生,虽然当时史语所迁往台湾的时候,他回温州留在家里嘛,那您觉得他,其实一开始傅斯年想让他押运古物去台湾,他就拒绝了,您觉得他是为什么拒绝? 他就觉得去台湾是死路一条吗?

王世民:日记那一段有"死路一条"这句话,是原来写的,还是后来有改动,这就弄不清了。

笔者:为什么? 这个日记他重新抄过吗?

王世民:日记没有重新抄过,但看起来他这个日记中间有个别字的改动。

笔者:所以他指不定当时是怎么想的呢。

王世民:他呢,我看不能想象他那时候就会感到海峡两岸从此隔绝了。从台湾史语所的档案获知,一直到截至1949年春季,还一次次发信催他。催他过去,还在那边给他申办入境手续。

笔者:所以其实有可能,当时夏先生是跟傅先生说自己在考虑,说自己在准备,有可能过去,这样拖延着。

王世民:对对。

笔者:哎呀,您看王先生,我这不问您,我就完全信了日记里的话了。

王世民:他那个时候,有的人去了又回来的。

笔者:曾女士?

王世民:曾女士没有去过台湾。

笔者:她没去过台湾? 那"文革"前还把她逼得那么惨。

王世民:曾女士没有去台湾,李济的儿子李光谟曾一度去台湾,很快就回来了,是去了台湾又回来的。那个时候,去台湾的人(高去寻)还跟夏先生来信,因为温州解放得晚一些。

笔者:我知道,他日记里写了。所以现在是没有办法知道夏先生当时是……但我觉得,按他的性子,他不是那种就是直接觉得你们那儿是死路我不去,他不会这样。……其实我觉得夏先生晚年不是写了一篇关于李济的文章嘛,我还记得有人跟他说觉得他很公正。

王世民:他没有单写李济,发表的是《五四运动和中国考古学的兴起》。

笔者：喔，他还说希望李先生在去世前看到的，他可能微微觉得有些对不住李先生，还是怎么的。

王世民：那篇文章是1979年5月底发表的，李济8月1号去世，不一定看到。

笔者：（李济）没有看到吗？

王世民：恐怕没有看到。那个时候，这个张光直1975年开始来大陆交往的时候，李济还在。他呢，李济曾经短时间回到过大陆，就是李光谟的著作《从清华园到史语所》里面提到，在澳门口岸上，李济进来一天，有关方面一直想争取他回来。当时是牛兆勋陪着李济儿子去的，不知道尹达是不是写了信，夏先生写的信中引用南朝时期的一首诗，那首诗内容不太合适，带有招降的意思，夏先生写的信，引了这首诗。李济的儿子呢，他古典文学修养比较好，觉得不对头就拿给尹达看，尹达说"作铭糊涂，怎么能写这种东西"。这信大概留下没有带去，李济儿子的书里提到的。这说明，夏先生在那个历史时期，观念上的一种看法。

笔者：我其实，您看，夏先生基本上在解放以后，他已经非常坚定地拥护共产党了，所以他其实后面一直非常拥护的是吗。就算"文革"当中也没有不拥护是吗？

王世民：对！

笔者：也没有丝毫的减弱？

王世民：对！

笔者：您说他为什么特别坚定？因为有些学者是表面上拥护，但心里就不知道是怎么想的了，也不会特别把这个当回事，但夏先生就是像个小朋友一样，心里特别拥护。

王世民：夏先生整党的时候，对照检查的发言稿，他还是很真诚的。

笔者：大家都觉得他很真诚，但是不够深刻，他不会写那个东西呀。

王世民："文革"前夕，一度时间不长，所里好多人都下去"四清"

了,他还担任过几天支部书记呢。

笔者:所以夏先生后期就是无比坚信共产党。那您觉得他为什么在这个事情上这么坚定呢?

王世民:这我解释不了。

笔者:所以我后来对他的解释就是又聪明又单纯。因为您看生病住院时组织上给他送的慰问卡片,说他为人民积劳成疾,夏先生特别当真,他说我自己想想也没有觉得为人民作了多少贡献。

王世民:我所接触到的,他特别对老一辈革命家,更崇敬一点,对周总理,对毛主席。

笔者:我能感觉到他对老一辈领导核心,他是最拥护的。后来就弱一点。

王世民:后来有很多事情他是看不惯的。那个时候,我听他亲口说过,那一段时间与严济慈交往比较多(严济慈的寓所离他家不远),严济慈对他讲,老一辈中央领导人对科学家非常尊重,总是说我们不懂科学,听你们的。

笔者:哈哈哈。所以我觉得夏先生是聪明的,毕竟谁对他好,他能感觉出来。

王世民:考古学会召开年会,有几次呼吁保护文物,他是很坚定的。对于那个偃师商城遗址的保护,为了制订好《文物保护法》,他几次三番往上反映情况,作了坚持不懈的努力。

笔者:所以后来夏先生变得强硬起来,我看差不多也是新领导人上任的时候,强硬起来的时候就是这个时候。我看他以前人特别好说话,也不太提出强硬的东西。

王世民:那段时间,个别领导人认为可以出卖文物,他不管这是谁的主张,坚决反对。

笔者:后来,夏先生就特别主张绝对不能进行古物的买卖,绝对不能把文物买卖列入《文物保护法》。

王世民:他尤其不赞成那个时候搞中外合作考古。四川大学的童恩正和美国哈佛大学的张光直一起钻政策的空子,想通过教育部批准的接待计划进行合作发掘。而根据《文物保护法》的规定，凡是考古发掘都要经过国家文物局批准，涉外项目必须由文物局报国务院特批，其他系统和单位擅自行动都是违法的。那时夏先生阻止掉了，是完全应该的，也是非常及时的。至于国家实行开放政策以后，进行过若干项中外合作考古，那是另外一回事。

笔者：所以夏先生是认为不能把研究权交给外国人。

王世民：他说，北京人的发现，是中国学术界在国际上拿到的金牌。

笔者：他也是为中国学术界着想。我觉得他就是很为国家组织着想，不为自己着想，为自己的组织着想，在哪个组织就特别为哪个组织着想。

王世民：你看那个时候他为了张光直的事，为了《文物保护法》的事，先后找过好多位领导。

笔者：我看他每天都在写信打电话，胡乔木什么的。

王世民：胡乔木、邓力群、于光远、梅益，他都去找。那时候胡乔木、邓力群都是中央书记处书记，他经常到他们家里去找。

笔者：这也符合夏先生的风格。他做一件事就孜孜不倦的，不怕麻烦，一直做。……怕您说了这么多话累了，我先把我的问题问了，别耽误您吃饭。噢，夏先生当所长的时候不是要分配工作嘛，他是不是也不去想特别多，只想这人适不适合干这项工作，而不是想说这个人跟我关系好一点怎么的，他就是考虑这个人适合这个工作就让他去干，也不会想说我特意要让你多干点，让他少干点。

王世民：他特别重才。

笔者：看重人才。

王世民：那时候一般队员的分配是人事上确定，谁在哪领队他看得很重。他最大的特点呢，从来不拉帮结派。

笔者：那夏先生对拉帮结派怎么看，他知道吗？他是不是不知道。

王世民：他当然看得出来，但他本人绝不拉帮结派。考古所没有人说谁是夏鼐派的。

笔者：那他对拉帮结派现象，看见了就看见了，也不说什么，当自己没看见？

王世民：我想是嗤之以鼻的。

笔者：嗤之以鼻，但是也什么都不说，也不去打击你们拉帮结派什么的。懂懂懂，嗤之以鼻用得好。他对大多数不入流的事都是嗤之以鼻的。还有我看，夏先生对陈梦家先生，就意见是有的，但还是关系很好。意见归意见，我对你还是很好的，该帮你出书帮你出书，该安排什么安排什么。我觉得夏先生差不多就是这样一个人吧，有什么意见就直说。

王世民："反右"以后，陈先生还没有摘帽子，甘肃武威发现汉代的《仪礼》木简，夏先生派陈梦家去兰州协助整理（当然这要经过尹达同意）。他是感到这批资料的学术价值很高，这也是很难找出同样的例子来。他点名要来仇士华夫妻这两个年轻的"右派"来搞碳十四，这也要有点魄力的。他敢提出来，再经过党组织决定。这是发生在"文革"之前，调仇士华时他还没有入党，派陈梦家去兰州时他已经入党了。

笔者：陈先生这个结局也是比较……

王世民：陈先生被错划右派时45岁，自杀去世时55岁。他55岁就出这么多成果！他过早去世太可惜了，是考古学界的重大损失。

笔者：陈先生确实是个天才，但好像据说他不是很会做人，所以得罪了好多人。

王世民：他这人心直口快，对什么事情看不惯的他就要说。

笔者：您看我觉得夏先生也是很直率的，但他说话有艺术，不会直接得罪你。对陈梦家先生这个事情，我有一点不能释怀，"文革"以后，夏先生看到陈先生的日记最后写道："这是我的最后一天"，夏先生在自己的日记中说"这不是他的最后一天，他还多活了八天"，这话让我觉得夏先生太较真了。他还说，陈先生平时也没记什么重要的事情，倒是每天看电视都记了，有时候还加评语。

王世民：陈先生的东西呢，"文革"当中抄家被搞得片纸无存，"文革"以后东西退回到考古所，书刊资料在图书资料室保存，其中还有陈先生夫人"赵萝蕤教授"的书。陈先生的日记当时不止一本。陈先生夫人的书和陈先生的大部分日记，我很早就送还给陈先生的夫人。只有这最后一本，我故意扣下来，几年以后才还给赵萝蕤教授，暂时在我的书柜里放着。

笔者：为什么呢？

王世民：最后一本有"这是我的最后一天"，怕老太太看了受刺激，补开追悼会以后几年还是送还给她。扣下期间，我只给夏先生看过，夏先生看过就记下来了。

笔者：所以夏先生就是客观地评论了一下他的日记，也没有别的什么意思？

王世民：陈先生是两次自杀，第一次吃安眠药，又过了八天，上吊。所以夏先生讲他多活了八天。

笔者：所以，我说他，比如我写的时候，我就会写表示一个哀悼嘛，对陈梦家先生，而不会说还多活了八天，夏先生有时候用词，比较不注意情感色彩，我有时候在日记里觉得他人情味比较淡，好像情感比较淡一些，您觉得有这么回事儿吗？

王世民：不是那种情感很丰富的那种人。

笔者：其实也就最后一个问题了。想请您谈谈夏先生有什么不足呢。其实缺点肯定是有的，因为每个人都有，就您的理解来讲。您觉得实在没有，那还是可以的。

王世民：我从这个角度考虑得比较少，因为还是陶醉在对他的爱戴和崇敬。

笔者：确实确实，我能够明白您那种感觉。

王世民：因为现在，我正投入到另外的工作，正在仔细校对《夏鼐文集》的增订本，补充原先的不足，订正原先的失误，很麻烦，忙得不可开交。发现原来的有些图版有缺。他讲波斯银币什么的文章，正好和发掘简报，有新材料，在同一期发表，当然不需要图片了，这文章和原来简报分开了，我就需要再补上图片，花了点功夫。还有温州方面，要求帮忙摘编夏先生的诗词，单出一本，要用木刻，前些天作最后的核校，竖排，繁体字，要把简体字消灭干净可不容易，我把电子本发过去，改回来还有不少简体字，又得再弄，这两天总算搞定了。最近期间，我又找人帮忙整理夏先生的友朋来信，现存的总有上千封，刚开个头，整理以后将选编出版。至于他写给别人的信，现在收集起来比较困难，有的本人去世了，找不到亲属；有的本人健在，但年事已高、家里东西太多，找不出来；还有许多人，因年代久远，没能保存下来。现在收集到的写给别人的信，总计不过二三百封，主要是国内学者和各方面人员，包括台湾史语所档案中写给傅斯年和李济的信，现在都已经用电脑录入，尚待进一步整理。

笔者：哎呀，这方面工作量太大了，而且夏先生写信很多，一天可以写六七封，那是大致数量，他一生写得信太多了。现在用电子邮件方便多了，还能查到呢！至于夏先生的缺点，在我心里有这么几个，我说给您听听，您提提意见。一个我觉得夏先生的情感比较寡淡，尤其到后期，我觉得他这个人情味太少了，比如父亲去世的时候他是落泪的，母亲去世的时候也是伤心的，但是到大姐去世的时候他就说不能多想了，过去的事就让他过去吧；后来曾女士去世的时候，他一句话也没有说啊。但是曾女士毕竟跟他交情匪浅，而且您也知道，您也看出来了，曾女士还跟他表过白嘛。您还记得这事儿吗？

王世民：这些呢，是有些传闻。

笔者：不是传闻，夏先生记在日记里了，您不记得吗？

王世民：他比较坦荡的。那个，《曾昭燏纪念文集》里面有一篇文章说，曾经流传着两种说法，一是和李济的关系，一个是和夏鼐的关系。

笔者：那主要因为曾女士终身未婚。

王世民：有人分析呢，她终身未婚，是出于独身主义，还讲了一些有力的根据。李济的儿子讲，曾女士并没有他母亲长得漂亮，主要由于李济兼任中博院筹备处主任时，曾女士是总干事（即秘书长），不免会关门商量事情，令人猜疑。还有一种传说，说被拍成电影的小说《第二次握手》，就是讲夏鼐和曾女士的故事。这些统统是胡扯。

笔者：反正夏鼐和曾女士的关系，我只要看夏鼐日记就行了，我不会相信别的材料的。

王世民：他在留学期间，刚到伦敦时，曾女士因为自己的法文不好，曾请夏先生帮助解读伯希和的某一本书。

笔者：然后就顺便……但您看曾女士比较还是跟他有交情的，但是曾女士去世时他一句话也没有说。您看这个事儿，就觉得这样不太好吧。

王世民：他的日记整个串起来，他在解放以后，这个流露情感的文字比较少。早年的日记，他在记事以外，还是有情感的流露。

笔者：我有一点心情。您也知道，这些都是我看到外界诟病他，能解释的我都解释了，不能解释的我就提出来，您看这个事……

王世民：我想是两方面：一个是解放后他实在是太忙了，和年轻的时候比较轻松的时候不一样；另外这个时候解放以后，确实有些话不好乱说。应该有两方面因素。

笔者：但您看李济去世的时候，他还是比较有感情的，能看得出来，其实他是比较喜欢李济这个老师的。比起傅斯年、胡适来。

王世民：他对李济，也很不客气的，李济毕竟是学人类学的，对考古有些东西不是太内行。抗战期间，四十年代有一次写什么，李济让他看，他提了不少意见，老师的东西，他对硬伤也不客气地给你提出来。

笔者：对，他就是这样，对老师的东西也提意见。

王世民：老师的东西，你看他的文章里，他还是清华历史系的学生的时候，就对蒋廷黻的文章，那挑的都是硬伤。

笔者：太厉害了。夏先生这个脾气，其实可贵，直言不讳，"富贵不能淫，威武不能屈"嘛，做得很到位。除了这个以外，还有一点，我就是觉得夏先生，他那个时候是考古所的所长，但是他更多的还是太忙了，一起床就无数的活儿来了，但我觉得他当时应该为全国考古的格局,稍微做一点规划或者是一些像是统一一样的感觉。因为您看现在各地的考古队呀,考古所呀,都很分散,每一个地方都想自己做成绩,就抢来抢去那种局面可严重。我觉得从那个时候开始就已经有点……

王世民:他呢,这个考古所和各地的文物单位,一直是两个系统。

笔者:考古所嘛?

王世民:这个情况最好的时候,就是郑振铎兼任文物局和考古所两个方面的领导。

笔者:对对。

王世民:后来郑振铎升任文化部副部长,不直接任文物局长了,再后来去世了,改由王冶秋长期任文物局长。王冶秋毕竟对考古并不内行,他和夏先生在具体问题上往往有不同看法。

笔者:懂了懂了。

王世民:夏先生呢,尽管他和王冶秋曾有不够协调和不甚愉快的情形,但是在王冶秋退下来和病重以后,夏先生还是不时去看望他,充分肯定王冶秋在文物保护方面的贡献。这一点文物局的老同志都很清楚,夏先生毕竟是学者,他是坦坦荡荡的。夏先生对好多问题他看得非常明白。令人遗憾的是,在他身边缺少原则性强、政策水平高,能够协助他做好组织工作的得力干部。

笔者:我就想说这个,如果他身边有这么一个人就好了,能把他那些,他道理都看得很清楚,也知道该怎么做,可他一个没有时间,一个他也没办法做呀,作为学者所长。

王世民:我们"文革"前相当长的时间,一位支部书记和办公室主任,是饱食终日无所用心的一位老同志,他资格很老。后来牛兆勋来当行政副所长,想做点事情,但是受"极左"思想的影响,有些地方是瞎指挥。他们去世以后,办公室的副主任、主任,是一位机要工作出身的女同志,群众性组织工作不是她的强项。直到夏先生退居二线前一年多的时间,才又调原为郭沫若秘书的王廷芳来所任副所长。

笔者:懂了,我懂了,就是一直没遇到这么一个强有力的助手。

王世民：你看近代史研究所范文澜多少年是不管他们所里的具体事情，但是下面有刘大年任常务副所长，再有其他行政副所长，以及刘桂五等几位业务上的干将。

笔者：对！我想还是应该多结合他所处的大背景，有些事情毕竟不是他一个人就能说了算的，还是被时代环境所限制的。

王世民：所以我刚才讲的，有些东西你可以写出来，有些东西你懂了不必写出来。

笔者：您放心吧，王先生，无论是您的这个口述史录音材料，还是我的论文，我都会发给您看一遍的，请您提提意见，一定不会不跟您打招呼就发出去的。那今天真是太感谢您了，再跟您握个手。

后　记

　　北京大学考古文博学院赛克勒博物馆 209 室,门上贴着一个条儿:"请进! 不用敲门",进门则是几张橄榄绿的沙发围着一个茶几。沙发看上去硬,坐上去软乎,而孙庆伟老师就是坐在东面的那张小沙发上,于我硕士入学后的第一次师门座谈会上,在我屁股都还没坐热——甚至我可能还没有完全坐下的时候,说:

　　"文怡,你写夏鼐先生吧。"

　　——大家猜错了,我并没有疑惑于夏鼐先生是谁,作为一个刚从五角场某知名高校毕业的中文系本科生,这点常识我还是有的。当时"轰"的一声在我脑海里炸开的念头是:

　　"诶?! 这是考古系同学写的文章吗?"举目四望,师兄张天宇正翻着一本厚厚的青铜器图录,师姐曹芳芳的电脑屏幕上则隐约显示着"龙山时代""玉器"等字样。

　　在我热泪盈眶之前,孙老师解释道,研究夏鼐先生,就是研究中国考古学的学术史。虽然学术史并非新奇研究,但对于年轻的中国考古学来说,其学术研究史正是近年来的热点。他本想让我研究《考古学报》《考古》和《文物》这三大刊,从创刊本开始把几十年的文章都看一遍。但他又考虑道,一来我考古学的基础不够,二来硕士是两年制,时间太紧张,三来我是中文系出身,情感丰富,适合写人。于是,他便打算先把统领中国考古学 30 余年、精通中国考古学各个领域,却还未曾有人系统研究的夏鼐先生大胆地交给我,让我学研相长。

　　如今回过头去,我才明白这看似轻松的选题,蕴含着巨大的智慧和苦心。

孙老师是勤恳守时、庄不乏谐、沉稳内敛、格局宽广的，我是懒散拖延、油腔滑调、心浮气躁、眼界狭窄的。光靠说，是很难把我说成孙老师那样的人的，但大概是看我尚心存一丝善念和几缕若有似无的努力的念头，孙老师便让与他性情相似，甚至有过之而无不及的夏先生，在被我发现、了解的过程中，潜移默化地影响、启示我。我越觉得夏先生血肉鲜活，他的血肉精魂便越滋养我一分。我越拨开他身上刻板印象的迷雾，走进他"权威""泰斗"的光芒之中，我心中对于人和事的成见与偏见，便越销去一分。这已经不止是指点好题目、引领学生进入热点研究领域的恩情了，这是对性格的磨砺和沉淀，是对精神世界的开拓与改变，谓再造之恩，毫不为过了。

不能再夸孙老师了，再夸，他会变得比夏先生更害羞。趁他"怪罪"之前，还是赶紧反省一下本书的不足。

这本书——或者说，这篇长文，种种不足，难以历数。现在，距离我鸡飞狗跳、心急火燎的定稿之际，已一年有余了，彼时不敢直视的缺陷，此刻都鲜明地显露了出来。

首先，最重要的一点，也是最为师长所诟病的一点，便是生活琐事过多，学术与工作的内容较少——这毕竟是一篇硕士论文。但一来，我始终不断地给自己洗脑"这是一篇注重科普的论文，一篇面向全人类的论文"；二来，夏先生的事功，涵盖的是新中国建国以来30余年考古学的方方面面，非长时、专门、系统、深刻的研究而不可知其全貌也，此本小书着实无法容纳；三来，写作此书时，我的学力尚浅，所掌握的材料亦不足，实难担此重任。本着宁缺毋滥的原则，此书所提到的这方面内容便相对有限，留有遗憾。但正因尚有弥补的空间，并且是极大的空间，恰好顺理成章地为我的博士论文选定了题目。新中国建国以来30余年的中国考古学史，在未来的日子里，就让我由夏鼐先生说起，娓娓道来吧。这一次，希望准备更善，征途更勇，星辰大海，纵横经纬，尽收书中。

其次，也是为不少师长所提醒的一点，即在本书的相关参考文献之外，我所掌握的夏鼐先生以外的材料仍显略少。从硕士论文定稿至今日的一年多时间内，我虽已尽力补足，但对某些事件的发生背景仍理解得不够细腻、深刻，造成了一些论述上的力度不足。这亦是我在未来的研究写作中值得学习和注意的。

再次，是我自己颇为介怀的一点。孙庆伟老师对我寄予厚望，希望我能树立一个"写人的典范"。本书虽采取了与一般传记不同的结构形式，非按时间顺序论述，而是按夏先生作为一个"人"的不同方面，分为八章进行论述；但章与章之间，章与节之间，节与节之间，似乎尚可更有逻辑性，以一两条更明显的线索贯穿全书，或能使文章的结构更为紧凑、更相呼应、更具可读性。这或许是我"不拘小节"的马虎个性和浪漫唯心的思维方式所造成的，因此，理性、逻辑和谨慎仍是我在学术道路上需要多加修炼的品质。

所以说，前文我一点儿也未曾打诳语。写了篇文章，我就把自己的性格和能力都反省了一遍，深刻地意识到了不足并积极地决定改变，这可不就是再造之恩，孙老师岂不就是再生父母？

当然，即使孙老师是再生父母，给予我这本小书帮助的其他恩人尚有许多，下面，就是一本书中最有人情味儿的部分——致谢了。

首先要感谢的自然是北京大学考古文博学院的诸位老师和同学。

再次正式感谢我的导师孙庆伟老师。孙老师悉心教导、以身作则，引我入正途，督我勤上进，促我细琢磨，劝我辨雅俗。作为本书的指导老师，他不仅在论文的写作过程中给予了我很大的帮助，还为我联系了社科院考古所的王世民先生，更积极地争取了本书的出版。

深深感谢李伯谦先生。李先生常来209室指导工作，十分关怀我们这些孙辈学生，更对我们言传身教。他不仅一针见血地指出了本书的弱点，更对我有知遇之恩。出版事宜，全仰仗李先生。

十分感谢刘绪老师。刘老师亲切的一句"夏鼐他人聪明，兴趣广泛"，是本书第五和第六章某些灵感的来源；论文答辩会上，一句"夏鼐先生为什么不曾在日记中大量记录学术内容呢？"亦引起了我的深思，促使我从更多的角度去理解《夏鼐日记》。

感谢幽默的徐天进老师，感谢和蔼的孙华老师，感谢可爱的雷兴山老师,感谢亲和的董珊老师,感谢萌萌的曹大志老师,诸位老师无一不对本书提出了重要的意见,给予了诸多助力。

感谢王幼平、赵辉、张弛、齐东方、林梅村、秦大树、杨哲峰、韦正、李水城、吴小红、陈建立、李崇峰、魏正中、陈凌、何嘉宁、曲彤丽、秦岭、张海、沈睿文、倪润安、宝文博、崔剑锋、杨颖亮、潘岩、张颖和张剑葳等诸位老师,对本书的宝贵建议和大力支持。

感谢金英、户国栋、李家福和陈方俊老师,对我给予了无限的关怀和鼓励。感谢杨飙、施文博、王书林、方笑天、秘密和陈冲老师,为我提供了许多的帮助和支持。

感谢张天宇师兄,在《夏鼐日记》这一核心史料的可信度和完整性方面提醒了我,使本书得以更为完善;感谢艾婉乔师姐,不仅将我引见给了夏鼐先生的二儿子——夏正楷先生,亦给予了我许多鼓励。

感谢张敏师姐、曹芳芳师姐、卢亚辉师兄、宋殷师兄,李可言、李楠、王昌月、刘思源、刘郎宁、黄碧雄、魏子元、管晏粉、王晶、王含元、王雨晨、任亚飞等师兄、师姐、师弟、师妹和同学(因人数太多,在此无法一一列举),给予了我很多关怀、鼓励和建议,让我感受到了学院同仁之间浓浓的情谊。

感谢黄青岩同学为本书设计了封面和封底等,相见虽晚,却很投缘。

感谢尤孜涵。她是我 2015 年 3 月至 7 月,写作此书时的室友,不仅从未对我的熬夜写作提出不满,还在自己的能力范围内帮我带吃的喝的,更在我文思阻塞的时候,对我进行耐心的安慰。如果没有安静的她,给予着急又强迫症的我一个宁静无忧的写作空间的话,我的写作想必也无法顺利进行下去。

然后,我要感谢北京大学城市与环境学系的夏正楷先生,从亲历者的角度为本书提供了十分珍贵的建议。他的鼓励与支持,对我来说意味非凡。

接着,我要感谢复旦大学的查屏球老师、梁银峰老师和张金耀老师,在我毕业之后还一如既往地支持我、指导我。尤其是查屏球老师,此书曾经他多次批阅,一句"你在中文系写考古论文,跑到考古系又写篇文学论文"可谓经典"吐槽",也提醒了我在今后的研究中应多加注意。

此外,我要感谢社科院考古所的诸位先生和老师。

感谢王世民先生。他是夏先生信赖的学生、多年的同事和亲密的友邻,亦是本书多本参考文献的主编。王先生八十高龄,仍为事业孜孜努力,精益求精;与我素昧平生,却在第一次的见面中,就给予了我无限的热情帮助,并同样以亲历者的身份,耐心地解答了我的各种琐碎问题。在之后的日子里,王先生更是对我每信必复,每事必助,不仅多次仔细审校我的书稿,使许多谬误得以被修正,还在百忙之中抽空为我写了十分精彩的序言。我对王先生的感激无以言表,唯希望此本小书未令王先生失望,不曾歪曲和抹黑夏先生。

感谢陈星灿老师。陈老师亦曾拨冗阅读我的书稿,给出了精准而专业的建议,使此书受益匪浅。

感谢常怀颖师兄,对我给予了莫大的鼓励、支持和关怀。

还有,感谢北京师范大学历史学院的王兴师兄、北京联合大学的刘凌云,谢谢你们的恳切建议、真挚鼓励。

再者,大力感谢出版行业的各位老师们。

感谢《南方文物》的副主编周广明老师。他不仅使本书的"绪言"一章得以发表,让此书有了提前被人们知晓的机会,更对本书提出了详尽的意见,还推荐书目供我参考。

感谢上海古籍出版社的吴长青老师,正是他策划的"震旦博雅书系",方让这本小书有了被出版的机会。

感谢上海古籍出版社的缪丹老师,也是本书的责任编辑。缪老师极为认真、仔细、负责。在我无限的拖延之下,她虽亦心急,却仍和颜悦色地为我加油打气;对于我无知的疑问,她则亲切地一一耐心解答;面对我琐碎而大量的改动,她亦是尽力协调两方的需求,成为了我和出版社之间不可或缺的桥梁。没有缪老师,这本书便不会以更规范、专业、精致的样子出现;接触了缪老师之后,我从心底里深深地感受到了编校工作的伟大之处。

　　感谢所有曾为我这本小书忙碌的出版行业的工作人员，你们辛苦了！

　　还有，我想感谢我的高中同学张骁敏。京沪路虽遥，她却时时刻刻在精神上陪伴和鼓励着我。

　　同时，也要感谢所有提供了真实史料的学者、及时送货的书店、又近又好吃的餐馆和外卖，以及藏书丰富、打印便捷的北大图书馆，等等。

　　最后，我要感谢我亲爱的父母。感谢爸爸细心地审阅我的论文，并提出了宝贵的修改意见；感谢妈妈为我提供精神上的鼓励，在我心情低落的时候，不厌其烦地安慰我。感谢爸爸妈妈生我养我，在物质和精神上全力支持我，你们是我一生最爱的人。

　　最后的最后，感谢国家，感谢党，始终为创造让人民安居乐业的环境，而不断努力奋斗着。

　　总而言之，谢谢所有一切可以被感谢的事和人。承载着你们的善意与支持上路，但愿我能多些冬寒抱冰、激流勇进的勇气。

　　就像夏鼐先生一样。

胡文怡

2016 年 11 月 22 日

于北京